알기 쉽게 풀어쓴

정보기술과
모바일비즈니스

알기 쉽게 풀어쓴

정보기술과
모바일비즈니스

 채영일 지음

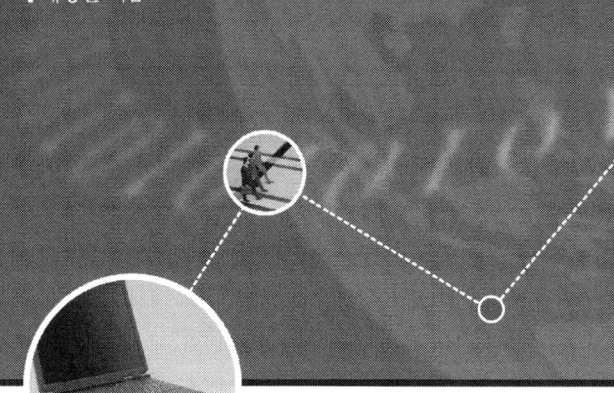

KSi 한국학술정보㈜

1971년 실리콘 조각에 회로를 그려 넣은 최초의 상용 마이크로프로세서 intel4004가 발표된 이래, IT(정보기술)는 놀라운 일들을 인류에게 제공해줍니다(intel4004는 최초의 상용화된 one-chip standard part microprocessor라는 의미). 이후 정보기술은 첨단 산업의 두뇌가 되어 현대 인류 문명을 과거 몇 세기와 비교해 수직적인 성장을 이끌어내는 등 전혀 새로운 세기를 열어버린 테크놀로지가 등장한 것입니다.

오늘날 컴퓨터를 계산(Compute)하기 위해서 전원을 켜는 사람은 그리 많지 않습니다. 컴퓨터를 비롯하여 무궁무진하게 변화하는 IT를 바르게 이해하는 것이 이 시대의 기업과 사회현상을 이해하는 중요한 방법이라는 점에서, 공학도가 아닌 사회과학도들이 쉽게 IT를 이해할

수 있도록 기술적 관점이 아닌 현상적 관점에서 원리와 개념 그리고 적용되는 분야를 함께 경험해 봅니다. 따라서 이 책은 경영학 및 사회과학을 공부하는 학생 그리고 일반인들에게 IT(정보기술)의 올바른 이해와 개념을 소개하기 위한 적합한 내용을 보완적이고 깊이 있게 다루고 있습니다. 때문에 본 서적을 읽기 위해서 전기/전자 및 컴퓨터공학 등 기술 분야의 사전지식을 알아야 이해할 수 있는 개념은 소개하지 않으며, 최대한 원리와 현상의 이해를 통해 쉽게 접근할 수 있도록 서술하였습니다. 이로써 새로운 정보기술과 관련된 지식을 통하여 이 책을 읽은 학생들에게 21세기의 디지털 시대에서 살아남을 수 있는 생존기능이 아닌 적극적으로 헤쳐 나가는 지휘 능력을 기르게 하는 데 그 목적이 있습니다.

|목 차|

○ ○ ○ ○ ○ ○ ○ ○ ○ ○ ○ ○　**제1장**

1-1장 기업경영에서의 정보기술

- 학습목표
  1. 기업경영에서의 정보화의 필요성을 이해한다.
  2. 기업에 대한 정보기술의 영향을 이해한다.

- 학습내용
  1. 정보기술의 의의
  2. 경영혁신 수단으로서의 정보기술
  3. 정보기술의 활용방안
  4. 정보관리의 절차 및 지침

1. 경영혁신과 정보기술

1) 정보기술의 의의

기업의 기능적 차원에서의 효율성 제고를 위해서뿐만 아니라 전사적 차원에서도 기업의 성과를 증진시키는 장기적 방편으로 활용되었다.
- 생산기획, 자재조달, 제조, 회계처리, 인사관리, 정보관리 등 경영에 관련된 모든 업무뿐만 아니라 다른 기업과 고객과의 업무처리에도 이용
- 컴퓨터와 정보통신 기술의 융합은 경영혁명을 가속화시키고, 국가경쟁력 및 개인의 경쟁력에도 중요한 요소로 완성

  (1) 협의: 한 조직이 정보기술을 사용하여 경쟁우위를 확보하는 과정에서 발생하는 공급, 개발, 사용 등의 모든 활동
  (2) 광의: 업무의 효율성과 효과성을 증대, 경쟁력 확보를 위하여 정보시스템과 정보통신을 포함한 정보와 관련된 모든 인적, 물적 자원의 활동

[표 1-1] 정보기술의 정의

협 의	광 의
한 조직이 정보기술을 사용하여 경쟁우위를 확보하는 과정에서 발생하는 공급, 개발, 사용 등의 모든 활동	업무의 효율성과 효과성을 증대, 경쟁력 확보를 위하여 정보시스템과 정보통신을 포함한 정보와 관련된 모든 인적, 물적 자원의 활동

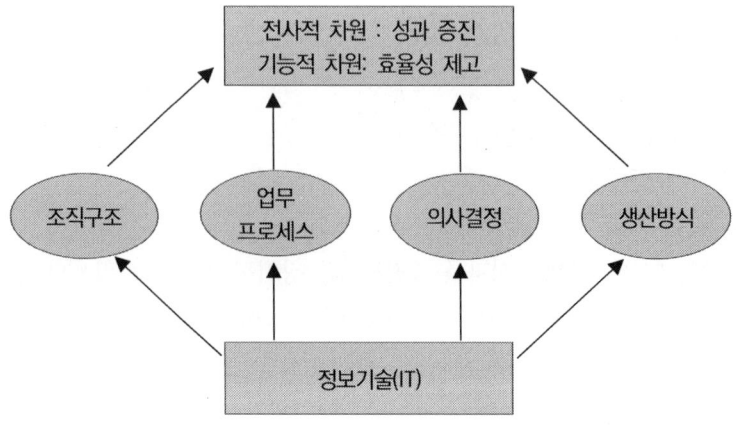

[그림 1-1] 정보기술의 역할

- 기업의 정보기술의 사용 분야는 점차 넓어지고 있다.

(1) 1960년대: 자료처리
(2) 1970년대: 경영정보시스템과 사무자동화
(3) 1980년대: 정보통신과 시스템 통합(SI)
(4) 1990년대 이후: 기업 간의 경쟁의 심화로 정보시스템 도입이
   가속화, 전략적 사용

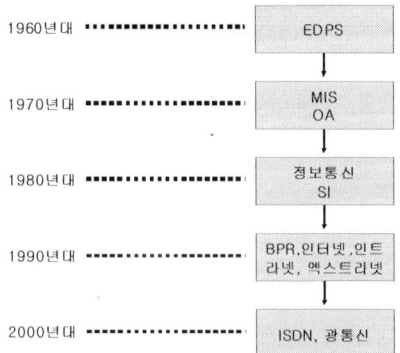

[그림 1-2] 정보기술의 혁신 수단

2) 경영혁신의 수단, 정보기술

- 경험해 보지 못한 환경의 변화는 많은 어려움을 안겨주기도 하지만, 다른 측면에서는 한 단계 도약할 수 있는 기회도 함께 제공한다.

(1) 환경 변화에 대응

신속하고 정확하게 다량의 정보를 처리할 수 있도록 지원한다.

(2) 경쟁력 우위 확보

자본, 노동력, 토지와 같은 물적 자원을 대체할 수 있다.

(3) 합리적 과학적 경영수단 제공

정보기술 활동을 통해서 기민성과 유연성을 발휘한다.

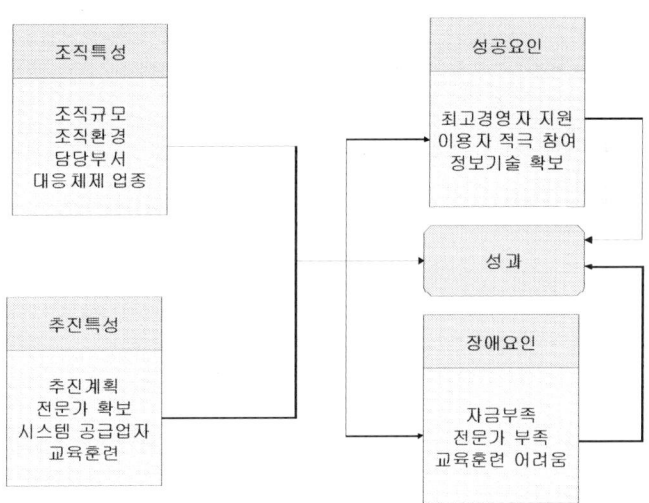

[그림 1-3] 조직 내 정보기술의 구도

정보기술 활용은 사무처리의 전산화에 국한된 것이 아니라 기계설비에 컴퓨터를 부착하고 시스템화함으로써 물류시스템이 온라인으로

연결되는 통합전산체계의 구축까지도 포함하는 광의의 개념으로 이해
하는 것이 바람직하다.

　　정보기술 활용의 성공 여부는 조직특성과 경영자의 의지가 가장 중
요하다.

　① 장애요인: 초기 투자부담, 자사에 맞는 컴퓨터시스템, 정보기술 전문가
　　 의 부족 등
　② 효과: 6개월 ~ 1년 사이의 직접적인 성과로 나타남

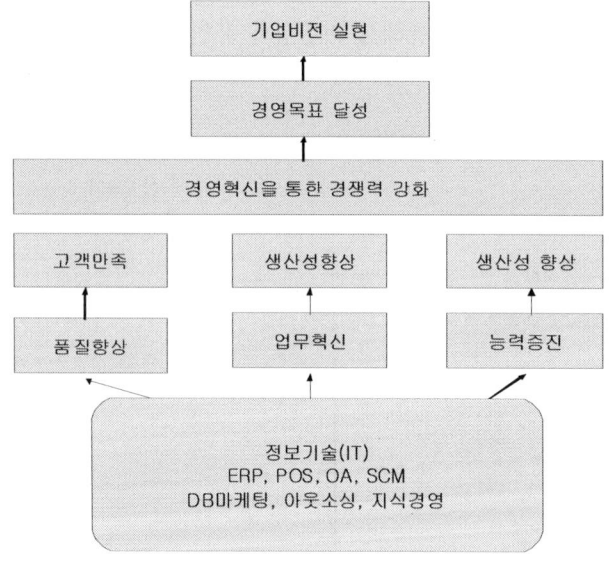

[그림 1-4] 정보기술의 비전

3) 정보기술의 영향

(1) 업무개선뿐만 아니라 조직구조의 변화

　　중간관리층의 수가 감소하고 관리자의 감독의 폭이 더욱 커지고

책임감이 증대되어 최고경영자는 더욱 창조적인 기능을 수행할 수 있게 된다.

(2) 제품의 수명주기를 단축시키고, 새로운 시장을 창조하며, 새로운 규모의 경제를 출현

로봇, CAD/CAM과 같은 정보기술로 인한 공장자동화로 노동생산성이 크게 향상되어 다품종 소량생산

(3) 기업의 환경 변화 대응능력에 영향

계획을 수정하고 변경하는 경우, 환경 변화에 관련된 정보를 신속하게 수집, 분석하여 실제 변화에 완벽하게 반영할 수 있는 계획수립에 도움을 준다.

(4) 경영전략 수립에 영향

최근의 기업들은 정보기술을 전략적으로 활용하고 있기 때문에 정보기술은 전략 수립에 중요한 수단이 되고 있다.

(5) 조직 및 개인의 의사결정에 영향

컴퓨터와 통신기술의 결합으로 인하여 보다 양질의 의사결정을 유도할 수 있다.

(6) 의사소통에 영향

대부분의 기업정보가 컴퓨터로 수집, 가공, 저장되므로 정보기술을 활용해야만 한다. 새로운 형태의 다양한 의사소통 매체가 등장하고 보다 쉽고 편리하게 이루어진다.

4) 정보기술의 활용방안

기업이 정보기술을 경영혁신 수단으로 활용하기 위해서는 다음의 활용방안을 고려하는 것이 바람직하다.

(1) 중장기 정보화 경영전략이 수립이 요구된다.

(2) 정보자원을 효율적으로 관리할 필요가 있다.

(3) 정보를 자산화해야 한다.

(4) 정보실명제를 도입한다.

(5) 정보시스템을 주기적으로 진단한다.

(6) 소프트웨어를 표준화한다.

(7) 통신망을 고도화한다.

(8) 업무처리 시 종이를 없앤다.

(9) 완벽한 재해대책 마련이 필요하다.

(10) 과감한 아웃소싱을 추진한다.

(11) 끊임없는 투자가 이뤄져야 한다.

(12) 다양한 정보기술 기법을 도입하는 과정에서 업무프로세스 재설계가 함께 진행되어야 한다.

2. 기업경영에서의 정보의 힘

기업경쟁력의 4대 요소로 자본력, 노동력, 설비기술력, 정보력을 꼽는다. 산업사회에서 지식사회로 옮겨감에 따라 기업의 경쟁력 평가에서 정보력 비중은 점차 커지고 있다. 여기서 정보는 지식, 데이터, 아이디어, 창의력, 이미지, 문화가 모두 포함된다.

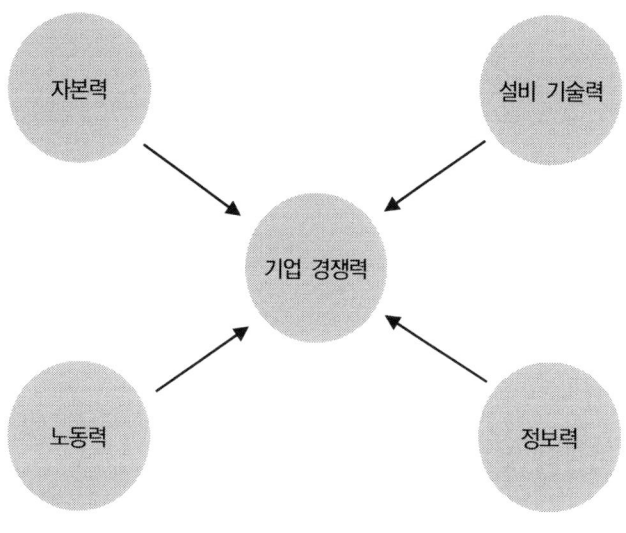

[그림 1-5] 기업 경쟁력

적절한 정보를 사용하면 투입요소를 대폭 절감할 수 있다. 그러나 정보는 무형이기 때문에 가치로 측정하기 곤란하다.

이와 같은 측정이 곤란하다는 이유로 대부분의 경영자들에게 중요치 않은 자원으로 인식되어 왔던 것이다.

노벨경제학상 수상자 사이먼(Simon) 교수는 "경영은 의사결정이다. 불확실성이 증대되는 상황에서는 정보에 입각한 정확한 의사결정이 경쟁의 우열 또는 업무의 성패를 좌우하게 된다."고 말했다.

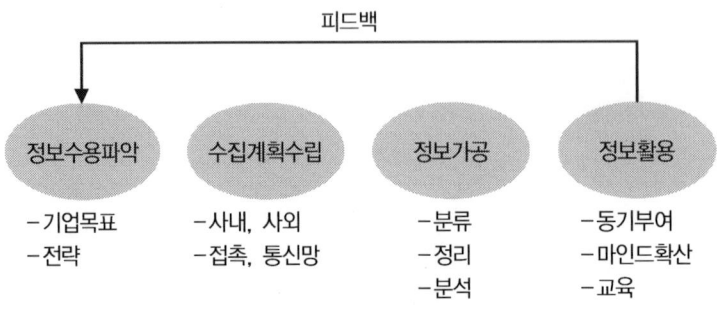

[그림 1-6] 정보관리 절차

1) 정보관리 절차

기업의 정보력은 적기에 유용한 정보를 최대한 활용할 수 있는 효율적인 정보관리 체계를 갖추었느냐에 달려 있다. 정보를 취급하는 담당부서에서는 효율적인 정보관리 체제를 갖추어 이용자들이 활용하도록 하기 위해 다음과 같은 일련의 절차를 확립해야 한다.

(1) 회사의 목표와 전략에 따라 정보수요를 파악한다.
(2) 정보수집계획을 수립한다.
(3) 수집된 정보를 평가 분석한다.
(4) 정보를 필요로 하는 부서에 전달하여 업무처리에 활용할 수 있도록 한다.
(5) 활용결과의 적정성 여부를 파악하여 정보관리에 반영한다.

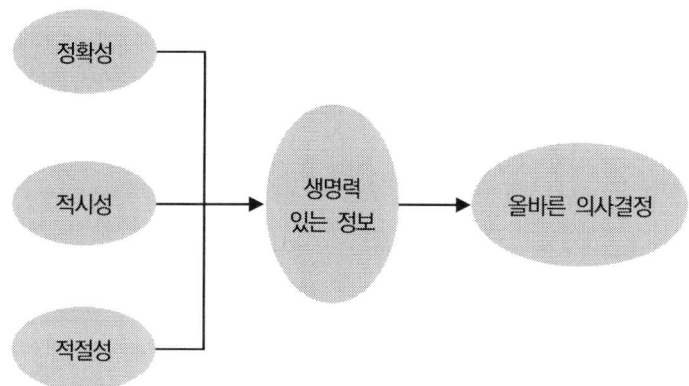

[그림 1-7] 정보의 특징

2) 정보관리지침

　기업에서 효율적인 정보관리를 위해 몇 가지 유의할 점을 제시하면
다음과 같다.

(1) 전 직원의 정보마인드 향상

(2) 사내 정보를 수집하고 정리해야 한다.

(3) 외부정보의 활용체제를 갖추는 일이다.

(4) 수집된 정보를 분석, 평가하는 것이다.

(5) 정보관리 수행은 발달된 정보통신기술을 적극 활용해야 한다.

점검 및 연습

1. 미국기업에서 사무자동화(OA)가 일어난 것은 1970년대이다 (   )

2. 정보기술은 기업의 정보시스템을 도입하고 자동화하는 것이지 통신 및 물류시스템은 별개이다. (   )

3. 정보의 특징이라고 할 수 없는 것은?

   ① 정확성   ② 정량성
   ③ 적시성   ④ 적절성

4. 성공적인 정보관리 지침의 설명으로 옳지 않은 것은?

   ① 사내정보의 적극적 활용
   ② 외부정보수집→정보자원화
   ③ 전사적 정보관리체제 구축
   ④ 정보통신기술의 제한적인 활용

정리하기

1. 기업에서 사용되는 정보기술의 의미를 나름대로 정리하여 본인의 의견을 내려 보세요. 가령, 정보기술의 역할은 기업에게 어떤 의미인가?
   꼭 필요한 것인가? 그렇다면, 어떻게 사용되는 것이 옳은가?

2. 하드웨어, 소프트웨어 기술의 발전에 따라서 정보기술을 도입하게 된 기업들에게서 나타난 가장 큰 성과는 무엇이라고 생각합니까?

3. 경영혁신을 위해 새로운 정보기술을 도입하면서 나타나게 되는 현상(단점을 중심으로)을 유추해보고 어떻게 극복해야하는지 생각해 보세요.

점검 및 연습 정답 : 1- ○, 2-×, 3-2, 4-4

1-2장 정보화시대의 기업경영

- 학습목표
  1. 기업에서의 정보화 흐름을 읽어본다.
  2. 사무자동화와 함께 정보기술의 사용목적을
     이해한다.

- 학습내용
  1. 정보기술의 발달
  2. 기업경영의 정보화
  3. 사무자동화
  4. 사무환경의 변화
  5. 사무실의 디지털혁명

1. 정보화시대의 기업경영

1) 정보기술의 발달

21세기의 정보화 사회에 살고 있는 지금 컴퓨터가 기업경영에 어떠한 영향을 미칠 수 있는지 알아보기 위해 우선 현재까지의 컴퓨터의 기술발전 추세를 살펴보고, 이를 토대로 향후 예상되는 미래의 컴퓨터를 예측해 본다.

- 기원: 1940년대의 진공관 등의 부품 발명에 따른 최초의 컴퓨터인 ENIAC의 탄생과 1960년대의 트랜지스터의 개발 시기를 거친다.
- 도약: 1960년대 후반에서 1970년대에 이르는 집적회로(IC)의 부품기술의 발전을 통해 비약적으로 진보하게 된다.
- 1980 ~ 90년대는 정보기술 발전의 분수령
  (1) 마이크로프로세서의 진보(무어의 법칙), 메모리 저가격화, 네트워크 인터페이스의 표준화, 통신기술의 개발
  (2) 쉬운 컴퓨터의 사용(윈도즈 OS의 탄생), 멀티미디어 자료의 처리

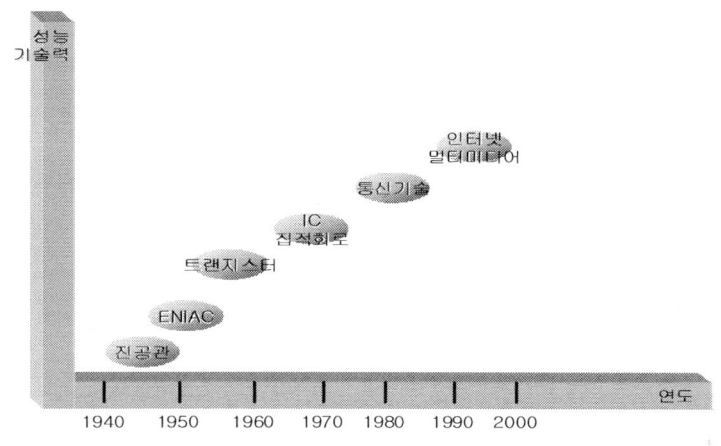

[그림 1-8] 정보기술의 발달

정보기술은 너무나 급속하게 변화하고 있으므로 10년 앞을 예측하기
가 대단히 어려우나. 전체적인 방향은 다음과 같이 예측할 수 있다.

(1) 분산처리는 더욱더 보급되고 정착되어 갈 것이다.

: 메인프레임과 워크스테이션의 역할이 분리될 것이다.(택시
와 버스의 예)

(2) 개인용 컴퓨터와 메인프레임의 호환성문제는 PC워크스테이
션의 사양을 통일시키는 방향으로 갈 것이다.

(3) 컴퓨터가 어느 수준까지 인간에게 밀착할 수 있을 것인가가 중
요한 과제로 등장할 것이다.

: 자연어처리, 형태인식, 로봇의 제어, 인공지능, 신경망 회로

2) 기업경영의 정보화

산업혁명 이후 고전적 경영 활동에 필요한 자원의 4대 요소(4M)로
종래에는 사람(Man), 재료(Material), 기계(Machine), 자금(Money)
을 꼽았으나, 현재의 지식 정보화 사회에서는 정보를 더한 5대 요소로

그 개념이 바뀌어가고 있다. 이러한 정보는 경영적 관점에서 컴퓨터를 통하여 네트워크화, 생산자동화, 정보화를 가져와 궁극적인 기업목표인 부(富)를 효율적으로 창출하는 활동을 가능하게 한다.

(1) 경영의 네트워크화

분산화된 컴퓨터를 통합하는 네트워크는 LAN과 VAN이 대표적이다. LAN과 VAN의 등장으로 다양한 컴퓨터의 상호 결합이 가능해지고 개별 컴퓨터는 독립적인 업무처리가 가능해지면서 정보자원을 공유할 수 있게 되었다.

① LAN(Local Area Network): 비교적 협소한 단지나 건물 안에서 고속으로 사무자동화 기기나 개인용 컴퓨터를 연결한 통신망

② VAN(Value Added Network): 기존의 산업컴퓨터 및 통신이 결합된 첨단서비스로서 각종 정보서비스를 제공하는 네트워크화의 대표적인 예로 볼 수 있다. VAN을 통해서 기업의 정보망은 광역화되고 있다.

(2) 정보네트워크를 구사한 다품종 소량생산

시장경쟁의 격화와 소비자 요구의 다양화, 짧아진 제품수명주기 등 급격한 시장상황은 대량생산체제의 위기를 몰고 왔다. 개성이 강하고 다양한 욕구를 가진 현대 소비자에게는 다품종 소량생산체제가 적합하다. 이를 위해 유연한 생산체제의 구축은 모든 기업에게 경쟁력을 가져다주는 절실한 과제이다.

① FMS(Flexible Manufacturing System): 컴퓨터와 정보기술을 활용한 유연생산체제

: 제조부문과 하청기업 간, 유통부문과 도·소매업 간의

수·발주 네트워크를 형성함으로써 시장 동향에 신속히 대응하는 다품종 소량생산의 기반기술이라고 할 수 있다. 생산공정을 중심으로 수평적인 연결을 통해 제품기획 및 설계, 마케팅 분야로까지 확대함으로써 설계－생산－판매－유통에 이르는 전략적 정보시스템을 구축하는 방향으로까지 전개된다.

(3) 경영전략으로서의 FA화, CIM화

① 1950~60년대: 수치제어인 NC(Numerical Control) 기술을 이용한 개별공정에서의 기계단위의 자동화

② 1960~70년대: 컴퓨터 수치제어인 CNC기술을 이용한 복수의 기계들을 컴퓨터로 연동하여 제어하는 생산방식

③ 1970후반~80년대 전반: 공장부문 전체(설계, 생산, 출하, 재고)가 일관된 정보처리에 따라 네트워크화된 공장자동화인 FA (Factory Automation)에 이르렀고 이후에는 판매, 경영, 설계, 생산을 포괄하는 기업단위의 광역네트워크의 구축으로 컴퓨터 통합생산 시스템인 CIM(Computer Integrated Manufacturing)화를 추진하여 새로운 경영전략의 시대가 전개되었다.

CIM으로 대표되는 네트워크형 생산시스템은 수주에서 제품의 출하까지 일련의 생산 활동을 유기적으로 연결하여 물품과 정보 변화의 흐름을 신속하게 파악하고 적절하게 대응할 수 있는 생산방식으로, 제품 생산을 위해 설계, 제조, 생산관리, 영업 등 관련 업무를 수행하는 컴퓨터와 설비를 네트워크로 통합함으로써 품질, 가격 등 제품에 관한 데이터베이스를 각각의 관련 부서에서 활용한다.

(4) 시스템통합과 기업 간 네트워크

정보통신의 발달로 인해 기업 안의 정보시스템은 통합되는 추세에 있으며, 더 나아가 기업과 기업 간의 정보교환을 위한 정보통신망이 등장하고 있다. 기업 안에서 전체 하부공정을 체계적으로 재분류하고 정보통신 기술로 통합함으로써 각 부문 간 통합과 조정을 최적화하기 위한 것이 시스템 통합이다.

① MRP(Material Resource Planning): 생산자원관리
② ERP(Enterprise Resource Planning): 전사적 자원관리
③ SCM(Supply Chain Management): 공급사슬관리
④ CALS(Commerce At Light Speed): 광속거래

(5) 전략정보시스템(SIS)

SIS(Strategic Information System)은 특별한 시스템의 무엇이 아니라, 전략적인 방법으로 정보시스템을 쓰는 방법, 쓰이는 방법으로 이해할 수 있다. 전략정보시스템은 두 가지 요소로 구성된다. 그러나 정보시스템 및 정보기술은 만능이 아니며 이를 잘 운영할 수 있는 유능한 능력이 필요하다. 따라서 정보화 추진의 열쇠는 기업경영과 마찬가지로 인간임을 잊으면 안 된다.

① 경영전략: 연구개발, 생산/판매, 고객서비스의 전 경영단계를 고려
② 정보기술: 경영우위를 확보하기 위해 활용할 수 있는 정보기술

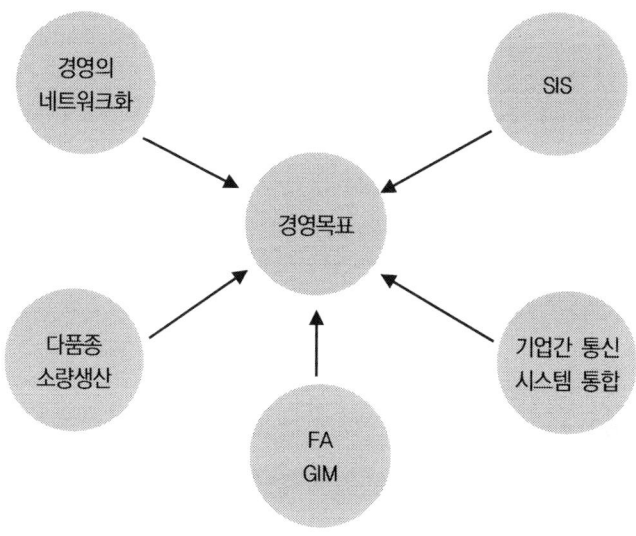

[그림 1-9] SIS의 위치

2. 정보기술을 활용한 제2의 사무혁명

1970년대와 1980년대 전화기, 팩시밀리, 복사기의 등장으로 사무환경이 많이 바뀌었고, 1990년대 들어 작은 컴퓨터의 보급으로 제2의 사무혁명이 일어났다. 급격하게 발달한 정보처리 기술은 첨단사무기기들을 등장시켰으며 사무생산성도 함께 향상되었다. 최근에는 제3의 사무혁명으로 불릴 만한 일들이 일어나고 있다. 팩시밀리, 복사기, 컴퓨터, 프린터가 한데 모아진 복합적인 사무기기도 선보이고 있으며, 통신기술의 발달과 통신망의 확충으로 사무실은 한곳에 머물러 있는 것이 아니라 항상 이동하며, 필요하면 언제 어디서나 사무실이 될 수도 있는 것이다.

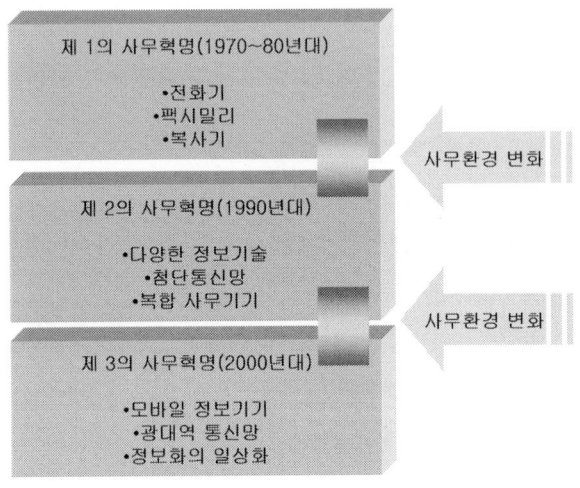

[그림 1-10] 사무자동화(OA)의 발전방향

1) 사무자동화(OA : Office Automation)

사무자동화는 초기에는 워드프로세싱에만 국한되어 생각되었으나 중간관리자 및 최고경영자에게도 관심이 옮겨졌다. 그러나 최고경영자들의 정보처리기기를 다루는 업무시간은 사무근로자에 비해서 2~3%에 미치지 않는다. 때문에 사무자동화는 이러한 사무근로자들의 생산성 향상을 목적으로 전자장치를 통해 사무처리 과정을 자동화하는 것으로서 기업 정보화의 첫 단추이기도 하다.

(1) OA 추진배경
- 경제적 측면: 공장근로자들의 생산성과 비교하여 향상 정도가 저조
- 경영 환경적 측면: 막대한 정보 산출을 수집, 분석, 활용, 보관하는 데 필수불가결
- 기술적 측면: 사무자동화기기와 통신장비의 급속한 발전, 소프트웨

어기술의 개발, 자료의 데이터베이스화에 의한 요구

(2) OA 관련 기술

OA는 타자기에서부터 대용량 데이터베이스에 이르기까지 다양하다. OA기기는 팩시밀리, 복사기 등을 가리키지만 최근에 와서는 개인용 컴퓨터, 통신기기 등을 포함한다. 특히 OA기기는 정보화시대를 맞아 정보산업의 급진적 발전으로 정보기기라는 광의의 용어로 대체되고 있다.

- 부문시스템: 개별업무의 생산성을 높이기 위한 것으로 개인용 컴퓨터, 사무용 컴퓨터 워드프로세서로 독자적인 업무처리를 수행한다.
- 주컴퓨터시스템: 전사적인 업무생산성 향상을 위한 범용컴퓨터, 대용량 저장시스템 등이 사용된다.
- 통신시스템: 다기능 전화기, 팩시밀리, 텔레텍스, 비디오텍스, 전자우편, 영상회의시스템, LAN 등이 있다.

(3) OA의 성과

사무직의 경우 성과의 개념에는 물적 생산과는 다른 여러 특성이 있어서 무형적인 도입효과를 측정하는 데 어려움이 따른다. 때문에 OA의 성과는 직접효과보다는 누적효과, 업무에 적합한 합목적적인 효과에 따라 측정해야 한다. 구조화된 업무를 수행하는 사무원들의 생산성을 비교적 어렵지 않게 확인할 수 있고 그 결과는 매우 긍정적으로 나타난다. 또한 사무근로자뿐만 아니라 관리자의 생산성에도 긍정적인 영향을 주고 있는데 모두 무형의 성과이다.

2) 사무환경의 변화

종이 없는 페이퍼리스(paperless) 사무실의 등장은 사무실의 개념을
바꾸어놓았다. 사무실은 정보가 축적되고 중개되는 정보처리의 중심지
로 바뀌고 있다. 사무혁명의 견인차는 역시 개인용 컴퓨터이며 사무혁
명을 선도하고 있다. 이와 함께 통신용 단말기의 등장은 공간의 개념
을 없앰으로써 사무실을 특정 장소에 고정시킬 필요가 없게 만들었다.
사무기기들은 레이저프린터, 스캐너 등의 복합사무기기들이 개발되어
있으며 어렵지 않게 비디오 콘퍼런스(Video Conference) 장면도 볼
수 있다. 따라서 미래의 사무실은 어디서 일하느냐가 아니라, 언제 어
떻게 일하느냐로 바뀌고 있다.

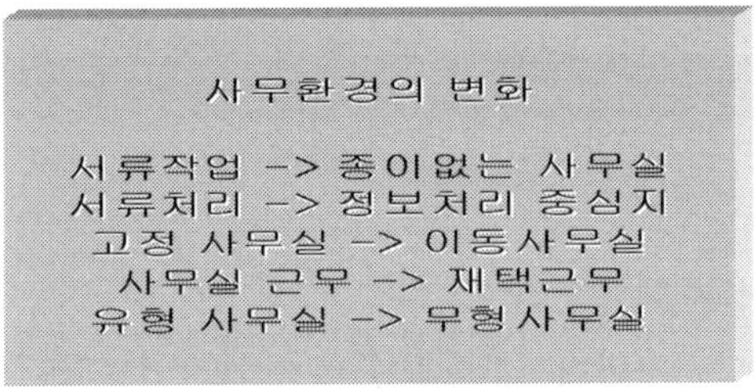

[그림 1-11] 사무환경의 변화

3) 사무실의 디지털혁명

클라이언트/서버 형태의 컴퓨터망 구축(인터넷), 컴퓨터와 전화를
결합한 CTI, 광대역 멀티미디어망 확장, 유무선 통신망을 통한 전자무
역 등도 가능해져서 21세기의 사무환경은 다시 한번 커다란 지각변동
을 겪고 있다. 휴대용 컴퓨터와 무선통신망을 이용한 원격 일괄처리는
디지털혁명에 의해서 가능해진 것이고 가까운 미래에 유형의 사무실
개념을 사라지게 할지도 모른다. 집에서 개인용 컴퓨터와 통신망이 갖

추어져 있으면 인터넷상에 가상회사(cyber company)를 설립할 수도 있기 때문이다. SOHO(Small Office Home Office)가 사무효율성을 제고시키기 위해 도입된 컴퓨터와 첨단 통신망을 통해 사무실의 존재를 오히려 무너뜨리는 역설적인 현상이라고 할 수도 있는 것이다.

점검 및 연습

1. 4M은 사람(Man), 생산(Manufacturing), 기계(Machine), 자금(Money)이다.
   ( )

2. 사무자동화를 도입하는 것은 첨단 정보기술을 처음부터 최고경영자들이 사용하기 위해서이다. ( )

3. 본 교과에서 OA기기 분류와 관계가 없는 것은?

   ① 부문시스템   ② 주컴퓨터시스템
   ③ 클라이언트/서버시스템   ④ 통신시스템

4. 다음 중 OS 추진동기가 아닌 것은?

   ① 신속한 업무처리   ② 관리수준의 향상
   ③ 업무처리 자동화   ④ 공장생산성 향상

정리하기

1. 본 1-2장에서는 사무자동화를 가져오게 된 동기를 이해할 수 있어야 한다. 기업의 경쟁력 확보를 위해서 공장자동화를 시행하고 난 뒤, 사무자동화의 혁신이 일어나게 된다.

2. 정보기술의 발달은 정보기술을 도입한 기업의 성과를 높여주는 역할을 하게 되며, 자연스러운 현상으로 볼 수 있다. 정보시스템의 도입과 함께 사무자동화가 나타나게 되며 종이 없는 사무실, 정보통신망을 활용하는 분산업무처리 등 제2의 사무혁명을 겪게 된다.

3. 최근의 제3의 사무혁명은 무엇인지 본인의 직장 및 주변에서의 변화를 통해 생각해 보고 달라진 점이 있다면 구체적으로 어떤 성과를 가져다주었는지 고민해 보세요.

점검 및 연습 정답 : 1- ×, 2- ×, 3-3, 4-4

○ ○ ○ ○ ○ ○ ○ ○ ○ ○ ○ **제 2 장**

2-1장 웹이란?

- 학습목표
  1. 웹이 다른 정보매체와 달리 근본적으로 새로운
     점과 그러한 시스템들을 뛰어넘는 주요한 이점
  2. 웹이 기본적으로 동작하는 원리와 그것들을
     동작하는 데 필요한 설비들

- 학습내용
  1. 웹이란 무엇이며, 왜 생겨났는가?
  2. 웹의 기원
  3. 어떻게 웹이 문서의 배포문제를 해결하는가?
  4. 웹은 어떻게 성공했을까?

1. 웹이란 무엇이며, 왜 생겨났는가?

2-1장에서는 가장 보편적인 정보기술 중 하나인 웹이 어떻게 동작하는 지부터 설명할 것이다. 하지만, 웹브라우저, 플러그인, HTML편집기 같은 구체적인 도구들에 대해서는 설명하지 않을 것이다. 이러한 정보는 이미 소개된 많은 웹 관련 서적들에서 찾을 수 있다. 또한 네트워크 관리자, 웹마스터, 프로그래머에게나 필요한 기술적인 세부사항도 설명하지 않을 것이다. 2-1장에서의 목적은 매우 혁신적이고, 전세계에 걸쳐 빠르게 채용되고 있는 웹의 메커니즘에 대한 혁신을 설명하고자 하는 것이다.

1) 웹의 기원

웹을 이해하기 위해서는 이것이 왜? 그리고 어떻게? 개발되었는지 살펴볼 필요가 있다.
(1) 기원: 물리학자들 사이의 통신을 쉽게 하기 위해서 개발되었다. 스위스 CERN(European Particle Physics Laboratory)와 미국 LANL (Los Alamos National Labs)와 같은 전문기관에 수립된 데이터를 이용하기 위함.
(2) MIME(Multipurpose Internet Mail Extensions)시스템의 개발: 단순 텍스트만을 전달하는 이메일에 다른 형태의 내용을 첨부 가능하게 하는 시스템

2) 웹의 이유

왜 아직도 대부분의 사람들과 기관에서는 필요로 하는 일반적인 욕구를 충족시키지 못하는지를 이해하기 위해서 좋은 예를 들어보도록

하자. 당신은 아주 큰 '와인을 연구하는 모임'의 구성원이다. 그 모임은 물리학자들의 CERN처럼 와인전문가들로 구성된 공식적인 모임이거나 전 세계에서 생산하는 와인에 대한 경험과 사진 등을 공유하는 비공식적인 모임일 수도 있다. 이러한 모임에서는 모임의 목적을 위해서 운영자에게 관심이 집중된다. 그룹의 구성원들이 공유하고자 하는 몇 개의 보고서가 있다고 가정하고 다음과 같은 순서를 상상해 보자.

  (1) 당신이 와인의 시음보고서에 대한 설명을 쓰고, 사진, 산도측정 그래프 등을 첨부해서 구성원들에게 이메일을 보낸다.
  (2) 관심 있는 수령인과 관심 없는 수령인의 반응은?
  (3) 특히 관심 있는 수령인들의 반응은?
  (4) 또 새로운 인물이 '와인을 연구하는 모임'에 참여하여 당신의 보고서에 대해서 완전하게 이해할 수 있을까?
  (5) 그 새로운 인물은 어떤 행동을 취하게 될 것인가?
  (6) 그 새로운 인물로 인한 당신의 행동은 어떻게 될까?

위에서 언급한 사례로 나타난 문제점의 해결책
① 저장되고 인덱스(어떤 논리적인 방법으로 정리된)된 정보에 대한 비동기적 접근(아무 때나 아무 곳에서)의 필요성
② 다양한 형태로 된 내용을 포함할 수 있는 정보의 필요성

원래 웹은 전 세계에 산재된 과학자들의 그룹이 폭넓고 다양한 데이터를 쉽고 빠르게 접근하도록 하는 데 목적을 두고 있었다. 그리고 수집된 데이터를 쉽게 추가하여, 동료 과학자들이 새로운 결과를 바로 접할 수 있도록 하기 위한 것이었다. 기존에 있던 어떤 통신시스템도 이러한 능력을 제공하지 못했다(즉각적인 접근을 기반으로 한 통신).

2. 웹의 기원

위닝일레븐(winning eleven)시리즈라는 게임을 알고 있는가? 그렇다면 플레이스테이션(Playstation)이라는 게임기는 알고 있는가? 만일 두 단어가 모두 생소하다면 킬러앱스(Killer Apps)라는 단어의 의미는 꼭 알고 있도록 하자. 지금부터 설명하려는 이야기는 웹의 기원이다.
- 킬러앱스(Killer Apps: Killer Application): 광범위하게 사용되고 폭넓은 적용성 때문에 중요하다고 인정되는 소프트웨어 응용프로그램

[그림 2-1] 플레이스테이션 게임기와 위닝일레븐 게임

1) 킬러앱스의 의미

컴퓨터 사용자들의 문제를 해결해주고, 사용자들은 이를 대량으로 구매하며 몇 가지 경우에는 완전한 새로운 산업을 만들어내기도 한다. 예를 들어, 회계사들은 스프레드시트를 사용하여 작업을 훨씬 빨리 처리할 수 있었고 짧은 기간에 작업 방향이 근본적으로 변화하였다.

(1) 대표적인 킬러앱스
- Visicalc: 스프레드시트(1979년 5월, Software Arts), 하버드대학생
  인 Dan Bricklin에 의한 Apple II용 프로그램->Apple II의 성공
- Wardstar: 워드프로세스(1979년 6월, Micropro)
- dBase: 개인용 데이터베이스 시스템(1980년, Aston-Tate)

(2) 킬러앱스로서의 웹
스프레드시트와 유사하게 1990년대의 킬러앱스로서 웹도 충분한 자
격이 있다. 웹은 옥스퍼드를 졸업하고 CERN에서 근무하고 있던 Tim
Berners- Lee*에 의해서 만들어졌다(현재 그는 World Wide Web협회
의 중역이다). 그의 역할이 물리학자들의 통신 문제를 해결하기 위해
간단하고, 확장 가능하며, 분산된 해결방법을 찾는 일이었다.
그의 논문(1989년, Information Management)에서 관측 기관들의 연
결을 거미줄(web)로 비유함으로써 처음으로 웹이란 단어가 탄생했다.

- 웹서버와 웹브라우저의 탄생(1992년, CERN팀)
- 웹서버: 웹브라우저가 정보를 요청하면 이에 상응하는 문서를 인터
  넷을 통해 전송하는 것
- 웹브라우저: 사용자가 정보를 요청하기 위한 사용자 인터페이스를
  제공하고, 서버로부터 전달받은 문서를 보여주는 기능을 하는 응용
  프로그램
- 첫 개발품은 GUI(Graphic User Interface)를 위해 그 당시 혁신적
  워크스테이션이던 NEXT컴퓨터에서 제공되는 환경에서 개발됨.
- 1993년 4월: 중대형 컴퓨터인 유닉스의 X윈도우를 위한 모자익 1.0
  의 발표(일리노이대학의 NCSA)
- 1993년 말: 모자익 2.0 발표 및 PC버전과 Apple Macin-tosh버전의
  발표

- Netscape Communications 설립 및 Navigator 개발: 모자익 개발을 주도하던 프로그래머 Marc Andreessen과 동료

3. 어떻게 웹이 문서의 배포문제를 해결하는가?

분산된 웹에서의 문서의 스타일을 생각해 보자. 당신이 전혀 새로운 품종의 와인의 시음보고서를 작성하기 위해서 문서를 작성한다고 가정하자. 그것을 작성하기 위해 흔글 문서작성기를 사용할 수도 있지만 HTML문서로 만든다고 생각하면 두 가지 경우가 있다.

(1) 워드프로세서를 작성 후, 변환시스템을 이용 HTML문서화
(2) HTML편집기(나모웹에디터, MS-FrontPage 등)를 이용하여 작성

문서가 작성되면 웹서버 프로그램이 동작 중인 컴퓨터에 전송하여 출판(publish)한다. 이 작업에서 새로 작성한 당신의 문서는 당신이 할당받은 영역에서 자유롭게 지정할 수 있다. 이러한 이름을 문서의 URL(Uniform Resource Locator)주소라고 부른다.

- URL 전 세계의 다른 문서들과 달리 유일하게 식별하기 위한 것
New observation of Muscadelle:
http://www.wine.org/masstrans/Dec99/exp23anal.html
(주의: 본 URL은 실제 하는 URL이 아님)

이전과는 달리 단 한 줄의 이메일만 보내면 관심 없는 사람들이 쓸 데없이 다운로드하는 데 많은 시간이 소비된다고 불평하는 일은 없어진다.
또한 동료 중 누군가가 그의 친구에게 이것을 보여주고 싶으면, 당

신의 URL을 포함시켜 유사한 이메일을 보내면 된다. 그리고 다른 누군가가 자신의 보고서에 이를 추가할 수 있을 뿐만 아니라, 기초가 되는 문서를 쉽게 찾아볼 수 있게 해준다.

- 이러한 작업을 우리는 '하이퍼텍스트 링크(hypertext link)'라고 부른다.
- 웹의 추가적 기회: 찾는 정보에 대한 지식을 갖고 있지 않을 때 문서들을 발견하는 임무를 수행하는 소프트웨어를 '검색엔진'이라 한다.

4. 웹은 어떻게 성공했을까?

월드와이드웹은 정보 획득과 전달을 하는 정교한 시스템을 대표한다. 웹의 발생은 많은 기술적 장애를 극복하였는데 몇 가지 성공기능을 알아보도록 하자.

1) URL

URL은 책의 ISBN과 비슷하다. 그러나 ISBN을 알고 있어도 작가, 제목 등을 알 수는 있지만 책의 내용을 얻기 위한 장소는 알 수 없다.

2) 가상경로 주소 지정

워드프로세스 시스템을 사용한다면 할당하기로 선택한 파일명에 의해서 문서의 저장은 완료된다. 그러나 웹문서(HTML) 작성과정에서는 문서가 있는 경로명까지 제공할 것을 요구한다. 이것은 두 가지 역할을 한다.

(1) 주소를 구성: 웹서버가 몇 개의 하드디스크 드라이브에 저장되

어 모든 문서를 관리한다면, 경로명은 디스크와 그 디스크의 디
렉토리와 그 문서가 위치한 곳에 대한 설명을 제공한다.
(2) 디렉토리 구조의 모임과 유사한 시스템을 제공: 계층적인 그룹
을 구축한 트리를 모으기 위해 많은 문서들의 작성방법을 제공
한다.

3) HTML(Hypertext Markup Language)

원래 하나였던 인류의 언어가 서로 소통이 불가능하게 된 성서에
나온 바벨탑의 저주를 기억합니까? HTML은 바로 그 저주를 풀어주
는 역할을 하는 언어이다. 이른바, 'glue'교착(연결)언어인 것이다.
SGML 언어의 선구적인 일을 HTML이 가능하게 했다.
 - SGML(Standard Generalized Markup Language): 문서를 기록한
다른 언더들을 차례로 설명할 수 있는 언어

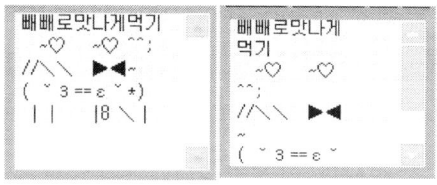

[그림 2-2] 규칙의 언어

위의 [그림 2-2]는 휴대폰으로 문자 메시지를 보낼 때의 화면이다.
가로로 8개의 문자(한글)까지만 기록할 수 있다. 기호 등을 이용하여
이모티콘을 입력할 때 8개의 문자를 초과하거나 빈칸이 생기게 되면
(규칙이 지켜지지 않으면) 이해할 수 없는 그림으로 깨어져 보이게
된다.
 HTML은 바로 이러한 구조적인(structural) 언어이면서 동시에 교

착언어로서 텍스트, 그림, 사운드, 동영상 등 여러 가지 형태의 데이터를 포함시킬 수 있다.

4) 뷰어 확장

helper application(보조 응용프로그램)과 plug-ins(플러그인)의 성공적인 협력

- 웹브라우저인 인터넷 익스플로러의 Active X가 대표적인 확장 수단이다.

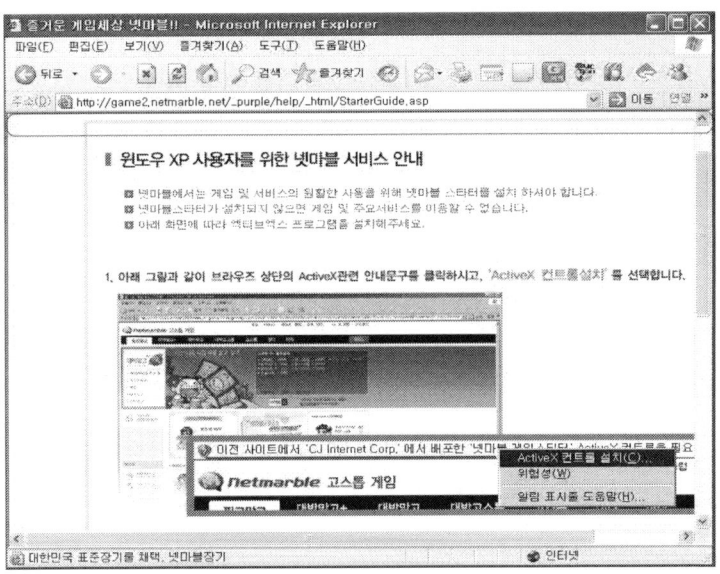

[그림 2-3] 플러그 인(엑티브 엑스)의 설치 장면

5) 분산서버 네트워크

누구나 서버가 될 수 있으며, 용량문제나 병목현상에서 자유로울 수 있는 네트워크

- 게시판에 글을 올릴 때 흔히 이야기하는 '펌질' 또는 '퍼가기'라는 개념은 본인이 해당 서버에 쓴 게시물의 내용(이미지, 동영상 등)이 다른 서버에 원본을 두고 있다는 것이다. 즉, 이것은 게시물과 게시물의 컨텐츠(내용)는 따로 떨어져 분산되어 있음을 의미한다.

점검 및 연습

1. 이메일에 텍스트 아닌 다른 형태의 내용을 첨부하여 보낼 수 있도록 하는 시스템
   은 MAME이다. (   )

2. 킬러앱스의 탄생은 1979년 개발된 Visicalc이다. (   )

3. HTML문서에 포함시킬 수 없는 것은?
   ① 텍스트   ② 그림
   ③ 소리   ④ 동영상
   ⑤ 답 없음

4. 다음 중 강의내용에서 웹의 성공요소로 옳지 않은 것은?
   ① URL   ② 가상경로 주소지정
   ③ HTML   ④ 뷰어확장   ⑤ 집중서버 네트워크

정리하기

1. 웹이 출발하게 된 동기를 이해하는 데 이메일 사용과 무슨 연관이 있는지 생각해
   보세요.

2. MIME 시스템이 무엇을 위한 시스템인지 말해 보세요.

3. 킬러앱스라는 건 무엇인가요?

4. 웹을 통한 문서의 배포방식의 장점을 3가지 설명해 보세요.

점검 및 연습 정답

   1-× ; MAME가 아니라 MIME 시스템이다.
   2-O ; Visicalc는 Apple컴퓨터 성공신화의 토대가 되는 킬러앱스다.
   3-5 ; 텍스트를 비롯한 모든 다른 형태(이미지, 소리, 동영상, 소프트웨어)의 내용을 담
        을 수 있다.
   4-5 ; 분산서버 네트워크를 통하여 병목현상(bottleneck) 등에서 자유로운 정보교환이
        가능하다.

2-2장 웹의 성공과 구조

- 학습목표
  1. 웹이 다른 정보매체와 달리 근본적으로 새로운 점과 그러한 시스템들을 뛰어넘는 주요한 이점
  2. 웹이 기본적으로 동작하는 원리와 그것들을 동작하는 데 필요한 설비들

- 학습내용
  1. 월드와이드웹의 성공
  2. 웹의 구조
  3. 웹을 향상시키는 기술들
  4. 동적이고, 활동적이고 상호 대화적인 웹페이지
  5. 자바와 웹

1. 월드와이드웹의 성공

월드와이드웹은 전화기만큼 통신에 큰 혁명을 이루었다고 말하지 않는다. 본질적으로 웹은 쓸모 있고 넓게 응용할 수 있는 새로운 가능성을 보인 것이다. 2-2장에서는 웹이 성공할 수 있게 만든 요인들에 대해서 논의할 것이다. 우리가 이미 2-1장에서 논의한 것처럼, 웹의 중요한 요소들이 다양한 수용자들에게 정보를 분산하거나 가치 있게 하도록 여러 종류의 문제점들을 연관시키는 해답을 제시해야 한다.

1) 웹의 메커니즘적 여러 가능성

(1) 즉각적이고 편리하게 원격 정보를 접근하기 위한 가능성
(2) 사용자 누구나 정보 제공자가 되기 위한 가능성
(3) 초기화된 텍스트와 이미지, 대화식 구성요소, 예술적 표현들이
    혼합되기 위한 가능성
(4) 멀티미디어 통신을 단일장치를 통해 모두 전달
(5) 소스 자료 위치에 관련 없이 즉시 원하는 주제를 찾을 수 있는
    하이퍼링크
(6) 웹에서 어느 곳이든 원하는 정보를 찾게 하기 위한 강력한 탐색능력
(7) 유연성과 업그레이드 능력 - 운영체제가 다른 컴퓨터라 하더라
    도 같은 정보를 디스플레이할 수 있고 새로운 데이터 타입을
    다루기 위한 플러그인을 통하여 간단히 업그레이드할 수 있다.

새로운 개념의 성공은 가끔 혁신 그 이상의 것을 요구한다. 예를 들면, 1971년의 wang computer의 wang 1200 워드프로세서의 몰락과 같은 일은 유용한 능력 이상의 중요한 성공 관건은 무엇일까?

2) 웹의 중요한 성공요인

(1) 웹은 열린(공공이 사용하고 무방비적인) 구조와 잘 짜여지고 정형화된 프로토콜 기준을 사용한다.
(2) 웹은 사용하기 쉬운 방식으로 그것들 안에 프로토콜들을 지원함으로써 현재의 서비스(FTP, gopher, telnet 등)를 마음껏 쓸 수 있다.
(3) 웹은 분산된 특성(책임지는 사람 없고, 정보 찾는 왕도가 없다)의 엄청난 중압감에도 불구하고, 참여자의 증가로 인해 이러한 단점은 곧 상업적으로 이어졌다.

2. 웹의 구조

웹이 만들어지기 이전에 어떤 시스템들이 존재하지 않고 단순히 웹만을 구상했다면 몽상가이거나 초현실주의자로 분류되었을 것이다. 즉 웹은 기반이 되는 매우 큰 조직과 시스템 그리고 웹을 설계하기 위한 연구원과 사업가들과 연관이 있다.

1) 시스템들의 시스템

웹은 다음과 같은 시스템들의 짧고 간략화된 리스트로 조직해볼 수 있다.
(1) 다수 제조회사, 모델, 세대, 능력을 가진 개인 컴퓨터들과 PC, Mac, 워크스테이션, Web-TV, 클라이언트와 서버프로그램을 네트워크 컴퓨터와 같이 서로 달라서 호환할 수 없는 소프트웨어 운영시스템을 사용
(2) 전자문서 저장이나 디스크 내의 단순 텍스트 파일은 그래픽, 오

디오, 비디오, 데이터베이스와 같은 서비스를 지원하는 실행 프로그램의 포함이 가능

(3) 사운드(레코딩 장치나 음악 종합소프트웨어), 이미지(디지털카메라, 그래픽 소프트웨어), 비디오(비디오캠, 가상현실 모델링, 렌더링과 애니메이션 소프트웨어)를 제작하는 수단

(4) 링크된 파일을 위한 요구들을 수락하고 클라이언트 브라우저에게 데이터 흐름을 전달하기 위한 요구를 이행하는 컴퓨터를 웹서버라고 함

(5) 원하는 포맷으로 파일을 디스플레이하고, 색인과 프린트 요청과 같은 세부사항을 관리하는 프로그램을 웹브라우저라고 함

(6) LAN(근거리통신망)은 인터넷서비스를 제공하기 위한 공급업체(ISP)에 접속하기 위한 도선을 제공함

(7) 물리적인 통신망(전선, 광섬유 등)은 전화회사나 컴퓨터데이터를 전문으로 하는 회사에 의해 제공됨

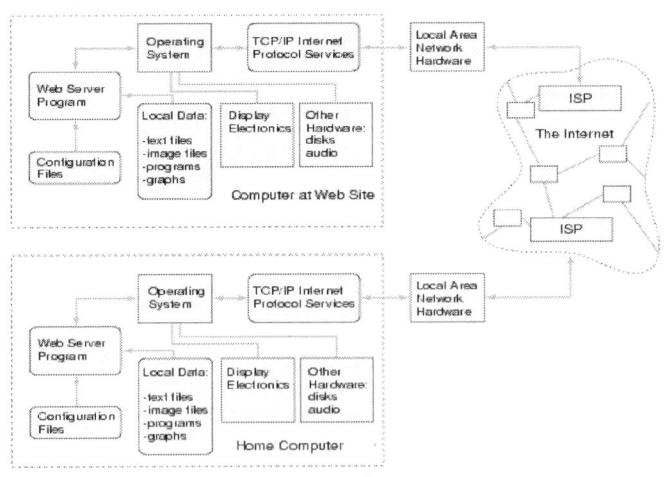

[그림 2-4] 웹의 구조

2) 프로토콜

위의 시스템 내의 많은 컴퓨터 하드웨어/소프트웨어 도구들은 그것들의 상호 연결을 위해 문서화된 규칙 없이는 상호 연결이 불가능하다.

따라서 상호 연결을 위해 정확히 정의된 명령들을 프로토콜이라고 하며, 웹에서의 문서는 HTML프로토콜을 기본으로 한다.

(1) 파일의 위치를 유일하게 인식하기 위해 파일에 이름을 부여하고 체계화하는 MIME시스템(인터넷주소, 도메인네임시스템, URL)

(2) LAN과 ISP의 작동은 전송과 정보의 재조립을 위하여 미리 알려진 프로토콜을 이행하는 접속 컴퓨터를 실행할 수 있는 소프트웨어가 있다는 사실에 기초를 두고 있다.

3. 웹을 향상시키는 기술들

웹의 원래의 목적은 다양한 문서를 쉽게 원격제어하는 것이다. 웹이 성공적으로 활기를 띠고 있지만 원래 목적과는 달리 성장하고 있는 것이다.

대부분의 진행 방향은 웹을 동적이고, 활동적이며, 상호 대화식으로 만드는 방향으로 움직이고 있다.

1) 동적이고 활동적이며 상호 대화적인 웹페이지

동적인 웹페이지란 서버 측 실행파일(서버 측 스크립트)에 의해 가능하다. 즉 단순히 문서를 읽어오는 것이 아니라 소프트웨어 프로그램을 실행하여 진행 중인 현재 정보를 가져오고 이렇게 만들어진 새로운 페이지를 사용자의 브라우저로 보낸다.

- 애플릿: 서버 측 실행파일이라고 불리기도 하는 소프트웨어로서

웹서버에서 사용자 컴퓨터에 보내진 특정목적을 수행하는 일을 한다.

- 동적인 웹페이지의 장점: 보다 **빠른** 속도로 보인 정보를 가지고 상호 작용할 수 있다. 수만, 수백만 명에 의해 공유된 정보라면 지연이 발생하는데 이를 방지한다.

- 상호 작용하는 웹페이지는 문서양식을 가진 웹페이지로서 주문페이지 같은 것을 통해서 서버와 사용자가 서로 대화할 수 있도록 한다.

2) 자바와 웹

처음에 활동적인 웹페이지가 가능하게 되었을 때, 웹이 큰 성공을 거둘 수는 없어 보였다. 그 이유는 실행 가능한 '컴퓨터플랫폼'에 적합한 소프트웨어를 만드는 노력은 너무나 엄청난 비용이 소비되어 대기업을 제외하고는 동적페이지의 사용을 포기해야 할 지경이었다.

- 컴퓨터 플랫폼: 우리는 개인용 컴퓨터에서는 PC, Mac, LINUX 등 다양한 시스템을 기반으로 가지고 있다. 이들은 서로 변환되지 않고는 호환되지 않음으로 각기 다른 출발점에서 개발해야 한다. 이 출발점을 플랫폼이라고 하자.

[그림 2-5] 썬마이크로시스템사의 JAVA 로고

(1) Java(자바)의 등장

1995년 5월, SunWorld 95 행사에서 선 마이크로시스템즈사에 의해 널리 알려졌다. 새로운 프로그램 언어와 시스템 기술의 타입이 가정과 회사의 전자제품의 관련된 많은 부분들이 언젠가는 정보공유와 중앙 제어의 목적으로 상호 연결되고자 할 때 필요하다는 개념에서 시작되었다. 휴대폰키패드로 VCR이나 TV를 조작하고자 한다면 이러한 장치는 공통적으로 전체적인 하부구조나 관련된 시스템이 같아야 한다.

자바는 바로 이것을 제공하는 기반 언어이다. 쉽게 이야기하면 자바는 프로그램의 최종목적지를 알 필요 없이 어떤 컴퓨터에서도 전송될 수 있고 실행될 수 있는 형식으로 소스코드를 번역하는 일을 담당하는 것이다.

- 사용자에게 이것은 무슨 의미가 있을까?

이것은 웹의 수용능력의 광대한 신장을 의미한다. 예를 들어, 워드 프로세서를 구입하는 것이 아니라 Java Applets으로 만들어진 가장 최신의 버전을 설치할 수 있다.

점검 및 연습

1. 웹은 처음에는 양방향 통신매체로 개발되었다. ( )

2. 웹의 상업적인 기관들(ISP)로부터 필요한 서버의 정보를 제공받을 수 있다. ( )

3. 동적이고 활동적인 웹페이지를 가능하게 해주는 기술이 아닌 것은?

    ① cookie   ② Java   ③ plug-ins   ④ MIME

4. 다음 중 자바(Java)와 가장 관련이 먼 것은?

    ① 선 마이크로시스템즈사   ② 자유로운 컴퓨터 플랫폼
    ③ 마이크로소프트사   ④ Applet

정리하기

1. 자기가 좋아하는 웹사이트로 가서 URL을 적고, 그것을 각각 구성요소로 나누어, 역할 및 의미를 설명해 보세요.
2. 웹은 어떤 새로운 전용설비를 필요로 하지 않는다. 현재 가지고 있는 데이터통신 설비로 정보에 접근하거나 전송을 위한 적절한 프로그램이 필요할 뿐이다. 본인이 인터넷에 접속할 때 필요로 하는 것이 무엇이 있는지 생각해 보세요.
3. 웹은 그림 위주의 사용자 인터페이스로 대부분의 복잡한 것을 숨겨 사용자에게 상당히 친숙하다. 정적이고 동적이며, 상호 반응적인 내용이 두드러지는 웹페이지의 예를 찾아보세요.
4. 웹 검색엔진을 사용하여 자바(Java) 개발의 역사를 찾아 요약해 보세요.
5. 자바코드가 컴퓨터에서 직접 운영되지 않는데, 'virtual machine'의 개념과 필요성에 대해서 웹 검색엔진을 사용하여 설명해 보세요.

점검 및 연습 정답

    1-× : 웹은 처음에는 단일 방향(정보접근)의 매체로서 고안되었는데, 지금은 양방향 통신매체로 발전하고 있다.
    2-O : ISP의 역할은 사용자에게 인터넷 접속과 그에 따른 정보를 제공하는 일이다.
    3-4 : MIME는 이메일 시스템에서 텍스트와는 다른 형태의 내용을 입력하게 해주는 시스템이다.
    4-3 : 마이크로소프트사는 자바와는 별개로 active-x라는 plug-in을 사용하고 있다.

2-3장 VoIP, 인터넷전화, 인터넷팩스

- 학습목표
  1. 인터넷을 사용한 음성통화로 음성신호를 패킷데이터로 변환해서 송수신하는 인터넷전화를 이해한다.
  2. 전화망을 대신하거나 조합한 인터넷을 이용하는 전화, 팩스 기술을 이용해 본다.

- 학습내용
  1. VoIP
  2. 인터넷전화
  3. 인터넷팩스
  4. 시장 동향 및 이용방법

1. VoIP

- 정의: VoIP기술은 컴퓨터 네트워크상에서 음성데이터를 인터넷 프로토콜 데이터패킷으로 변환하여 전화망의 전화통화와 같이 음성통화를 가능하게 해주는 통신서비스기술이다.

1) VoIP기술의 개요

인터넷과 통신의 통합추세에 따라 VoIP에 대한 관심이 높아지고 있다. 향후에는 음성전화는 데이터통신에 끼워주는 무료서비스로 전환될 것이라는 전망이 우세다. VoIP는 인터넷망을 이용해서 데이터 뿐만 아니라 음성까지 함께 실어 보낼 수 있도록 지원하는 기술이다. 초기의 VoIP는 인터넷에서 음성통신을 지원하기 위해서 소프트웨어 패키지로 구현되었기 때문에 컴퓨터를 통해서만 사용되었고 음성송수신을 위해 별도의 마이크로폰과 스피커가 필요했다. 또한 인터넷을 이용한 통화는 일반전화선(PSTN)을 이용하는 것보다 통화품질이 많이 떨어졌다. 그러나 최근에는 다양한 음성데이터 관련 기술이 재정립되면서 급속히 발전하고 있다.

2) VoIP의 장점

국제전화를 많이 사용하는 업체에서는 VoIP를 이용하여 전화비용을 크게 줄일 수 있다. 거리를 기준으로 삼아 비례해서 높아지는 통신요금이 아니고 통신설비를 위한 많은 투자비용을 요구하지 않는다.

3) 리얼타임성을 중시하는 연구

인터넷은 TCP/IP에 따라서 하나의 데이터를 작은 패킷이란 단위로 분할하여 각각의 주소를 붙여 송신하면, 수신 측에서는 원래 데이터로 되돌리는 패킷통신이란 기술이 사용된다. VoIP는 취급하는 데이터가 문자와 화상에서 음성으로까지 확대되었으나 문제는 문자와 화상은 디스플레이하는 시간이 걸리더라도 큰 문제가 없으나 리얼타임성이 요구되는 음성통화에서는 간단한 문제가 아니다. 전송되는 여러 개의 패킷 중에서 손상된 패킷이 많아진다면 수신 측에서 알아들을 수 없는 음성으로 나타날 수도 있기 때문이다. 그러므로 비용뿐만 아니라 통화품질도 중요한 VoIP의 해결요소이다.

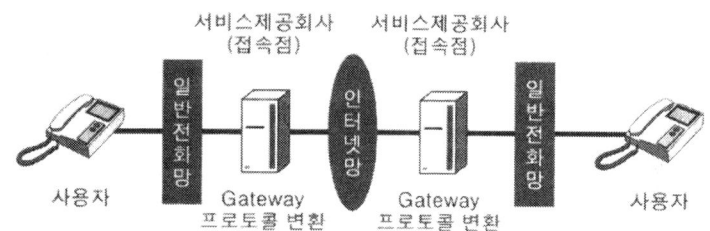

[그림 2-6] 일반적인 인터넷 전화의 구조

2. 인터넷전화

인터넷전화는 VoIP 기술을 이용하여 음성통화를 가능하게 하는 전화를 의미한다. 사용하는 방법은 PC로부터 직접 인터넷에 접속하는 방법과 일반 전화를 사용하여 접속하는 방법이 있다. PC를 사용하는 방법은 마이크와 스피커를 통해(헤드셋 등) 통화소프트웨어를 실행하는 것이고, 또 다른 방법은 일반 전화기로 전화가입자 회선을 중계회선으로 인터넷을 사용하는 방법이 있다.

1) 인터넷전화의 원리

오늘날 공중통신망(PSTN)은 전화국끼리 기술적으로 거의 완전한 디지털방식으로 변화되었고 인터넷과 관련하여 실제로 장거리 기반시설의 대부분을 제공하고 있다. ISP라고 부르는 인터넷서비스 제공자들은 장거리 전화회사들에게 비용을 지불하고, 고속의 전용회선을 임차한 후 패킷교환 방식을 통해 많은 사용자들이 회선을 공유할 수 있도록 함으로써 각 인터넷 사용자들은 별도의 시외, 국제 등 장거리 요금을 지불하지 않아도 된다. 인터넷전화에 가입자회선을 이용하는 경우, 발신원과 착신원 각각 가장 가까운 게이트웨이 간은 통화요금이 발생하지만 중계회선으로 사용하는 인터넷상에서는 통화시간과 거리에 따른 통화요금은 발생하지 않는다. 때문에 국제전화, 장거리전화와 같이 통화거리가 길수록 통화요금은 저렴해지는 것이다.

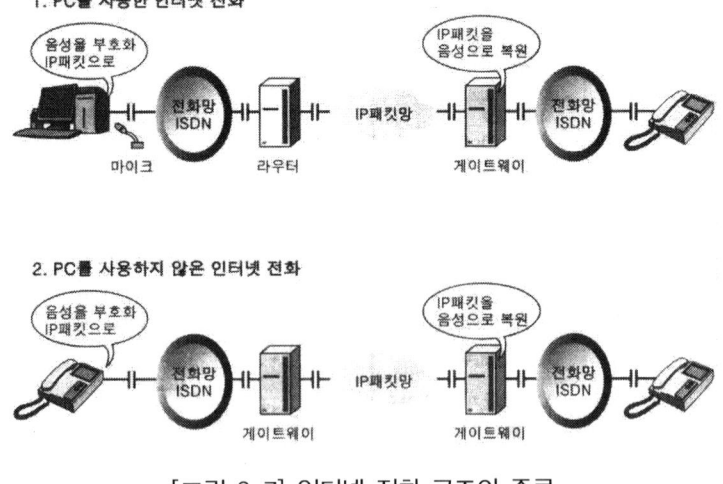

[그림 2-7] 인터넷 전화 구조의 종류

2) 인터넷전화의 문제점

(1) 음성통화의 지연   (2) 왜곡

(3) 잡음   (4) 상호 접속성

[표 2-1] 인터넷 전화와 일반 전화의 차이

구분	인터넷전화	일반 전화
기술적 측면	디지털 패킷교환방식으로 통화 시 회선공유(회선공유로 저렴한 통화 가능) 다양한 데이터서비스 가능	아날로그/디지털 회선교환방식의 통화 시 회선독점 (회선독점으로 고가의 통화료 발생) 음성 및 FAX서비스에 국한
통화품질	통화품질 우수(패킷교환방식, 회선공유)	우수한 통화품질 보장(회선교환 방식, 회선점유)
장점	통화품질 우수 저가의 통화료(50%~90% 저렴) 다양한 부가서비스 (Voice Data변환을 통한 응용서비스 UMS, SMS 등 제공)	통화품질 보장
단점	인터넷 접속환경 필요 초기 단말기 구입 필요	고가의 통화료 고가의 가입비 (가입비형: 250,000원, 설비비형: 100,000원)

3. 인터넷팩스

인터넷팩스는 VoIP처럼 컴퓨터 사용자들이 공중전화망 대신 인터넷망을 이용하여 팩스를 보내는 기술이며, 가장 큰 장점은 저렴한 요금이다.

1) 인터넷팩스의 개요

국제팩스의 경우에는 국제통신 비용을 많이 절약할 수 있다. 인터넷 팩스 전송을 위한 전용망을 설치해서 운영하기 때문에 안정적인 서비스를 제공하고, PC에서 저장한 문서를 스캐닝 작업 없이 직접 보내기 때문에 화질이 뛰어나며 매우 편리하다. 또한 시내전화망을 통하여 인터넷에 접속, 국제 및 시외전화를 할 수 있기 때문에 기존 국제전화요금보다 훨씬 저렴한 요금이 적용된다.

2) 인터넷팩스 이용방법

인터넷팩스 서비스는 전자메일 소프트웨어를 사용하는 것과 웹페이지상에서 송신하는 두 종류가 있다.

(1) 전자메일 소프트웨어

수신 상대방의 팩스번호와 주소를 지정하고, 본문을 입력해서 송신하면 인터넷과 서비스사업자의 서버를 경유해서 상대방 팩스로 보내진다.

(2) 웹페이지상에서 송신

웹페이지에 접속해서 웹브라우저 화면상에서 수신 상대방 팩스번호와 본문 등을 입력해서 송신한다.

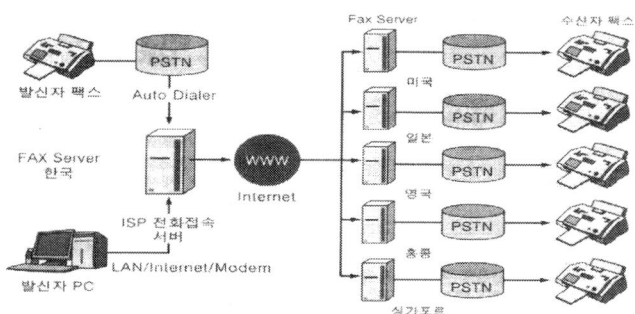

[그림 2-8] 인터넷 팩스의 연결구조

4. 시장 동향 및 이용방법

2005년 8월 삼성네트웍스가 처음으로 '070 인터넷전화' 서비스를 시작한 이후 같은 해 11월 KT, 12월에는 하나로텔레콤과 SK텔링크가 참여하고 최근에는 데이콤, 엔터프라이즈 네트웍스, 드림라인, 온세통신 등 대부분의 인터넷 기반 통신서비스 업체들이 참여하고 있다. 2006년 2월에는 룩셈부르크에 본사를 둔 세계 최대의 인터넷 통신서비스 회사인 스카이프사가 한국에 인터넷 무료전화 서비스를 시작하였다. 스카이프는 사업시작 2년 만에 전 세계적으로 7500만 명의 가입자를 확보했을 정도로 가장 큰 인기를 누리고 있다.

[표 2-2] 인터넷전화와 일반전화 통화요금 비교

	일반전화(k기준)	아이엠텔	네이버폰	데이콤070
- 국내통화				
시내/시외	39원/3분	40원/분	45원/3분	38원/3분
휴대전화	15원/10초	14원/10초	14원/10초	7.25원/10초
- 국제통화(유선전화/휴대전화)				
미국	288원/1분	60원/1분	92원(92원)/1분	50원/1분
일본	690원/1분	85원(242원)/1분	92원(231원)/1분	50원/1분
중국	996원/1분	40원(60원)/1분	92원(92원)/1분	50원/1분

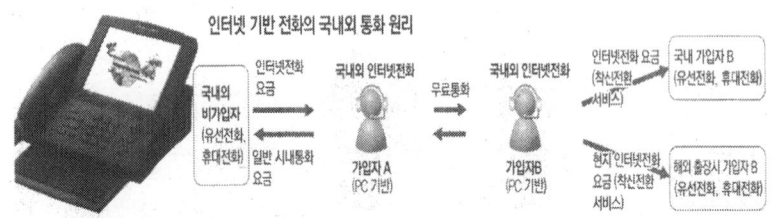

1) 인터넷폰과 070전화

통신업체에서 여러 가지 이벤트를 통해서 가입을 유도하고 있는 070전화는 기본적으로 인터넷폰이라고 할 수 있다. 기존의 인터넷폰이 컴퓨터를 통해 연결된 유선 기반으로 사용하였으나 070전화는 무선 인터넷(Wi-fi)기술을 기반으로 일반 무선전화기와 같이 익숙하고 편리한 단말기를 개발하여 보급하고 있는 것이다.

070은 인터넷 전화를 위해 부여된 식별번호로서 인터넷전화 번호이동성 제도(기존의 유선 전화번호를 070 식별번호와 연결시켜 기존의 유선 전화번호를 통해 인터넷 전화를 이용할 수 있게 한 것)로 인해 더욱 사용자 수는 늘어갈 것으로 판단된다.

[그림 2-9] 무선전화기를 닮은 인터넷 전화

점검 및 연습

1. 인터넷팩스도 VoIP 기술을 이용한다. ( )

2. 인터넷전화는 100% 무료전화이다. ( ) X

3. 인터넷전화와 관련이 없는 것은?

   ① VoIP   ② Collect Call   ③ ISP   ④ GateWay

4. 다음 중 인터넷전화의 식별번호는?

   ① 060   ② 030   ③ 010   ④ 070

정리하기

1. 현재 서비스되고 있는 인터넷전화 업체(아이엠텔, 스카이프 등)의 웹페이지에 접속하여 서비스 개요를 숙지해 보자.

2. 인터넷전화를 사용하면 나타나게 될 이득이 무엇인지 생각해 보고 본인이 사용할 수 있는 환경인지 점검해 본다.

3. 포탈사이트에서 제공하는 팩스서비스(유료)가 있는지 체크해 보고 유사시 이용할 수 있도록 해보자.

점검 및 연습 정답

   1-X : VoIP의 약자는 Voice over Internet Protocol의 의미이다. 인터넷팩스는 음성을 전달하지 않는다.

   2-X : 인터넷전화끼리는 100% 무료이지만, 일반전화와 휴대폰과의 연결은 단지 저렴할 뿐이다.

   3-2 : 콜렉트 콜은 수신자부담의 일반전화 부가서비스이다.

   3-4 : '030'은 통합메시징서비스로 음성메일이나 팩스메일, 이메일 등 다양한 매체에 의한 메시지를 상호 연동, 하나의 매체를 통해 통합적으로 제공하는 서비스에 부가된다. '060'번호는 정보제공자가 음성정보장치를 설치해 이용자에게 녹음한 음성을 듣게 하는 서비스에 부여된다. '050'은 개인번호 서비스에 쓰이는 번호로 전화, 팩스, 이동전화 등 다양한 통신수단을 하나의 번호에 통합해 사용할 수 있게 하는 번호에 부여된다. '080'은 클로버서비스로도 불리는데 소비자가 아닌 서비스제공업체가 통화료를 부담할 때 사용되는 번호이다. '070'은 인터넷전화의 식별번호로 사용된다.

○ ○ ○ ○ ○ ○ ○ ○ ○ ○ ○ ○　제 3 장

▌ 3-1장 FTTH, xDSL ▌

- 학습목표
  1. 현재 사용하고 있는 인터넷 회선에 대한 이해와
     초고속 통신망을 이해한다.
  2. 통신 네트워크의 속도개념을 알아보자.

- 학습내용
  1. FTTH(Fiber to the Home)
  2. xDSL

1. FTTH

사람에게 혈관이 신체생명유지를 위한 보급로라면 디지털통신에서 혈관과 같은 역할을 하는 것이 광섬유망이다. 광섬유망은 끊김없는 동영상의 전송, 초고속 인터넷 접속을 가능하게 하는 기술이다. 광섬유는 단가가 높기 때문에 일반 가정보다는 주로 기간망에 사용되어 왔다. 그러나 이러한 광섬유를 일반가정으로 까지 연결시켜서 가정 내에서도 초고속, 대용량 통신네트워크를 구축하게 한다는 구상이 바로 FTTH(Fiber To The Home)이다. 미국 클린턴 행정부시절 부통령에 재직했던 엘고어 부통령의 구상으로 시작한 GII(Global Information Infra Structure)정책으로 출발하게 된 여러 가지 초고속 통신방식 중 하나이다. 광케이블을 가정까지 연결함으로써 기존 ADSL에 비해서 100배 이상 빠르고 안정적인 품질의 서비스를 제공하기 위한 것이다. 현재 초고속통신망이 가입자 가정 직전까지 광선로로 전송된 뒤 가정까지는 구리선로로 연결되는 데 비해 'FTTH'는 가입자 가정까지 광선로가 이어지는 방식이다. 정보통신부는 '디지털 홈' 등을 위해 FTTH를 추진하고 있으며, 국내에서는 2003년 12월 광주에서 처음으로 시범 개통되었다.

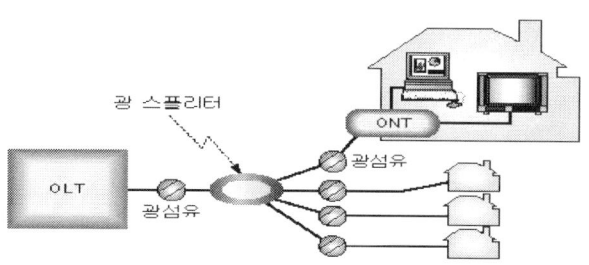

[그림 3-1] FTTH: Fiber to the Home

1) FTTH의 의미

현재 가입자선에 물려 있는 구리선 대신 광섬유를 연결하면 전화, 팩스, 데이터, 텔레비전 영상까지 한 줄의 광섬유로 전송할 수 있게 된다. 미국의 지역전화회사인 서던벨(Sothern Bell)사가 플로리다 주 올랜도 시 교외의 한 지역에서 실험을 한 이래 각광받기 시작했다. FTTH에는 막대한 투자와 장기간의 건설 기간이 필요하므로 전화 서비스 중심으로 되어 있는 가입자망을 어떻게 경제적으로 광케이블화 할 것인가는 커다란 과제이다. 따라서 가입자망의 광케이블화는 이용자의 수요에 맞추어서 지구별로 추진하는 것이 기본 개념이다. 예를 들면, 대도시의 업무 지구를 대상으로 광케이블을 부설하는 것이 파이버 투 더 오피스(FTTO: Fiber to the Office) 구상이다. 이와는 별도로 수천~수만 회선 정도의 가입자망 구역을 대상으로 하는 광가입자 장비 지역 설치단계(FTTZ 또는 FTTC: Fiber to the Zone or Fiber to the Curve) 구상도 있다.

전통적인 의미에서 FTTH란 '가정고객을 대상으로 하는 광케이블이 가입자 주택까지 연결되는 네트워크'로서 서비스에 대한 규정이라기보다는 물리적 구조에 대한 정의로서 단순히 동선을 광케이블로 대체한다는 개념이었지만, 최근에 와서는 '광케이블 기반의 100Mbps급 이상의 서비스속도를 제공하는 가입자망 구조'로 폭넓게 해석하고 있다.

그러므로 정확한 의미에서의 FTTH란 '서비스 사업자와 가입자 주택 사이를 광케이블로 연결하는 전통적인 개념의 FTTH뿐만 아니라' 공동주택 통신실까지 광케이블이 연결되고 공동주택 통신실로부터 각 가입자 가정까지 150m 내외의 짧은 거리를 전화선 또는 LAN케이블로 연결하는 FTTB(Fiber to the Building)도 포함된다.

2) 왜 광(光)으로 가야 할까?

(1) 투자비용대 효과의 경제성
 - 동선의 경우, 투자비용이 제자리걸음인데 비해 광통신용 부품
  들의 가격은 하루가 달리 떨어지고 있다.
(2) 고화질의 영상서비스
 - 고화질의 디지털 영상을 전송하기에는 광케이블화는 필수적이다.

3) FTTH의 현황과 전망

(1) 일 본

세계 최초로 FTTH 서비스 대중화를 선도하는 국가로 전 세계의
주목을 받고 있는 일본은 2005년 말 현재 397만 명 정도가 FTTH방
시의 초고속인터넷서비스를 이용하고 있다. 2002년 전까지만 하더라도
대한민국보다 초고속인터넷서비스 가입자 수가 적었으나, 2003년부터
는 가입자 수 기준으로 우리나라를 제치고 세계 3위의 초고속인터넷
서비스 강국으로 올라섰다. 우리나라에서 보편적인 xDSL 가입자 수
가 1/4 수준에 불과하지만, xDSL보다는 FTTH 신규가입자가 지속적
으로 늘어나 현재는 일본 초고속 인터넷서비스를 주도하고 있다.

 FTTH가입자들만 사용할 수 있는 '光 VoIP 서비스'가 일본의
FTTH 킬러앱스로 자리 잡고 있다. 이 서비스는 종전 집 전화번호를
그대로 사용할 수 있고 119 등의 긴급통화가 가능하며, 기존 VoIP보
다 통화품질도 우수해 가입자 확보에 중요한 요소가 되고 있다.

[표 3-1] FTTH의 킬러앱스

	050 VoIP		光 VoIP
번호 체계	050-XXXX-XXXX		현재 집 전화번호와 동일
장점	• 서비스 가격이 저렴 • 같은 사업자의 050 가입자끼리 무료 통화 가능		• 기존 전화번호 그대로 사용 가능 • 110 · 119 긴급전화 가능 • 050 VoIP보다 우수한 통화 품질

단점	• 긴급전화를 이용할 수 없어,
	  이전의 집 전화가 필요
	• 050번호로 수신은 불가
			• FTTH 서비스 가입자로 제한됨
			• 아직 서비스 초창기어서 서비스
			  지역이 제한적

주요 서비스 사업자	• Softbank BB 「BB폰」 • nifty 「@nifty폰」 • BIGLOBE 「BIGLOBE폰」		• NTT東日本·西日本 「光 전화」 • KDDI 「光 Plus 전화」 • K-Opti.com 「eo光전화」

자료 : IITA, 2005.

(2) 미 국

미국은 지역전화 사업자들이 경쟁사업자들에게 가입자망을 개방해야 하는 의무를 지는 반면, 미국 초고속인터넷서비스 시장을 주도하고 있는 케이블 방송사업자들은 규제를 받지 않아 막대한 비용이 드는 차세대 광 가입자망 구축에 소극적이어서 초고속 인터넷서비스 경쟁에서 미국은 뒤처지게 되었다. 넓은 국토와 낮은 인구밀집도, 그리고 공동주택보다는 단독주택 비중이 높은 사회적 특성으로 FTTH 보급은 쉽지 않다.

이러한 불공정한 비대칭 규제를 시정할 것을 FCC에 촉구하여 FCC는 전화사업자들에게 차세대 광 가입자망 투자를 촉진한다는 명목으로 경쟁사업자에게 설비 의무개방에 대한 규제완화를 2003년 단행함에 따라 점차 활기를 띠게 되었다.

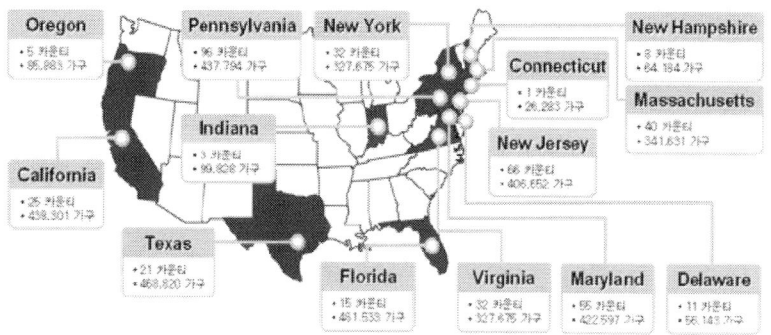

자료 : CSFB, 'VZ Launches FiOS TV; Who is Most Exposed?,' 22-28p., September 26, 2005. 자료 재구성

[그림 3-2] 미국의 FTTH 가입자 수

(3) 유 럽

유럽은 대도시의 경우 인구밀집도가 비교적 높은 편이고, 전화국과 가입자 간의 길이가 짧고 동선의 품질이 좋으며 문화재 등 오래된 석재건물이 많아 공사가 어렵다. 또한 후발통신사업자와의 절박한 경쟁이 없기 때문에 투자에 소극적이다. 유럽의 FTTx 서비스는 95% 이상 스웨덴, 이탈리아, 덴마크, 네덜란드 등 4개국에 집중되어 있다.

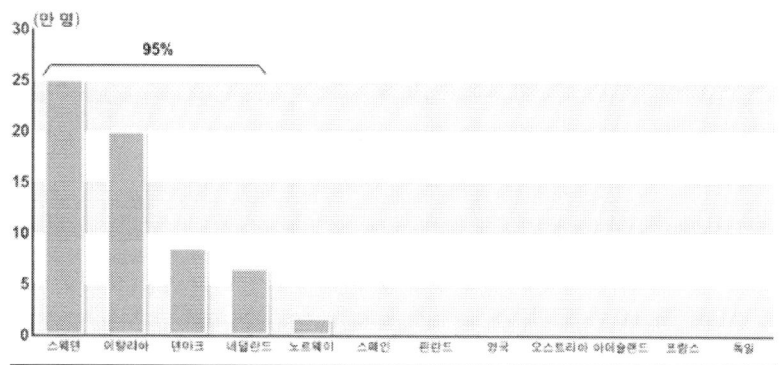

자료 : IDATE, 'Fiber To The Home : Is FTTx taking-off?,' February 2005

[그림 3-3] 유럽의 FTTH 가입율

유럽에서는 서비스 사업자로부터 각 가입자 주택까지 광케이블이 직접 연결되는 전통적인 FTTH 방식뿐만 아니라, 공동주택 지하실까지 광케이블이 인입되고 공동주택 내에서는 LAN 케이블 또는 DSL로 서비스되는 우리나라의 아파트 LAN 방식과 유사한 FTTB 서비스도 FTTH 서비스의 하나로 간주되고 있다. FTTH 프로젝트가 가장 활발하게 진행되고 있는 북유럽 국가들을 살펴보면, 스웨덴과 덴마크에서는 아파트 LAN 방식 서비스가 FTTH 서비스의 주류를 이루고 있으며, 노르웨이에서는 전통적인 FTTH 방식의 서비스가 제공되고 있다.

(4) 국내 FTTH

우리나라는 전통적인 FTTH 서비스는 제공되고 있지 않지만, 실효 속도 50Mbps 이상을 제공하는 유사 FTTH 중에 하나인 FTTB방식 아파트 LAN 서비스 가입자 수가 2005년 말 현재 약 100만 명에 이르는 것으로 추산된다.

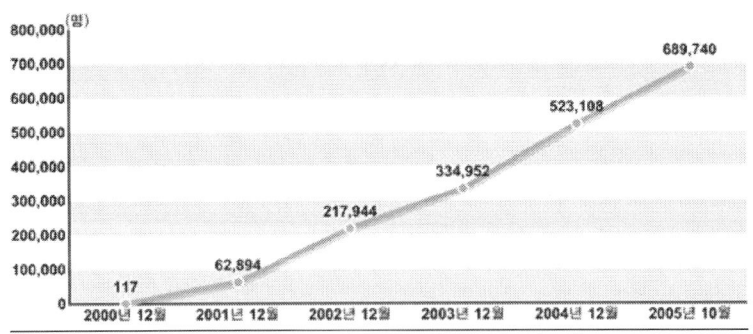

자료 : KT IR Fact Sheet, http://www.kt.co.kr/kthome/kt_info/ir/act/fs.jsp

[그림 3-4] 국내 FTTH의 가입자 수

KT의 Ntopia, 하나로통신의 광랜, 파워콤의 Xspeed가 가입자를 점차 넓혀가고 있다. 국내 아파트 LAN서비스는 아파트 동단자함까지

광케이블을 연장하여 각 가정에 별도의 통신장비 없이 기업의 LAN
처럼 최대 100Mbps(실효속도 40 ~ 50Mbps 정도) 서비스를 제공하는
형태로 유럽 및 일본의 공동주택용 FTTH 서비스와 유사하며, 넓은
의미에서 FTTH 서비스의 하나로 보아도 무리가 없다.

2. xDSL

DSL(디지털 가입자 회선: Digital Subscriber Line)은 기존 전화선
을 이용, 고속의 데이터통신을 가능하게 해주는 기술을 말한다. 1989
년 미국의 Bellcore에서 기존의 전화 동선을 사용하여 비디오, 영상,
고밀도 그래픽 및 Mbps 데이터속도의 정보를 전송하기 위해서 제안
한 개념이다. 1996년을 전후하여 미국의 주요 통신 사업자에 의해 시
범 서비스가 추진되기 시작하여 97~99년에는 상용서비스로 전환되었
다. DSL의 가장 큰 장점은 일반 전화선 즉 구리선을 사용하면서
Mbps급 데이터전송속도를 제공한다는 점이다.

1) DSL앞에 왜 x가 붙어서 xDSL이라고 하나?

DSL은 데이터전송속도에 따라 비대칭(ADSL), 대칭(SDSL), 고속
(HDSL), 초고속(VDSL) 등으로 분류된다. 이러한 기술 종류에 따라
서 DSL앞에 x를 붙여 xDSL이라고 총칭해서 부르고 있다.

(1) ADSL

비대칭 전송방식인 ADSL(Asymmetric DSL)은 데이터 송수신속도
가 각각 다르다. 데이터 수신속도는 1.5~8Mbps지만 송신속도는
32~768kbps정도로서 파일의 업로드보다는 다운로드를 위주로 하는

인터넷 통신환경에 적당하다. 케이블TV 회선을 통한 비슷한 서비스와 달리, ADSL은 같은 지역의 이웃들과 대역폭을 나누어 사용하기 위해 경쟁을 하지 않아 가입자가 많아져도 속도가 느려지지 않는다.

(2) SDSL

대칭형 전송방식인 SDSL(Symmetric DSL)은 160kbps~2,048 Mbps로 송수신속도가 동일하다. 최대 전송거리는 전화국으로부터 3.6km다. 같은 대칭형 방식인 HDSL보다 운영거리가 제한된다.

(3) HDSL

HDSL(Hyper or High bit-Rate DSL)은 대칭형이나 두 개 라인의 전화선을 이용한다는 점에서 SDSL과 다르다. HDSL은 1.5~ 2,048Mbps로 T1/E1급 전용회선 서비스를 제공하는 데 사용된다. 전송거리는 전화국으로부터 5.4km 정도이다. 한 개 라인의 전화선으로 1.5Mbps 속도를 제공하는 HDSL2가 등장하였지만 비대칭 서비스에 비하여 최대 데이터전송속도가 느리다.

(4) VDSL

VDSL(Very high bit-rate DSL)은 미국 애리조나 주 피닉스에서 상용화가 시작(1999년)된 이래, 국내 인터넷서비스의 주류를 이루고 있다. 단거리에서 가장 빠른 비대칭형 xDSL로 수신속도는 51Mbps, 송신속도는 1.6Mbps급이지만 전송거리는 전화국으로부터 1.5km정도로 다소 짧다.

이외에도 속도에 따라서 IDSL, RADSL, UDSL, CDSL, DSL Lite 등의 다양한 서비스가 있다.

[표 3-2] XDSL의 가족들

DSL 형태	설명	데이터전송속도 하향속도: 상향속도	거리제한	활용 분야
IDSL	ISDN Digital Subscriber Line	128 Kbps	18,000 feet on 24 gauge wire	ISDN BRI 서비스와 비슷하지만 데이터만 지원됨(동일한 회선에 음성은 안 됨)
CDSL	Consumer DSL from Rockwell	하향속도 1 Mbps; 상향속도는 이보다 느림	18,000 feet on 24 gauge wire	DSL Lite와 비슷; 무분할기 서비스
HDSL	High bit-rate Digital Subscriber Line	1.544 Mbps duplex on two twisted-pair lines; 2.048 Mbps duplex on three twisted- pair lines	12,000 feet on 24 gauge wire	서버와 전화국 간의 T-1/E1 서비스; WAN, LAN, 서버 액세스
SDSL	Symmetric DSL	1.544 Mbps duplex (U.S. and Canada); 2.048 Mbps (Europe) on a single duplex line downstream and upstream	12,000 feet on 24 gauge wire	HDSL과 동일하나, 오직 한 회선의 연선만이 필요함
ADSL	Asymmetric Digital Subscriber Line	하향속도 1.544~6.1 Mbps; 상향속도 16 ~640 Kbps	18,000 feet에서 1.544 Mbps; 16,000 feet에서 2.048 Mbps; 12,000 feet에서 6.312 Mpbs; 9,000 feet에서 8.448 Mbps	인터넷 및 웹 액세스, 동영상, VOD, 원격지에서 LAN에 접속하는 등의 용도에 사용
RADSL	Rate-Adaptiv e DSL from Westell	회선상태에 따라, 하향속도 640Kbps~ 2.2Mbps; 상향속도 272Kbps~1.088Mbps	제공되지 않음	ADSL과 유사
UDSL	Unidirectional DSL 유럽의 한 회사가 제안함	알려지지 않음	알려지지 않음	HDSL과 유사
VDSL	Very high Digital Subscriber Line	하향속도 12.9~52.8 Mbps; 상향속도 1.5 ~2.3 Mbps;하향속도 1.6~2.3 Mbps	4,500 feet at 12.96 Mbps; 3,000 feet at 25.82 Mbps; 1,000 feet at 51.84 Mbps	ATM 네트웍; Fiber to the Neighborhood

3. 다운로드 속도를 측정하는 단위로는 무엇을 사용하나?

속도에 대한 언급을 위해서는 기준이 되는 '단위'가 있어야 한다. 속도는 '데이터의 크기'와 '경과된 시간'에 의해 계산이 가능하므로, 단위역시 크기와 시간이라는 두 가지의 요소로 표시가 가능하다. 컴퓨터와네트워크 분야에서 주로 사용되고 있는 '데이터 크기'의 단위에는 'bit'와 'Byte'가 있으며, '경과된 시간'의 단위에는 주로 '초(sec)'를 사용한다.

☞ bit: 0 또는 1을 표현할 수 있는 데이터 표현단위. 즉 1bit는 0 또는 1의 값 중 하나를 가지게 되며, 컴퓨터 및 네트워크 분야에 있어 가장 기초가 되는 데이터 표현기준

☞ Byte: 8개의 bit가 모인 집합. 즉 1Byte=8bit의 관계가 성립됨, 1Byte는 2의 8 제곱인 256가지의 데이터를 표현할 수 있으며, 이는 영문 알파벳 대소문자 및 숫자, 그리고 각종 특수기호를 포함하기에 충분한 개수라고 판단한 초기 컴퓨터 개발자들에 의해 정의되었음

'네트워크속도'와 '파일 및 메모리 크기'의 기준으로 널리 사용되는단위를 정리하면 다음과 같다.

☞ bit per second (bps): 네트워크속도의 기준 단위. 1초에 전송할(받을) 수 있는 데이터의 크기를 bit 단위로 표현하며, 약자인 'bps' 는 항상 소문자로 씀

☞ Byte (B): 파일 및 메모리의 크기를 표현하는 기본 단위. 항상 대문자 'B' 로 씀

네트워크속도의 기준 단위인 bps에는 단위 확장을 위해 'Kilo(K)', 'Mega(M)', 'Giga(G)' 등의 접두어가 사용될 수 있다. 이들의 단위환산 관계는 다음과 같다.

☞ 1(Kbps) = 1024(bps)

☞ 1(Mbps) = 1024(Kbps) = 1024 * 1024(bps)

☞ 1(Gbps) = 1024(Mbps) = 1024 * 1024 * 1024(bps)

길이나 질량 등을 표시하는 단위에서 각각의 접두어가 1000배만큼의 단위변동을 의미하는 것과는 달리, 네트워크나 컴퓨터 분야에서는 1024(2의 10 제곱)배만큼의 단위변동을 의미한다는 차이점이 있다(파일이나 메모리 크기를 표현하기 위해 주로 사용되는 단위인 'Byte' 역시 접두어를 이용해 'KB', 'MB', 'GB' 등으로 단위를 확장하여 사용하며 이 또한 1024배만큼의 단위변동을 의미한다).

4. xDSL의 가족사

역사적으로는 HDSL이 등장하고 난 이후에 SDSL, VDSL이 나타났다. 이 3가지 종류는 디지털 데이터전송을 위한 기술로 고안되었는데 ADSL은 상업적인 목적으로 VOD(Video on Demand)전송을 위한 기술로 개발되었다. 통신 속도는 HDSL, SDSL이 상향/하향 모두 2Mbps로 송수신속도가 같다. 따라서 SDSL은 그 특징으로 Symmetric DSL이라고 부른다.

많이 사용하는 ADSL은 가정에서 비디오 데이터전송을 목적으로 하향 8Mbps, 상향 640kbps로 Asymmetric DSL이라고 한다. VDSL은 비대칭 하향 52Mbps이고, xDSL 중에서는 최고속이며 대칭형 서비스도 나타나고 있다. 일반적으로 xDSL은 통신속도를 높일수록 전송거리는 짧아진다. SDSL과 HDSL은 3.6km이고 ADSL은 5.4km로서 상업적인 목적이 뚜렷하다. 또한 전화와 동시에 사용할 수 있는 것은 ADSL만의 특징이다. 전화회선을 사용 중일 때도 고속데이터전송이 가능한 것은 데이터를 전송하는 주파수대역이 다르기 때문이다. 음성

통화에는 낮은 대역(4kHz)을 사용하고 그보다 높은 주파수대역은 고
속데이터통신에 사용하여 주파수대역이 겹치지 않고 동시에 사용하는
것이다.

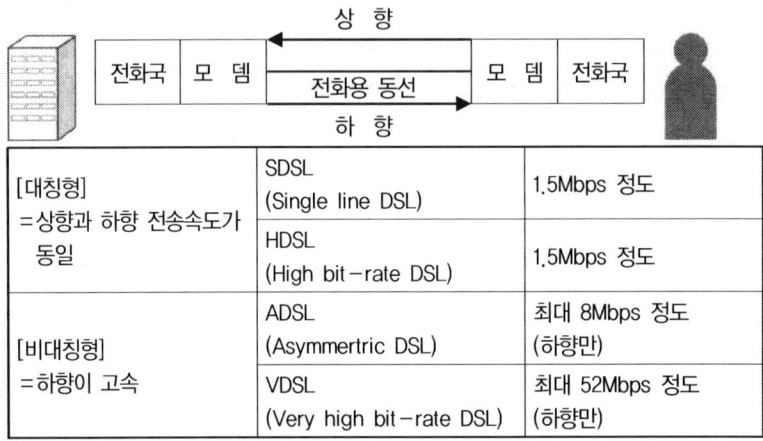

[대칭형] =상향과 하향 전송속도가 동일	SDSL (Single line DSL)	1.5Mbps 정도
	HDSL (High bit-rate DSL)	1.5Mbps 정도
[비대칭형] =하향이 고속	ADSL (Asymmertric DSL)	최대 8Mbps 정도 (하향만)
	VDSL (Very high bit-rate DSL)	최대 52Mbps 정도 (하향만)

[그림 3-5] XDSL의 종류별 속도

5. ADSL(Asymmetric Digital Subscriber Line)

동선으로 된 전화회선을 이용하여 전화국에서 이용자에게 전달되는
하향방향의 통신속도가 이용자가 전화국으로 전달하는 상향방향 통신
속도 보다 빠른 비대칭 통신을 말한다. ADSL의 'A'는 Asymmetric
(비대칭)을 의미하고, DSL은 Digital SubscriberLine, 즉 디지털 가입
자회선의 약자이다.

1) ADSL의 특징

① Mbps급의 데이터전송 가능
② 전화의 통화주파수대보다 높은 주파수를 이용하여 일반전화와 동시 데이터통신이 가능(실제로는 전화선을 송신, 수신, 음성통화의 3분할로 채널을 분리)
③ xDSL모뎀을 사용해서 소수의 전화 가입자로부터 서비스 가능
④ 통신거리(전화국-가정집) 한도가 5.4km까지로 xDSL 중 가장 넓음

2) 이용방법

ADSL 서비스는 상시접속이 전제로 제공되어 그 형태는 LAN으로 볼 수 있다. 즉 서비스사업자(ISP) 측에 서버가 있고, 그곳에서부터 Hub를 통해서 수십 대의 PC가 접속되어 있다. 따라서 전화를 거는 접속기구는 사용되지 않는다. ADSL 전용모뎀과 스플리터(Spliter)라는 기구만 필요하다.

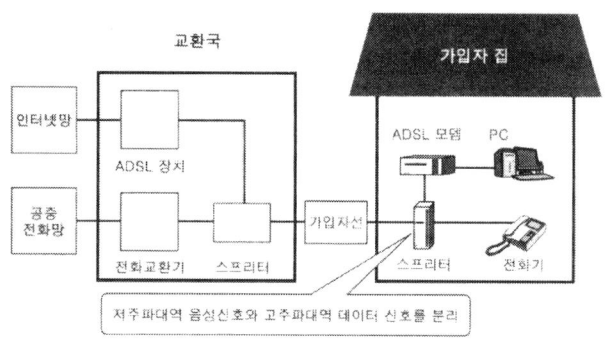

[그림 3-6] ADSL의 구조

3) 실제 속도와 이론 속도

ADSL은 이용자 모뎀으로부터 서비스사업자 측 모뎀과 연결하는 것이므로 거리에 반비례해서 데이터전송속도가 떨어지는 단점이 있다. 따라서 전화국으로부터 멀리 떨어질수록 이론상 데이터속도를 얻을 수 없다는 것이다. 또한 회선을 사용하는 사람이 늘어나도 속도가 떨어지므로 허용된 속도의 반 이하로 되는 경우도 있다.

6. VDSL

기존의 전화선을 사용하여 초고속 인터넷서비스를 실현시킨 것은 ADSL, VDSL 등의 xDSL 기술이다. 그중에서도 가장 속도가 빠른 것으로써 동영상, 그래픽 등 멀티미디어 환경구축, 고화질 디지털 TV(HDTV), 원격지 진료, 화상회의 등 다양한 분야에 적용 가능한 것이 VDSL이다.

1) ADSL과의 비교

ADSL이란 비대칭이란 이름과 같이 하향 8Mbps, 상향 640kbps로 통신속도가 다르다. 따라서 일반 가정에서 사용하는 데는 무리가 없지만 특정수준의 상향속도를 요구하는 서비스인 화상전화, 원격회의, 원격진료와 같은 양방향 서비스에는 무리가 따른다. 때문에 VDSL서비스가 ADSL보다 각광받고 있는데 비대칭일 경우, 하향 13~52Mbps, 상향 1.5~2.3 Mbps이며 대칭일 경우, 양방향 13~26Mbps에 이르는 고속상향속도를 제공한다.

[표 3-3] ASDL과 VDSL의 비교

	ADSL	VDSL
속도	상향 최대 640kbps 하향 최대 8Mbps	상향 최대 2.3Mbps 하향 최대 52Mbps
응용 분야	VOD, 인터넷 서핑 홈쇼핑, 원격교육	ADSL 부분 포함 고품질 화상전화 HDTV, 원격진료, 화상회의

2) VDSL의 특징과 구조

전화국으로부터 소규모 집단거주 밀집 지역(아파트 등)의 통신실에 광통신 장치(ONU:Optical Network Unit)가 설치되면서 전송거리문제가 해결되었지만 단독 일반주택지에는 ONU를 설치하기 어렵기 때문에 여전히 ADSL의 사용이 일반적이다. 52Mbps급의 최고속도는 전화국(또는 ONU)으로부터 반경 300m 내에 있어야 가능하고 20Mbps급의 서비스는 반경 1km 내에, 10Mbps급의 서비스는 반경 1.5km 내에 있어야 가능하다.

7. 케이블TV 인터넷

전화선을 사용하지 않고 기존의 케이블TV선을 이용하여 인터넷에 접속하는 것을 말한다. 현재는 동축케이블을 전송매체로 사용한다. 영상전송용으로 설계되었기 때문에 주파수대역이 넓고 구리선보다 고속이다.

1) 상시접속 및 구조

동축케이블은 일반TV 주파수 범위를 수용하고도 남는 훨씬 많은

주파수대역폭을 가진다. 이 남은 대역을 활용하여 초고속 인터넷서비
스가 가능하다. 최고 750MHz라는 높은 주파수 신호를 보낼 수 있어
서 이론적으로는 TV방송을 100채널분을 동시에 보낼 수 있다. 상하향
각각 1채널 분을 사용하면 계산상은 40Mbps의 속도를 내는 것이 케
이블TV 인터넷 접속방법이다.

2) 장단점

장점은 상시접속과 고속통신, 전화요금과 무관하다는 점이다. 그러
나 같은 지역을 사용하는 사용자끼리 셀(지역)을 나누어 쓰게 되어
있어 같은 지역의 사용자가 많으면 그만큼 하나의 출구로 모이게 되
어 속도가 느려지게 된다. 따라서 지역, 시간대에 따라 속도변화가 큰
병목현상이 나타나고 상단에서 문제가 생기면 하단의 속도마저 끊기
는 현상이 나타날 수 있다. 따라서 ADSL과 달리 케이블은 사람들이
많이 쓰게 되면 될 수록 속도가 느려진다. 영세한 지역케이블TV 업체
에서 셀(지역)당 가입자 수를 낮추는 것은 기대하기 어려우므로 케이
블TV를 통한 인터넷서비스 가입자라면 같은 지역 사람들에게는 케이
블TV 인터넷 접속을 권하지 않는 게 좋다. 하지만 상하향속도
(10Mbps)가 같은 서비스이고 케이블TV와 함께 저렴하게 인터넷을
이용할 사용자라면 좋은 선택일 수 있다.

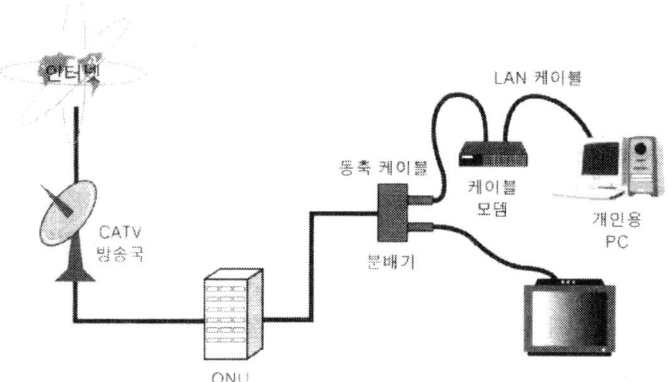

[그림 3-7] 케이블망을 활용한 인터넷 접속

점검 및 연습

1. 현재 우리가 사용하고 있는 광랜서비스는 FTTH가 아니다. (　)

2. FTTH는 인터넷용도로 사용하고, 음성을 전달할 때는 전화선을 이용한다. (　)

3. 다음 중 xDSL 서비스에서 비대칭형이 아닌 것은?

　　① VDSL　　　　　　　　② CDSL

　　③ SDSL　　　　　　　　④ ADSL

4. 다음 중 가장 인터넷속도가 느린 것은?

　　① 10Mbps

　　② 1.06Mbps

　　③ 4,000Kbps

　　④ 2.88Kbps

　　⑤ 5.4Kbps

정리하기

1. 댁내까지 광케이블을 연결하는 FTTH를 통해 향후 전개될 정보화 가정을 상상해 보자.

2. 현재 본인이 사용하고 있는 인터넷 초고속라인의 정확한 명칭(메가패스 같은 브랜드명 아님)과 회선속도, 가격을 알아보자.

3. FTTH와 xDSL 이외의 국내에서 사용할 수 있는 다른 초고속 인터넷서비스에는 무엇이 있는지 알아보자.

점검 및 연습 정답

　　1-× : FTTB의 형태로서 넓은 의미로의 FTTH에 속한다고 볼 수 있다.

　　2-× : FTTH 보급의 목적에는 TPS(Triple Service)가 있다. 음성, 데이터, 비디오 등을 묶는 다양한 용도의 통합 정보통신망이다.

　　3-3 : SDSL은 대칭형(Symmetric DSL)의 약자이다. CDSL(consumer DSL)은 Rocwell사에서 개발한 보급형 저속의 비대칭 DSL기술이다. [표3-3] 참조

　　3-4 : K(kilo), M(mega), G(giga)의 단위를 이해하고, bps(bit per second) 개념을 알고 있어야 한다.

3-2장 IPTV, Digital TV

- 학습목표
  1. 방송과 통신이 융화되어가는 현상을 알아보자.
  2. 디지털방송과 아날로그방송의 차이점을 이해한다.

- 학습내용
  1. IPTV
  2. Digital TV

1. IPTV(Internet Protocol Television)란?

전통적인 매스미디어라고 하면 신문, 잡지 등의 출판물과 TV, 라디오 방송이 전부였다. 이를 통해서 생활에 필요한 뉴스와 날씨, 교통, 문화 등의 각종 정보를 얻어왔으나 21세기에는 인터넷에서 필요한 정보를 모두 한꺼번에 얻을 수 있게 되었다. 그렇지만 이러한 것은 20~30대 컴퓨터와 친숙한 세대의 이야기이다. 현실적으로 컴퓨터에 능숙하지 않은 세대에서는 인터넷을 통한 정보접근 자체가 쉽지 않다. 즉, 중장년층에게 인터넷은 익숙하지 않은 도구일 뿐이다. 이러한 배경에서 IPTV는 출발했다.

1) IPTV의 등장

1996년 미국의 웹TV사(1997년 MS사에 인수)가 인터넷 검색이 가능한 TV를 선보인 것이 시초이다. 그 후, 소니, 삼성, LG 등에서 인터넷TV를 상품화했지만 소비자들의 호응을 얻지 못했다. 당시에는 멀티미디어 콘텐츠가 절대적으로 부족했을 뿐만 아니라 초고속 네트워크의 보급도 미미하여 TV브라운관을 통한 단순 텍스트정보를 얻기 위해 고가의 인터넷TV를 따로 구입하는 사람들이 없었다. 그러나 1990년대 후반 이후 인터넷 인구가 급증하고 멀티미디어 콘텐츠가 폭증하면서 상황이 변하였다. 노인, 주부층으로 인터넷 이용층이 확대되었고, 온라인 주식거래, 쇼핑, 동영상서비스 등 인터넷콘텐츠가 다변화하면서 인터넷TV에 대한 요구가 늘어나고 있다.

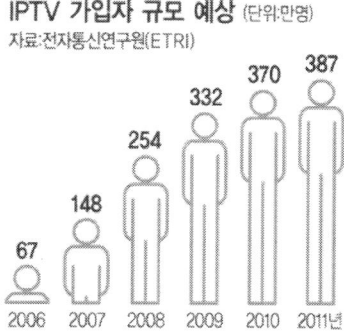

IPTV 가입자 규모 예상 (단위:만명)
자료:전자통신연구원(ETRI)

67 148 254 332 370 387
2006 2007 2008 2009 2010 2011년

[그림 3-8] IPTV 가입자

2) IPTV로 인한 변화되는 내용

인터넷TV(IPTV)가 보급되면 '바보상자'라는 TV에 대한 고정관념도 달라질 것이다. 시청자들이 TV에서 나오는 정보와 영상을 수동적으로 받아들이는 것에서 벗어나 실시간으로 쌍방향 서비스를 이용할 수 있기 때문이다. 인터넷을 기반으로 한 은행업무나 전자상거래, 주문형 비디오(VOD), 생활정보서비스가 TV로 통합된다. 예를 들면, 컴퓨터나 인터넷에 미숙한 주부도 TV를 통해 신문사사이트에 접속하여 정보를 얻고 은행 업무를 보며, 비디오 가게를 가지 않고도 VOD채널에서 마음대로 영화를 골라서 보게 된다는 것이다. 물론 영상전화, 문자메시지(SMS)와 MSN과 같은 메신저서비스도 TV리모콘만으로 가능하다.

3) IPTV의 구성 및 특징

IPTV는 현재 사용하고 있는 일반TV를 이용해서 사용할 수 있는데 컴퓨터 본체를 구성하는 많은 요소 중에서 인터넷 항해에 필요한 부품들만 따로 모아서 만든 셋톱박스(Set-Top Box)를 연결하면 된다.

(1) 초고속 인터넷망

(2) 셋톱박스와 TV

(3) 무선키보드, 리모콘

4) 특징 및 혜택

IPTV를 이용하기 위해 별도의 지식이 없어도 텔레비전을 보듯이 전원만 넣으면 이용할 수 있게 한 것이다. 비디오를 비롯한 방송콘텐츠를 제공한다는 면에서 케이블방송이나 위성방송과 별다른 차이점이 없지만, 양방향성이 추가된다는 점이 큰 특징이다. 케이블방송이나 위성방송과는 달리 시청자가 편리한 시간에 자신이 보고 싶은 프로그램만 골라서 볼 수 있다. 이론상으로만 보면 수백에서 수천 개의 채널을 갖는 셈이다. 또한 스포츠 중계로 영상에 비친 야구선수를 클릭하면 그 선수의 타율, 홈런의 수, 타점 및 과거의 경력 등이 데이터로 표시된다. 또 음악의 타이틀과 가사를 표시하며, 출연자에게 전자메일을 보내거나 앙케이트에 답할 수도 있게 된다.

(1) 지역특성에 맞는 정보 제공

(2) 아파트 단지의 네트워크화

(3) 전자상거래의 이용

(4) 교육의 선진화

5) 해결해야 할 문제

가정용 텔레비전 브라운관의 해상도는 PC 모니터에 비해 떨어진다는 것이 인터넷TV의 가장 큰 문제점이다. 최대해상도가 640x480수준인 아날로그TV는 1024x768 이상의 정밀한 해상도가 보편화되어 있는 PC모니터에 비하면 화면정보 표시량이 적고 가독성도 크게 떨어진다는 지적이다. 또한 인터넷TV의 검색내용을 저장, 복사, 출력 등 인터넷상의 일반적인 작업을 할 수 없다는 점도 해결해야 할 문제이다. 그러나 최근 고화질 디지털 TV의 보급과 LCD TV, PDP 등 대형화면을 갖춘 수상기가 보급됨에 따라 점차 해결될 수 있을 것으로 보인다.

6) IPTV의 이용

국내에서는 2006년 하반기에 IPTV(인터넷TV), TV포탈이라는 명칭으로 서비스를 시작하였다. 기존 인터넷서비스 업체가 주도하여 인터넷 서비 기본료에 1만 원~1만 5천 원의 요금을 추가하여 사용하고 있다.

[그림 3-9] IPTV 서비스 개요

2. Digital TV

디지털TV는 흑백시대, 컬러시대를 거쳐 3세대에 이른 텔레비전을 말한다. 디지털TV는 별도의 IC(집적회로)를 부착하여, 방송국에서 보내는 아날로그신호를 디지털신호로 바꾸어줌으로써 영상 및 음성신호의 변질을 방지하고 그것을 정확하게 복원시켜 주기 때문에 아날로그 전파의 반사로 생기는 이중화면이나 잡음이 없다. 주사선수가 기존 525~625개에서 1050~1250개로 증가되어 화면은 더욱 깨끗해지고 다중화면을 구성할 수 있어서 한 화면에서 2, 3개의 방송을 동시에 시청할 수도 있다.

1) 디지털 TV의 특징

화질과 음질에서 확연히 기존의 TV와 구별되는 디지털TV는 많은 차이점을 가지고 있다.

(1) 쌍방향성

아날로그방송의 일방적인 수신에 비해 아날로그방송 1채널 주파수 대에 4~8개의 채널을 설정할 수 있고, 데이터방송을 통해 다양한 정보를 무료로 제공받을 수 있다.

(2) 선명도와 화상

주사선 수가 기존 525~625선에서 1050~1250선으로 증가되어 현장감 있는 생생한 화면을 즐길 수 있으며 현재 4:3비율의 화면도 5:3.3(16:9)비율로 극장과 같은 와이드스크린을 제공한다.

(3) 해상도

일반TV의 해상도가 640x480인데 비해 디지털TV는 1024x768부터 1920x1080으로 기존 TV와 5배 이상의 화면표시력을 나타낸다.

(4) 음 향

5.1채널의 디지털 CD음악 수준의 잡음없는 음향의 재생이 가능하다.

2) 디지털TV의 종류

현재 유통되고 있는 디지털TV는 화면의 구현방식에 따라서 브라운 관TV, 플라즈마 TV(PDP), LCDTV, 프로젝션 TV가 있다.

(1) 플라즈마 TV(Plasma Display Panel): 일명 PDP라고도 하는데 얇은 두께와 가벼운 무게의 장점으로 벽에 걸어서 사용되기 때문에 벽걸이 TV라고도 한다. 2개의 평판 유리 사이에 투명전극을 만들고 여기에 네온, 크세논 등 방전가스를 넣어 전압을 걸어 빨강, 초록, 파 랑 등 삼색의 형광제를 발광시켜 영상을 재현한다. 많은 장점 있지만, 아직까지 일부의 단점들이 보완될 필요가 있다. 가격도 굉장히 비싼 편이다. 두께가 얇기 때문에, 인테리어적 측면으로나 설치상 혁신적인 공간 활용이 가능하다는 점에서는 아주 큰 장점을 가지고 있다. 그러 나 자체 발열로 인한 고장이나 오디오 기능 등의 문제점은 보급화를 위해 해결되어야 할 과제이다.

(2) 브라운관 TV: 브라운관 TV는 가장 고전적인 방식이면서도 휘 도(밝기)와 체감 선명도를 구현하는 데 있어 다른 방식보다 앞선다. 현재 가정에서 사용해 오던 일반 브라운관의 발전으로 크기 면에서는 프로젝션 TV에 뒤지지만 실제적인 주사선수나 화질 구현 능력은 현 재까지 가장 뛰어난 TV로 평가된다.

[그림 3-10] 플라즈마TV(좌)와 브라운관TV(우)

(3) 프로젝션 TV: TV 내부에 고화질, 고성능의 LCD 혹은 삼관식 프로젝터가 내장된 형태의 TV를 말한다. 일반적인 프로젝터의 경우 화면의 반대 쪽에서 화면 쪽을 향해 쏴주는 데 반해, 프로젝션 TV는 화면의 뒤쪽에서 화면을 향해 쏴준다는 특징 때문에, 후면 투사 방식 TV라고도 부른다. 브라운관 TV에 비해서 화면이 크다. 그러나 프로젝션이라는 특성상 화질 자체는 브라운관 TV와는 특성상의 차이를 보인다. 큰 화면과 강력한 음향으로 극장 분위기를 연출할 수 있고 간접적인 영상투사로 눈의 피로가 적다.

(4) LCD TV: LCD는 빛을 내뿜는 게 아니라 빛을 저지하는 원리로 동작하기 때문에 LED(발광다이오드)나 PDP보다 전력소모가 적고 브라운관의 최대 단점인 전자파 발생이 없다. 가격하락에 따라 PDP와 경쟁적으로 브라운관을 대체하는 TV로 인정받고 있다.

[그림 3-11] 프로젝션 TV

3) 디지털 TV의 구분

가전제품 매장에서 HD(High Definition)급, SD(Standard Defin ition)급이라는 용어를 들어보았을 것이다. 이들 용어가 뜻하는 것은 무엇이며 구별하는 방법은 어떤 것인지 알아보자.

(1) SD급

일반적인 TV화면에서는 SD급과 HD급과 육안으로 구별하기 어려우나 HD전용 방송에서는 차이가 난다. 화소의 차이라고 할 수 있으며 품질은 두 배 정도의 차이를 가진다고 할 수 있다. 스카이라이프 및 공중파 등 방송은 2010년 내로 모든 방송을 HD급으로 방송하려고 하지만 디지털수상기 보급에 있어서 무리가 있을 것으로 보고 현재 위성방송도 SD급으로 방송하고 있다.

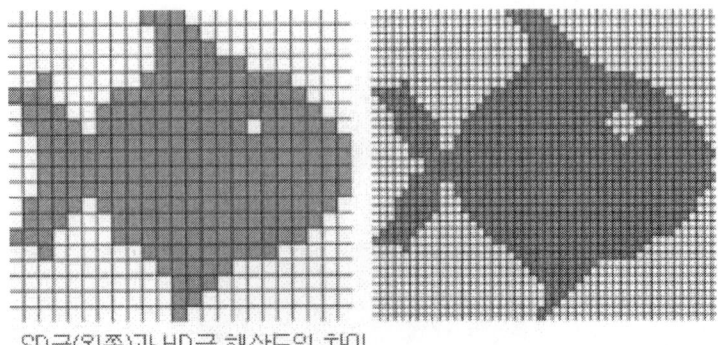

[그림 3-12] SD급과 HD급 디지털 TV의 품질 차이

(2) HD급

1920x1080의 해상도를 가진 TV를 말하지만 하드웨어적인 주사선 수가 1080라인을 갖지 않더라도 720라인 이상을 HD급으로 분류하기도 한다. 하지만 대체로 고가이기 때문에 초반에는 일반 가정에 보급하기 어려웠으나 점차 가격이 하락하여 시장이 확대되어 가고 있다. 하드웨어적인 측면에서 1080라인에 대응하여 디지털 화면을 볼 수 있게만 해주는 수준의 SD급 모델과 진정한 HD화면을 보여주는 1080라인의 HD급은 구별하여야 한다.

3. 디지털영화

디지털영화란 일반적으로 디지털로 촬영하고 디지털로 편집해서 디지털로 방영(상영)하는 영화를 말한다. 영화를 제작하는 방식을 통해서 디지털방송(영화)의 의미를 알아보자.

1) 과거의 영화 제작방식

영화가 태어난 후로 1980년대까지 영화는 셀룰로이드 필름으로 만들어졌다. 네거티브 필름으로 영화를 촬영하고 원본을 현상한 후 필름상태로 편집하고 영사용 프린트로 만들어낸다. 제작, 편집, 상영의 이들 과정 모두 아날로그로 이루어지기 때문에 A-A-A(analog-analog-analog)방식이라고 부른다. 과정은 단순하지만 편집이 잘못되면 다시 현상해야 하고 반복 작업이 많아 작업시간이 길고 비용도 그만큼 많이 든다.

[그림 3-13] 국내 최초의 아날로그 영화

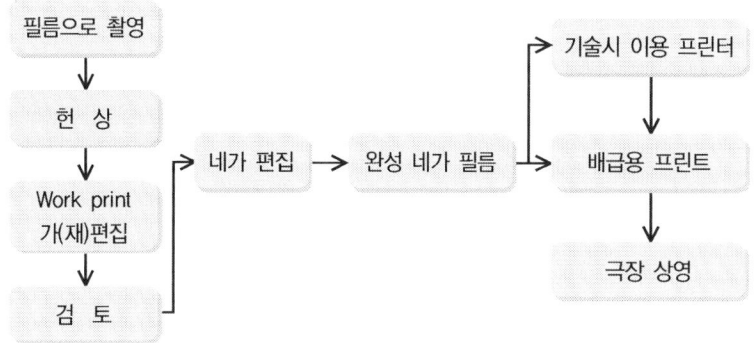

[그림 3-14] 아날로그 영화제작 과정

이후에 편집만 디지털로 하는 A-D-A방식과 촬영과 편집을 디지털
로 하는 D-D-A방식을 거쳐 촬영과 편집, 상영까지 디지털로 하는
D-D-D방식의 진정한 디지털영화(방송)가 구현되어 가고 있다.

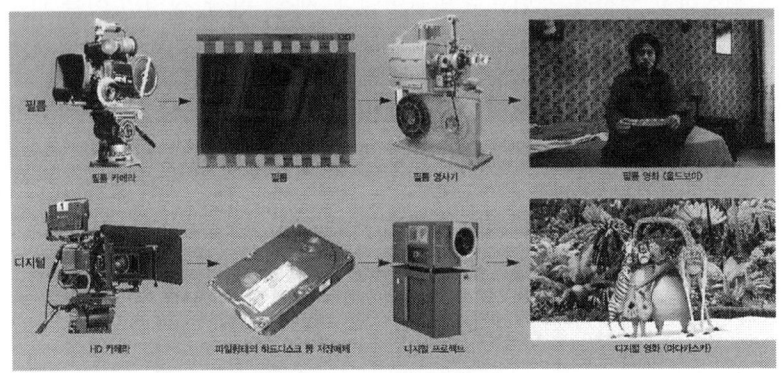

[그림 3-15] 아날로그 방식과 디지털 방식의 비교

2) 현재의 디지털영화

영화촬영에서 편집, 배급에 이르기까지 영화제작의 전 과정을 디지
털로 이뤄지고 필름이 사라진 D-D-D방식이다. 비용과 시간이 적게
들고 수백 번을 봐도 선명한 화질을 감상할 수 있다. 그러나 디지털
영화를 보는 것은 현재 디지털 TV의 보급이 늦어져서 고화질 방송을
하지 못하는 것과 비슷하다. 디지털영화 전용상영관의 수가 절대적으
로 부족하기 때문에 극장시스템도 아날로그 필름시스템을 변경하여야
한다.

3) 디지털영화(방송)의 특징 및 장점

(1) 깨끗한 화질
(2) 제작비용 및 유통비용의 절감

(3) 다양한 서비스 방식 가능

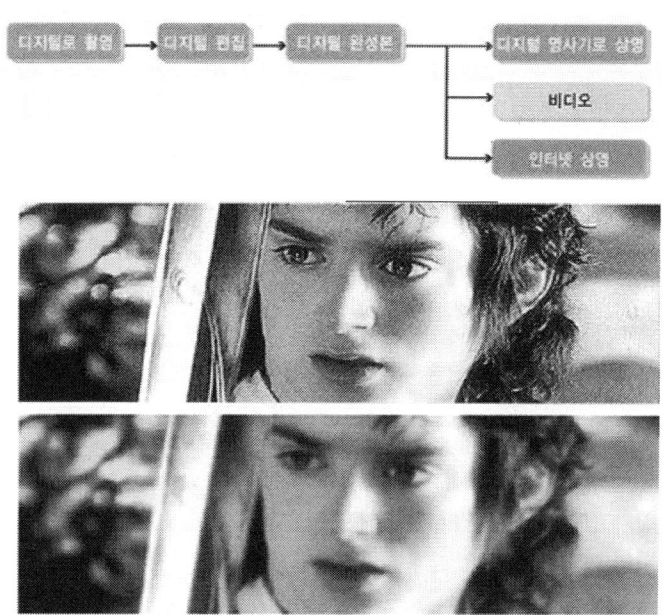

디지털 영화(위)와 필름 영화(아래)의 화질 비교

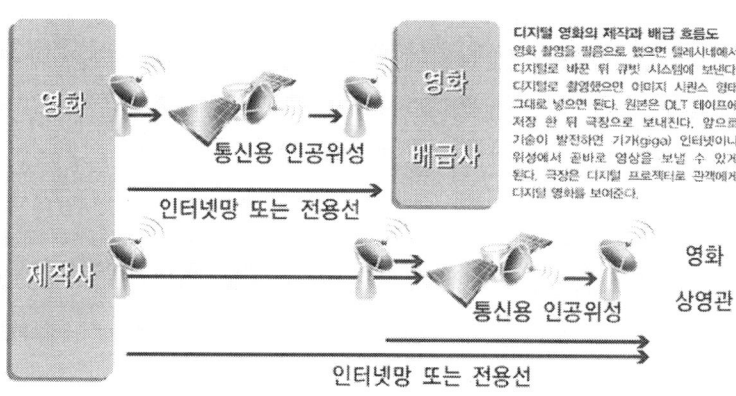

디지털 영화의 제작과 배급 흐름도
영화 촬영을 필름으로 했으면 텔레시네에서 디지털로 바꾼 뒤 큐빗 시스템에 보낸다. 디지털로 촬영했으면 이미지 시퀀스 형태 그대로 넣으면 된다. 원본은 DLT 테이프에 저장 한 뒤 극장으로 보내진다. 앞으로 기술이 발전하면 기가(giga) 인터넷이나 위성에서 곧바로 영상을 보낼 수 있게 된다. 극장은 디지털 프로젝터로 관객에게 디지털 영화를 보여준다.

[그림 3-16] 디지털 영화의 흐름

점검 및 연습

1. IPTV는 방영되는 TV를 인터넷망을 통해 실시간으로만 볼 수 있다.( )

2. SD급 디지털TV가 진정한 의미의 디지털TV이다. ( )

3. 다음 중 IPTV와 관련이 가장 먼 것은?

① FTTH   ② 고화질TV
③ 셋톱박스   ④ 리모콘

4. 다음 중 현재 일반적인 영화상영시스템은 어떤 것인가?

① A-D-A   ② D-D-D
③ D-D-A   ④ D-A-D
⑤ A-A-A

정리하기

1. IPTV 서비스가 본격화되면 할 수 있는 일이 무엇인지 생각해 보자.

2. 현재 본인의 가정에서 사용하는 텔레비전은 어떤 방식이며, 디지털TV방송을 수신할 수 있는지 알아보자.

3. 디지털로 제작하는 방송(영화)의 이득이 무엇인지 생각해 보자.

점검 및 연습 정답

1-× : IPTV는 원하는 방송을 원하는 시간에 볼 수 있는 주문형 TV 방식이다.

2-× : 1080라인을 지원하는 HD급이 진정한 의미의 디지털TV이다.

3-3 : IPTV는 일반TV를 이용하여 인터넷서비스를 제공하려는 목적이므로 고화질 TV
가 꼭 필요한 것은 아니다.

4-1 or 3 : 현재 극장의 상영시스템이 디지털화된 곳이 많지 않기 때문에 D-D-A 또는
A-D-A방식이 일반적이다.

4-1장 지식관리 플랫폼

• 학습목표
  1. 지식경영과 지식관리 플랫폼과의 연관성을
     알아보자.
  2. CRM과 KMS에 대해서 알아보자.

• 학습내용
  1. 지식관리 플랫폼
  2. CRMS와 KMS
  3. CTI
  4. 리얼타임 마케팅 플랫폼

1. 지식관리 플랫폼

기업에서 이메일을 비즈니스에 활용하게 되면서 기업들은 방대한 분량의 문의 이메일을 받게되었고 그 문의에 모두 회신 메일을 보내야만 한다. 예를 들어, 인터넷 뱅킹을 사용하는 고객들로부터 은행은 하루에도 수천 건이 넘는 이메일을 받게 된다. 담당자가 하루 내에 모두 답장을 보내려면 적어도 수백 명의 전담 종업원을 고용해야만 한다. 인터넷뱅킹은 수수료도 낮은 반면 이에 대한 고객응대를 위해 인건비를 늘리는 것은 현명하지 않다.

그럼에도 불구하고 이메일을 통한 문의는 인터넷 뱅킹 사용자가 늘어날수록 더욱 증가할 것이다. 그렇다면 해결책은 없는 것일까? 바로, 지식경영(Knowledge Management)이 해답이다.

1) 지식경영

한 사람의 우수한 사원이 그 업무 노하우를 자신만의 것으로 해서는 회사 전체 구성원에 활용할 수 없다. 길게 보면 회사 전체로서 큰 손실이 아닐 수 없다. 경우에 따라서는 선배사원이 후배사원에게 교육할 수 있으나 적절한 지식경영이라고 말할 수는 없다. 현대적인 지식경영은 정보기술(IT)을 활용하여 지식을 공유하고 업무의 효율을 더욱 향상시키는 것을 뜻한다.

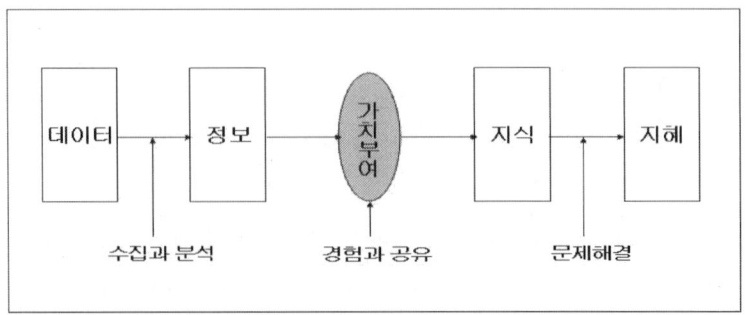

[그림 4-1] 지식(knowledge)의 위치

- 지식경영: 사원 개개인이 가진 지식, 정보, 경험 등 지적재산을 IT를 통해 기업 전체가 공유하고, 활용하여 기업경영 효율을 향상시키는 경영기법이다. 최근에 와서는 지식의 원천을 사내에 국한시키지 않고 협력사, 경쟁사 그리고 고객에게까지 확대하고 있다.

1960년대 과학철학자인 Michael Polanyi는 지식을 형식적 지식과 암묵적 지식으로 나누어 설명하였다.

형식지: 문자, 기호, 숫자 등으로 표현되는 지식, 정보
암묵지: 어떤 사람에 따라서는 자명하더라도 다른 사람에게는 잘 설명할 수 없는 지식으로 장인이나 명인의 기술세계 같은 지식

기업의 환경 변화는 과거와 달리 급격하게 변화하고 있어 지식을 전수하는 데 시간이 많이 소요되면 경쟁에서 질 수밖에 없다. 개인만이 알고 있는 것은 기업 전체로는 크게 도움이 되지 않으며, 지식소유자가 이직을 하거나 퇴직을 하면 기업은 큰 재산을 잃게 된다. 때문에 조직 내 구성원의 지식 및 노하우의 지적재산을 가능한 한 많은 구성원에게 공유하는 것이 기업경영에서 중요한 것이다. 즉 암묵적 지식을 형식적 지식으로 변환하지 않으면 지적재산의 공유화는 쉽게 이루기 힘들다.

(1) 지식의 축적

우수한 영업사원이나 숙련기술자가 자신의 노하우와 기술을 데이터베이스로 등록하면 개개인에게 교육하는 것보다 광범위하게 정보를 공유할 수 있다. 또한 같은 사안에 대해서도 여러 형태의 지식이 등록되어 보다 유효한 활용이 될 수 있다. 이를 위해 기업에서는 정보시스템을 활용하여 지식관리시스템을 구축하는 데 역점을 두고 있다. 지식경영을 실현하는 대표적인 방법은 그룹웨어이다. 그룹웨어에는 전자우편, 전자게시판, 스케줄관리 및 데이터베이스 기능 등이 있어서 이곳을 통해 공유하는 지식, 정보, 노하우를 축적할 수 있다.

상용 그룹웨어를 판매하는 한 데모사이트에 접속하여 그룹웨어를 경험해 보자.

http://demo.gigaro.net/

[그림 4-2] 그룹웨어의 예

(2) 지식의 변환

지식경영은 지식을 축적하는 것으로부터 시작하지만 단지 축적하는 것만은 아니다. 축적된 정보를 활용하기 위해서는 사람이 필요한 정보를 끄집어내는 구조, 전문 검색기능이 필요하다. 이렇게 해서 공유화된 지식을 업무에 활용하여 더욱 새로운 가치를 창조할 수 있는 것이 지식경영의 사고방식이다. 따라서 업무효율을 향상시키고, 고객과의 관계를 한층 더 긴밀화할 수 있다.

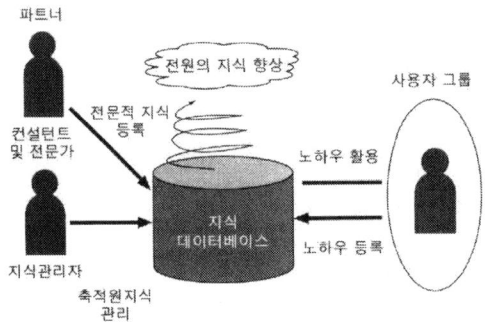

[그림 4-3] 지식데이터베이스

일반적으로 지식을 변환하는 방법은 일본의 노나카 교수가 제시한 4가지 방법이 있다. 사회화, 외부화, 종합화, 내면화이다.

사회화: 암묵지에서 암묵지로의 변환(도제관계, OJT, 동호회클럽을 통한 소비자 요구분석 등)

외부화: 암묵지에서 형식지로의 변환(최고경영자의 의중을 언어화, 숙련이나 노하우의 언어화 등)

종합화: 형식지에서 형식지로의 변환(성문화된 지식들을 분류, 가공, 종합, 편집하여 새로운 개념, 응용방안을 창출)

내면화: 형식지에서 암묵지로의 변환(노하우, 매뉴얼 등을 개인들이 내부의 체험을 통해 이해하는 것)

이러한 지식의 변환에서 정보기술이 차지하는 역할은 필수적이며, 다음의 그림과 같이 설명할 수 있다.

[그림 4-4] 지식의 변환

2) CRMS

지식관리 기능의 구체적 활용 이외에도 기업과 사용자, 또는 일반 소비자와도 좋은 관계를 유지할 수 있도록 하는 방법으로 CRMS (Customer Relationship Management System)가 있다. 이것은 '고객 상담실'이라고도 부를 수 있는데 항의처리나 이용방법안내 등과 같은 일반적인 업무 외에도 웹과 메일 보급에 따른 방대한 수의 상담메일 을 처리할 수 있을 것이다. 정보의 발신과 수신의 여러 단계를 통해 사용자가 무엇을 생각하고 요구하는지를 확인하고 대책을 마련한다. 이러한 측면에도 지식관리시스템(Knowledge Management System)은 필요하다.

(1) CRM

CRM의 가장 큰 특징은 기업이 생산한 상품을 얼마나 팔 것인가 하는 기업 중심의 매스마케팅(Mass Marketing)적인 접근이 아니라 고객 한 사람 한 사람의 기호나 구매경력 등에 기초하여 그 욕구를 파악하고, 고도의 전문지식에 의해 개개인의 욕구에 맞는 상품과 서비스를 제안하는 개개인을 중심으로 사고하는 One to One 마케팅 접근 방법이다.

CRM: 고객관계관리를 뜻하는 것으로 상품과 서비스를 지속적으로 구매하도록 하기 위해 기업이 고객과의 커뮤니케이션을 최적화해 가는 마케팅적 사고방식이다.

(2) CRM의 중요성

- 시장점유율보다 고객점유율에 비중을 둔다. 기존고객 및 잠재 고객을 대상으로 고객유지 및 이탈방지 등 일 대 일 마케팅전략을 통해 고객점유율을 높이는 전략이 필요하다. 이를 위해서는 고객을 여러 기준으로 분류하는 작업이 선행되어야 한다. 어떤 고객이 가장 가치 있는 고객인지, 다른 회사로 이탈할 가능성이 높은 고객은 누구인지 등의 관점에서 고객을 분류하고, 분류된 고객별로 차별적인 마케팅 전략을 세운다.
- 고객획득보다 고객유지에 중점을 둔다. 한 사람의 우수한 고객을 통해 기업의 수익성을 높이며, 매스마케팅을 통해 검증되지 않은 고객의 획득보다는 검증된 한 명의 우수한 고객이 기업에게는 훨씬 더 도움이 되는 것이다.
- 제품판매보다는 고객관계에 중점을 둔다. 고객이 원하는 상품을 만들고, 고객과의 관계에서 욕구를 파악하여 원하는 제품을 공급하는 것이다.

(3) CRM과 정보기술

CRM을 위해서는 고객통합 데이터베이스가 구축되어야 하고, 고객과 관련된 전사적인 정보의 공유체계가 확립되어야 한다. 그래야만 고객에 대한 마케팅을 실시할 때보다 더 다양하고, 의미 있는 분석을 실시할 수 있다. 각 부문별로 참조, 가공, 분석하고 지식으로 축적하는 구조가 필요하다. 이를 실현하는 수단이 CRMS이다.

3) CTI

현재 고객들이 쉽게 접할 수 있는 지식관리 플랫폼은 CTI(Computer Telephony Integration)일 것이다. 이것은 전화를 기반으로 한 콜센터로서 원투원 마케팅을 통해 얻은 고객의 질문이나 수주이력 등을 데이터베이스로 관리하고, 그 데이터를 근거로 어느 누가 담당해도 같은 대응을 할 수 있게 해준다. 이는 고객으로 하여금 이미 발생한 일을 반복해서 말하는 번거로움을 없애주고 사건처리를 능숙하게 하여 시간을 단축해 준다. 또한 해당 내용도 바로 데이터베이스에 넣어 다음번에도 같은 답변을 할 수 있도록 해주는 구조이다.

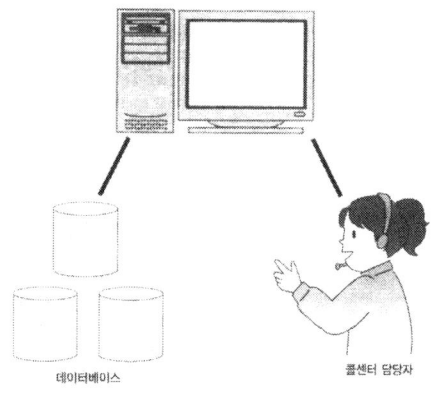

데이터베이스   콜센터 담당자

[그림 4-5] CTI의 구조

최근에는 전화 외에도 인터넷 사용자가 많이 늘어 인터넷에서 직접 서버를 활용하여 자동응답 시스템으로 대답하는 방법도 늘어나고 있다. 사용자에게 걸려온 전화를 일반적인 내용은 컴퓨터가 응답하게 하고, 중요한 내용은 사람이 응대하게 함으로써 콜센터의 유지비용을 절감할 수 있다. 기술의 발전은 음성인식이나 음성합성으로 대응하고 동영상, 웹카메라 등을 통해 좀 더 구체적으로 커뮤니케이션을 할 수 있게 되겠지만 사람과 대화하는 콜센터는 앞으로도 계속 유지될 것이며 CTI의 기능은 여전히 위력을 발휘할 것으로 보인다.

4) 리얼타임 마케팅 플랫폼(Realtime Marketing Platform)

제조업이나 유통업에서는 제조, 판매해야 할 상품에 대한 구매 예측이 중요한 문제가 된다. 아무리 성능이나 가격이 적절해도 소비자의 구매동기에는 제한이 없기 때문이다. 마케팅리서치를 수행할 때 연령별, 성별, 직업별 분류에 따른 조사를 실시하지만 최근에는 타이밍을 중시하여 인터넷으로 리서치를 수행하는 빈도가 증가하고 있다.

(1) 필요성

시장예측을 즉시 처리할 뿐만 아니라 마케팅 구분에 따른 특수한 경향까지도 온디맨드(On Demand)로 파악한다. 예를 들면, 마케팅 회의 중에 객관적 정보 입수가 가능하여 이를 즉시 활용할 수 있게 된다. 원투원 마케팅과 디지털 커뮤니티 운영으로 고객에 대한 상세한 데이터를 축적하여 필요한 순간에 필요한 내용으로 분류, 분석하여 대답을 즉시 얻을 수 있게 된다. 즉 기획, 마케팅에서의 상품화, 판매, 지원, 사용자의 의견수집 그리고 시장의 현실을 알 수 있는 개발 판매 지원과 같은 기능이 하나가 된다.

(2) 전문 소비자의 시대

앨빈 토플러(Alvin Toffler)가 제창하였던 '전문소비자(Prosumer)의 시대', 즉 생산과 소비의 협력시대가 가능해진다. '전문적인 지식을 가진 소비자 모임'인 COP(Community Of Prosumer)는 단순한 흥미나 관심의 범위를 넘어 '실천적 노하우와 지식의 교환이 가능한 모임(Community Of Practice)'이라고도 할 수 있다. 지식의 원천으로서 사용자 그룹은 단순한 지원의 대상이 아닌 공동의 지식을 연구할 수 있는 COP로 육성되면 기업의 가치를 상승시키는 효과를 가져오게 될 것이다.

점검 및 연습

1. 지식경영은 CEO의 특별한 노하우만을 축적하기 위해서 사용되는 것이다. (   )

2. 고객관계관리시스템(CRMS)과 지식경영시스템(KMS)은 사실상 별 관계가 없다.

   (   )

3. 다음 중 지식의 변환 방법이 아닌 것은?

   ① 사회화   ② 종합화
   ③ 개인화   ④ 외부화

4. 다음 중 CTI의 구성요소로 볼 수 없는 것은?

   ① 데이터베이스   ② 전화
   ③ 상담원   ④ 팩스

정리하기

1. 정보기술을 활용한 지식형 플랫폼을 통해 기업가치 및 경쟁력을 높이는 방법을 수업내용을 통해 이해한다.

2. 현재 본인이 경험한 기업으로의 지식제공에는 어떤 것이 있는지 생각해 보자.

3. 앨빈 토플러가 말한 전문소비자(Prosumer)로서의 능력을 휴대폰을 예로 들어 게시판에 함께 논의해 보자.

점검 및 연습 정답

   1-× : 지식경영은 CEO뿐만 아니라 조직구성원 모두의 지식을 축적한다.
   2-× : CRM은 지식경영을 위한 고객지식의 공급원천으로서 아주 중요한 의미를 가지며, CRM을 위한 데이터베이스는 KMS의 중요 구성요소이다.
   3-3 : 지식의 변화방법 4가지는 사회화, 외부화, 내면화, 종합화이다.
   4-4 : 컴퓨터와 전화를 이용한 고객응대시스템(콜센터)에서 상담원은 필수적이며, 앞으로도 여전히 존재할 것이다.

4-2장 디지털 커뮤니티

- 학습목표
  1. 디지털 커뮤니티의 특징과 역할에 대해서 알아보자.
  2. 싸이월드와 성공적인 디지털 커뮤니티란 무엇인
     지 논의해 보자.

- 학습내용
  1. 디지털 커뮤니티
  2. 싸이월드

1. 디지털 커뮤니티

인터넷상에서는 많은 사람들이 모여 친구를 찾거나 커뮤니티를 형성한다. 거기에서 그들은 커뮤니케이션 활동을 통해 정보를 수집하고 디지털 콘텐츠를 비롯한 상품구매를 간편하게 할 수 있는 플랫폼을 전개한다. 각 포탈사이트에서 제공하는 커뮤니케이션기능(무료메일, 게시판, 채팅 등)에서 단적으로 볼 수 있듯이 인터넷상의 커뮤니케이션 환경제공은 이미 사용자 서비스에서 없어서는 안 될 중요한 요소로 자리 잡았다. 더구나 검색기능이나 온라인 쇼핑기능을 그대로 제공하는 것이 아니라, 사용자간의 커뮤니케이션 과정을 통해 정보나 의견교환을 하도록 하여 알기 쉽고 재미와 신뢰감이 있는 정보 서비스 사이트를 만든다. 이러한 커뮤니케이션 자체의 매력과 사용자들의 협력을 받아 정보를 수집하고 쇼핑에 관한 신뢰성과 실용성을 확보하는 것이 큰 특징이다.

> 2005년 12월 정통부와 한국인터넷진흥원이 공동으로 조사한 '2005년 하반기 정보화실태' 결과를 보면, 인터넷사용자의 37.1%가 자신의 블로그를 이용한 경험이 있고 블로그를 개설/관리할 의사가 있는 경우도 48.4%라고 밝혔다.

> 싸이월드를 서비스하는 SK커뮤니케이션즈는 2003년 8월 네이트닷컴과 합병 당시 300백만 명이던 회원수가 1년여 만에 3배로 늘어났으며 2004년 하반기 싸이월드 가입자는 천만 명을 넘어섰다고 밝혔다. 이는 19세 이상 24살 이하의 인터넷사용자의 90% 이상이 정기적으로 싸이월드에 방문하는 것으로 젊은 층을 중심으로 큰 인기를 끌고 있는 것으로 나타났다.
> [YTN 2004-9-30]

2. 디지털 커뮤니티의 종류

Amstrong(1999)*은 인터넷상에 나타나는 가상 커뮤니티(디지털 커뮤니티)를 그 목적에 따라 다음과 같이 4가지로 분류하였다.

- 흥미공동체(community of interest): 특정한 주제에 대한 상호작용을 통해 심도 있는 의사교환을 목적으로 한다. 개인 간의 밀접한 커뮤니케이션이 중요하다.
- 관계공동체(community of relationship): 다른 사람과 인간적인 유대관계를 중요시하며 개인적인 경험을 공유하는 형태이다.
- 거래공동체(community of transaction): 상품의 판매와 구매를 촉진시키고, 이러한 거래에 관련한 정보를 제공하는 것이 목적이다.
- 공상공동체(community of fantasy): 개인의 상상력과 즐거움 제공을 목적으로 하는 오락 위주의 커뮤니티를 말한다.

Amstrong이 제시한 공동체 중에서 기업에서 가장 관심을 갖는 것은 바로 '거래공동체'이다. 거래공동체는 사용자 그룹과 연계한 마케팅의 이점이 있다. 마케팅 측면에서 무형의 큰 효과가 기대되기 때문이다. 상품과 서비스의 판매에서부터 개발에 이르기까지 각종 '지식'의 교환과 축적에 있다. 사용자의 소리, 현재의 상품과 서비스에 대한 의문이나 항의에서부터 우수 사용자들이 제기하는 '전문적'인 개선요구나 아이디어에 이르기까지 사용자 그룹을 확보했을 때, 기업은 다양한 지식을 얻을 수 있게 된다. 일종의 기업의 서포터즈를 얻게 되는 것이다.

* Armstrong, A., and Hagel, J., "The Real Value of on-line Community", Harvard Business Review, 1999, 5-6.

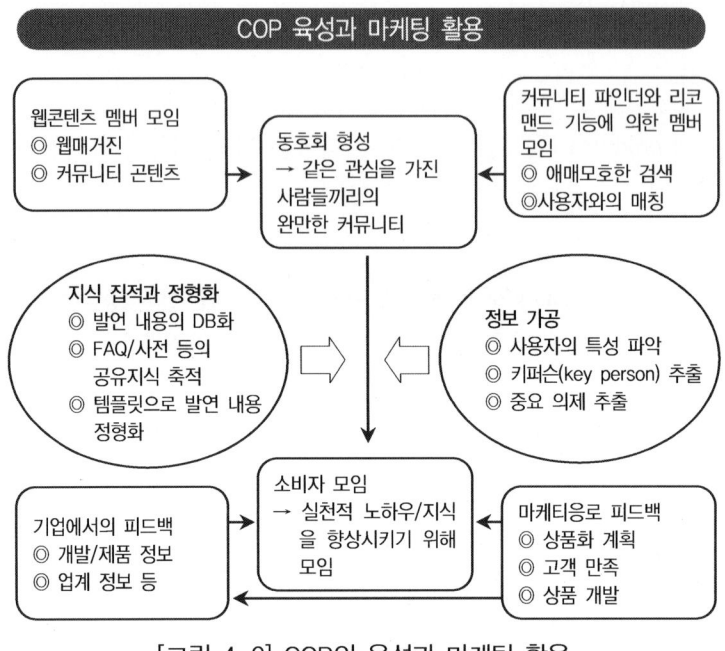

[그림 4-6] COP의 육성과 마케팅 활용

디지털 커뮤니티를 운영자(기업)의 입장에서 보면 사용자 그룹의 형성으로 인터넷상에서 새로운 마케팅 기능을 제공하게 되는 것이다. 이제까지 인터넷상의 마케팅에서는 노출률(광고의 페이지뷰나 클릭횟수)의 확대나 원투원 대응(사용자가 등록한 프로필에 근거한 세일즈 프로모션) 등이 주요한 마케팅 방식으로 사용되어 왔다. 그러나 이런 방식은 자칫하면 단순한 '기업 측'으로부터의 강압으로 빠질 우려가 있고, 고객의 반발이나 의심을 불러일으킬 소지가 많다. '강압'의 느낌을 없애기 위해서는 기업의 일방적인 정보발신이 아니라 사용자 측에서도 기업에 대해 혹은 다른 사용자에 대해 의견이나 정보를 제시할 수 있도록 해야 한다. 이렇게 서로를 이해하게 되면 수평적인 관계가 이루어지기 시작하고, 수요자와 공급자의 대립구조에서 벗어나 신뢰감이 형성될 수 있게 된다.

3. 디지털 커뮤니티 둘러보기

디지털 커뮤니티에는 주제와 종류에 따라서 수많은 종류가 있으며 그 수를 일일이 나열하기 힘들 정도이다. 한 예로서 컴퓨터와 인터넷에 관련된 전문 커뮤니티를 알아보도록 하자.

1) 디지털 전문지식

피씨비(http://www.pcbee.co.kr) : 뉴스보기, 최신기사, 칼럼, 제품 공동구매, 제품정보의 카테고리를 나누어 놓았다.

케이벤치(http://www.kbench.com) : 뉴스, 컴퓨팅, 디지털, 다운로드센터, 커뮤니티, 공동구매, 게임 등의 메뉴가 있다.

매니안닷컴(http://manian.dreamwiz.com) : 소프트웨어, 하드웨어 전반에 관련된 내용을 알려주는 사이트이며 자료요청이 가능하다.

마이크로소프트 개발자 네트워크(http://www.msdn.microsoft.com) : 컴퓨터 전반 및 프로그램 언어의 자료를 구하고 프로그램 제공

클리앙(http://www.clien.net) : palm기반의 PDA에 관한 정보 및 최신 IT동향을 제공하는 사이트

투데이스PPC(http://www.todaysppc.com) : PoketPC기반의 PDA에 관한 전문적인 정보 및 자료를 구할 수 있는 사이트

[그림 4-7] 디지털 커뮤니티의 사례

2) 가격비교사이트

우리가 실생활에 관련된 제품을 사기 위해서는 직접 발품을 팔며 정보를 수집하던 시대는 이제 지났다고 볼 수 있다. 몇 번의 검색으로 어느 사이트에서 어떤 가격으로 판매되고 있는지를 한눈에 알아볼 수 있는 사이트가 있기 때문이다. 이들 사이트를 통해서 가격을 알아본 후 믿을 만한 곳을 선택하여 구매하는 최선의 방법은 이미 일반적인 추세이다. 대표적인 사이트는 다나와(http://www.danawa.com)와 에누리(http:// www.enuri.com), 네이버 가격비교 등이 있다. 그러나 이들 가격비교사이트에서는 가격비교에 제공되는 정보에 대해 법적인 책임을 지지 않는다. 제공되는 콘텐츠의 사실 여부와 소개된 사이트의 신용도는 이들 사이트와 관련이 없다. 단지 가격이 싼 곳을 알려주는 것뿐이다. 이를 위해 가격비교사이트에서는 각 제품 및 서비스의

Q&A 및 댓글을 통해 소비자들의 불편이나 정보를 얻을 수 있으며 사이트의 신용도까지 간접적으로 확인할 수 있도록 하고 있다.

[그림 4-8] 제품에 대한 고객들의 의견교환

(다나와 가격비교사이트에서 50만 원대 중국산 노트북에 대한 소비자의견을 볼 수 있다)

3) 제품에 대한 커뮤니티

원하는 제품을 구매하려고 할 때에는 그 제품에 대한 전문 유저사이트와 리뷰사이트를 이용하는 것이 좋다. 공통된 관심사를 갖는 사용자와 현재 제품을 사용하는 소비자들에게 축적된 정보가 쌓여 있고 공유되기 때문에 소비자들은 구매 전에 놓칠 수 있는 부분을 얻을 수 있다. 또한 그 커뮤니티를 통해 제품을 구매하게 되면 역시 커뮤니티의 일부로서 활동하게 되는 경우가 많다. 이러한 사이트를 보탈(Vetical Portal의 합성어)라고 한다.

노트북인사이드(http://www.nbinside.com) : 노트북에 관한 정보를
교환하거나 사용기, 구매기, 공동구매 등이 이뤄진다.

디시인사이드(http://www.dcinside.com) : 디지털카메라에 관한 정
보를 교환하고 수많은 갤러리를 운영한다. 디지털카메라에 관한한
국내 최고의 커뮤니티이며 여러 가지 사회적 이슈도 만들어 내는
등 인터넷상의 임팩트가 큰 사이트이다.

세티즌(http://www.cetizen.co.kr) : 휴대전화에 관한 정보를 교환하
고, 신제품에 대한 프리뷰, 공동구매 등이 이뤄진다.

피엠피인사이드(http://www.pmpinside.com) : DMB기기와 PMP에
관한 구입기, 사용기, 가격정보 등의 정보교환이 이뤄진다.

미니비앙(http://www.minivian.com) : MP3, 게임기 등 휴대용 전
자기기에 대한 정보를 교환한다.

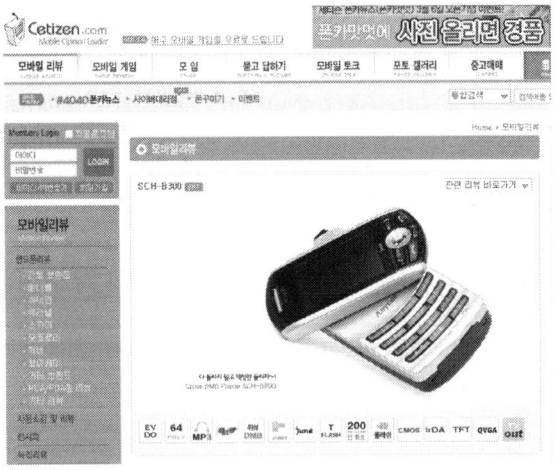

[그림 4-9] 휴대폰에 특화된 커뮤니티 포탈사이트

이들 디지털 커뮤ㅋ니티를 운영하는 주체는 기업이 될 수도 있고, 개인일 수도 있으나 주된 목적은 제품의 판매가 아니었다. 자연스럽게 형성된 디지털 커뮤니티는 기업 및 제품에 대한 든든한 지원 세력이 될 수도 있으며 압력수단이 될 수도 있다. 때문에 기업에서는 이들 디지털 커뮤니티에 늘 관심을 기울이고 있으며 기업의 매출에도 지대한 영향을 끼치고 있다. 미샤(http://www.beautynet.co.kr)나 페이스샵 (http://www. thefaceshop.com) 같은 여성을 상대로 한 디지털 커뮤니티를 이용한 마케팅 성공사례는 이를 반증해주고 있다. 대중마케팅보다는 디지털 커뮤니티를 통한 활동이 훨씬 빠르고 효과적으로 전달될 수 있다.

[그림 4-10] 여성들에게 인기있는 뷰티넷 홈페이지

4. 싸이월드

싸이월드란 실명제 인맥기반의 가상사회, 신뢰기반의 정보공유를 콘셉트로 하는 사람과 사람 사이의 친분관계를 형성하고 도와주는 범용 커뮤니티 서비스로서 Amstrong(1999)의 분류에 따르자면 관계 공동체(community of relationship)에 해당되는 디지털 커뮤니티이다. 개인과 개인의 관계를 정의하며 시작되는 인맥, 각종 모임과 만남을 가능하게 하는 클럽, 개인과 개인의 관계에서 자신의 정보와 지인의 정보를 효율적으로 관리할 수 있는 도구인 미니홈피, 나의 기분과 감정을 드러내고 자유롭게 표현하는 미니룸 등 아는 사람끼리 더욱 친해지게 하는 서비스를 제공하여 감성과 지성을 동일시하는 커뮤니티가 등장한 것이다.

[그림 4-11] 싸이월드 동호회 홈페이지의 예

1) 바이러스마케팅

바이러스마케팅이란 디지털 커뮤니티의 가장 큰 특징이라고 할 수 있는데 커뮤니티 구성원이 다른 전파 가능한 매체(이메일, 메신저, 게시판 등)를 통해 자발적으로 기업이나 제품의 홍보를 할 수 있도록 제작된 마케팅기법이다. 컴퓨터바이러스처럼 전파된다고 해서 명명되었다. 2000년 말부터 확산되면서 새로운 인터넷 광고기법으로 주목받기 시작했는데, 기업이 직접 홍보하지 않고 소비자의 이메일 등 입에서 입을 통해서 전해지는 광고라는 점에서 기존의 광고와 다르다. 주로 재미있는 웹애니메이션이나 영상에 슬쩍 기업의 이름이나 제품을 끼워 넣는 방식으로 간접광고를 하게 되며 네티즌들이 전달(펌질)하게 되면서 자연스럽게 마케팅이 이루어진다. 기존의 텔레비전 등의 광고보다 훨씬 저렴한 비용이 들기 때문에 빠른 속도로 확산되고 있다.

싸이월드는 이러한 바이러스마케팅을 기반으로 한 디지털 커뮤니티로 보는데 기존의 바이러스마케팅은 '엽기', '유머' 등의 흥밋거리로서 1~3개월 정도 번식속도가 짧은 반면에 싸이월드는 '1촌맺기', '방명록', '소망상자', '인기측정', '도토리' 등의 친구끼리의 공유를 통하여 지속적으로 바이러스가 번식될 수 있는 최적화된 조건을 갖추어 중독성이 강하다.

2) 프리챌과 프로슈머(Prosumer) 마케팅

프로슈머는 프로듀서(Producer)와 소비자(consumer)의 합성어로서 프로슈머(prosumer) 마케팅은 기존의 디지털 커뮤니티와는 다르게 싸이월드가 꾸준하게 성장할 수 있는 토대가 되었다. 2002년 10월, 그 당시 국내 최고의 커뮤니티 사이트였던 프리챌은 110만 개에 이르던 커뮤니티 운영자들에게 '사용료를 내든가, 방을 빼라'고 일방적인 유료

화 통보를 한다. 디지털 커뮤니티는 회원들의 추억(글과 사진)을 담보
로 매달 3,000원의 월세를 받겠다고 한 것이다. 그러나 무료라고 여기
던 이 비즈니스 모델의 무리하고 갑작스러운 유료화는 네티즌들에게
외면 받았고 점차 잊혀지고 말았다. 이때 프리챌을 떠나 둥지를 튼 곳
이 바로 평생무료화를 선언한 싸이월드이다. 싸이월드 또한 유료화이
기는 하지만 아바타, 도토리 등 프리미엄 서비스에 대해서만 과금을
한다. 개편 시마다 개편내용에 고객의견을 적극적으로 반영하고 고객
이 주인임을 알리는 '투데이멤버', '투데이사진첩', 'Logout 메시지' 등
으로 자발적인 참여를 통한 충성도를 자극하고 있다.

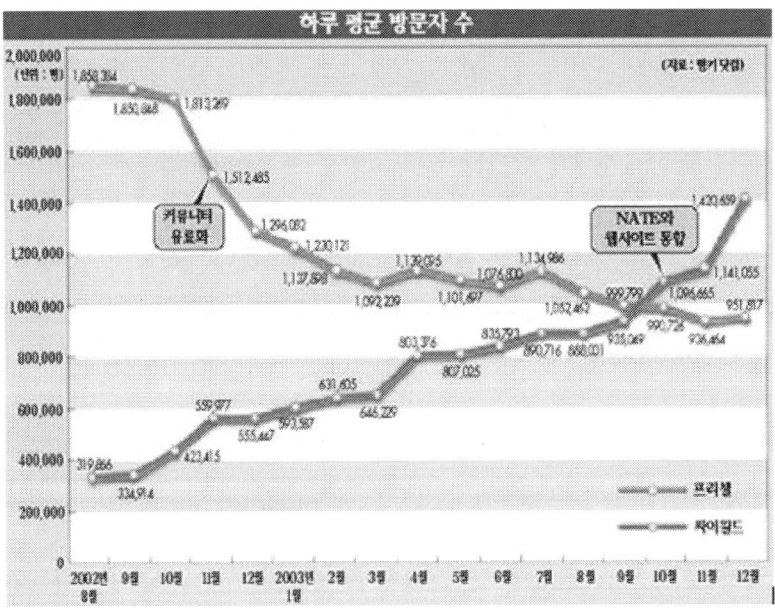

[그림 4-12] 2002년 이후 싸이월드와 프리챌의 가입자 현황

3) 싸이월드의 한계점

굳게 닫혀있던 개인의 아이덴티티를 '미니홈피'라는 서비스를 통해서 부각시키는 데 기여하고 '블로그'라는 새로운 개인미디어를 탄생시키기도 했다. 그러나 '관음증', '개인사생활 침해'라는 악용의 소지로 미니홈피를 폐쇄하는 사례가 늘어나고 있다. 폐쇄형인 '미니홈피'와 '페이퍼'로는 개인미디어로의 기능을 수행하는 데 한계가 있다. 개방형 미디어인 '블로그'는 열린 네트워크에 끊임없이 사회성을 유지하고 확장하는 데 비해 싸이월드는 느린 속도를 보이고 있는 것이다. 즉 싸이월드는 인터넷비즈니스의 6C 중 커스트마이징(customizing)은 뛰어나지만 나머지와의 관계가 불완전하기 때문에 디지털 커뮤니티를 유지하기 위한 기능에는 충실하지만 관계의 목적 및 지속성을 유지하기 위한 니즈를 충족하지 못하고 있다는 것이다.

- 6C: Contents, Community, Commerce, Connection, CusCtomizing, Communication

[그림 4-13] 싸이월드 미니홈피의 예

짐검 및 연습

1. 디지털 커뮤니티는 기업에게 늘 호의적이다. (　)

2. 싸이월드 성공의 기폭제가 된 프리첼의 유료화는 전적으로 잘못된 정책이다. (　)

3. 다음 중 Amstrong이 제시한 디지털 커뮤니티의 종류가 아닌 것은?

　　① 관계공동체　　　　② 흥미공동체
　　③ 거래공동체　　　　④ 오락공동체

4. 싸이월드의 성공요인 중 마케팅기법으로 옳은 것은?

　　① 바이러스 마케팅　　② 간접광고 마케팅
　　③ 백신 마케팅　　　　④ 확산 마케팅

정리하기

1. '내 홈피에 한번 놀러 와' 라고 하는 것이 무엇을 뜻하는지 생각해 보자.

2. 본인이 디지털 커뮤니티 활동을 하고 유용한 곳이 있다면 서로 정보를 교환해 보자.

3. 기업에게 디지털 커뮤니티는 어떤 의미를 가지는지 동전의 양면처럼 장점과 단점을 찾아보자.

점검 및 연습 답안

1-× : 디지털 커뮤니티가 기업에게 항상 호의적인 것은 아니다. 때문에 기업은 부단히 좋은 품질과 서비스로 고객을 대해야 한다.

2-× : 포탈사이트의 유료화는 MP3의 유료화처럼 기업에게는 이루어야 할 e비즈니스 모델이다. 때문에 잘못된 것이라고 볼 수는 없다. 싸이월드도 프리미엄서비스에는 유료화 정책을 취하고 있다.

3-4 : Amstrong은 디지털 커뮤니티의 종류를 관계, 흥미, 거래, 공상공동체로 분류하였다.

4-1 : 바이러스 마케팅이라고 불리는 마케팅 기법으로 고객충성도를 높이고 저렴한 비용으로 성공한 케이스이다.

4-3장 IDC, SSP, ASP

- 학습목표
  1. 인터넷시대에 나타난 IT산업계의 새로운 서비스들을 알아보자.
  2. IDC, SSP, ASP를 무엇 때문에 사용하는지 이해하자.

- 학습내용
  1. IDC
  2. SSP
  3. ASP

1. IDC(Internet Data Center)

인터넷이 상업적으로 활용되기 시작하면서 새로운 비즈니스의 기회들이 여기저기서 출현하고 있다. 인터넷으로 전개되는 e비즈니스를 뒷받침하는 IT시스템들은 세계를 상대로 하기 때문에 24시간 쉬지 않고 가동해야만 한다. 게다가 이 IT시스템은 고장으로 인한 정지도 허락되지 않는다. 예를 들어, 고객이 인터넷 상점에 들러 쇼핑을 하던 중 상점 측 시스템이 다운되거나, 인터넷 주식거래를 하는 중에 거래시스템이 다운되어 버리면 어떻게 하는가. 따라서 한순간의 다운도 허락되지 않는다는 것을 잘 알 수 있을 것이다.

2003년 1월 25일
오후 2시: 전국 대부분 지역에서 유무선인터넷서비스가 불안정해지기 시작했다. 광화문 등 서울 도심은 인터넷 불통상태에 빠졌다. 2시 10분께 통신업체인 드림라인에서 정보보호진흥원으로 이상 징후를 보고했고, 정통부에서는 위기 대책팀을 가동해 원인 분석에 들어갔다.
오후 4시: 서울 경기지역까지 인터넷 불통상태에 빠지며 '인터넷 대란'이 전국으로 확산됐다. 국내 3대 서버 업체인 KIDC, GNG, KT의 망은 완전히 마비돼 인터넷을 통한 전자상거래, 금융, 예약 서비스가 전면 중지되면서 국민들이 혼란에 빠지기 시작했다.
밤 11시: 보안업체 안철수연구소가 긴급 정보를 추가로 발표했다. 사태의 원인인 'SQL 슬래머 웜' 바이러스는 일반적인 웜과 같이 파일 형태로 저장돼 감염되는 것이 아니라 2001년에 발견되었던 '코드레드' 바이러스처럼 메모리상에 상주하는 형식으로 전파되므로 일반 백신 프로그램으로는 치료할 수 없다는 것이었다. 이때까지 전국의 인터넷망은 완전히 복구되지 못했다.

2003년 1월 26일~27일

오전 9시: 이상철 정보통신부 장관이 주재하는 긴급 대책회의가 정보통신부에서 열렸다. 참석자는 정통부 주요 책임자 및 실무과장급, 정보보호 진흥원장, 한국전산 원장, 인터넷 정보센터장 등 정통부 산하 기관장을 비롯해 KT 하나로 데이콤 두루넷 SKT KTF LGT 등 통신 사업 관계자들. 하지만 사태의 당사자 중 하나인 마이크로소프트(MS) 관계자는 참석하지 않았다. 오전 11시 30분: 이상철 정보통신부 장관이 대국민 사과문과 함께 인터넷 대란에 대처할 대국민행동요령을 발표하면서, 이번 사태는 MS SQL 서버의 취약점을 이용한 신종 웜 바이러스가 원인이었다고 공식 확인했다.

27일 오전 9시 50분: 정보통신부는 국가망, 행정망, 은행망 등의 SQL 서버를 점검한 결과 패치 조치가 완료되어 문제가 없는 것으로 파악되었다고 발표했다.

출처: 다음뉴스

2003년에 있었던 위의 사례를 살펴보면 만 이틀간의 전국적인 인터넷 장애로 인해 주요기업들이 마치 공황상태에 빠진 듯 주요 업무에 마비를 경험하였으며 그 피해액은 수천억 원에 이른다. 물론 2003년의 인터넷 대란은 한 두 기업의 인터넷 정지가 아닌 전국적인 장애였기 때문에 본 장에서 설명하려는 IDC도 직접적인 피해대상이었다. 그러나 위의 사례에서처럼 21세기에 살고 있는 이 시대의 기업은 인터넷 서비스가 정지되거나 장애를 겪으면 그 피해는 실로 막대하고 인터넷을 기반으로 사업을 수행하는 기업에서는 더욱 커지게 된다.

e비즈니스용 IT시스템은 1년 내내 쉬지 않고 가동되어야 하고 한 순간의 다운도 허락되지 않는다는 엄격한 조건이 붙는다. 때문에 이것을 사내에서 운용하지 않고 외부의 시스템 운용관리업체에 아웃소싱하려는 수요가 크게 증가하고 있다. 이러한 아웃소싱을 위탁하는 것이 바로 IDC(인터넷데이터 센터)이다.

IDC는 e비즈니스용 서버를 24시간, 365일 노다운운전을 조건으로 한다. IDC센터건물의 보안체제도 완비하고 전원의 이중화 등 서비스체제에 만전을 기한다. 또한 서버용 고속 인터넷의 기간통신망 회선환경을 정비한다.

(1) IDC의 설비
  - 무정전 전원공급기
  - 소규모 발전기
  - 화재진화설비
  - 출입통제시스템
  - 항온항습장치
  - 능숙한 관리인력

[그림 4-14] 서초동 한국IDC센터

(2) IDC의 필요성
  - 동시접속에 따른 회선속도의 저하
  - 해킹에 대한 대비
  - 서버에 대한 관리(비용)

(3) 서비스의 종류(입주방식)
  - 서버보관(공간임대만)
  - 서버관리(공간임대 포함)

(4) 고려사항
  - 신뢰성, 안정성, 보안성, 서비스 제공시간 및 종류

  IDC사업자는 1998년경 미국에서 출발했다고 전한다. IBM, AT&T 등의 대형기업들도 IDC사업에 참여하고 있지만 소규모 IDC 전문벤처기업들도 많이 활약하고 있다. 국내에서는 한국전기통신공사, 하나로통신, 데이콤, 삼성네트웍스 등이 시장에 진출해있다.

2. SSP(Storage Service Provider)

IDC센터에서 부가서비스로도 제공하지만 별도의 SSP센터를 개설하여 서비스 하는 업체가 늘어나고 있다. 미국의 대용량 저장장치 생산업체인 EMC, 컴팩컴퓨터 등이 세계 각지에 SSP센터를 개설하기 시작하였다. SSP의 주요 업무는 기업에서 다루는 데이터를 신속하고 완벽하게 백업하고 복구하는 서비스로 24시간 운영 및 관리되는 것은 IDC센터의 운용과 비슷하다. 또한 인터넷기반의 기업과 e비즈니스 사업을 수행하는 기업은 점차 늘어나고 있는 멀티미디어 자료 등 대용량 고객자료의 보관과 유지를 위해서도 별도의 장비추가를 시도하지 않고 SSP센터에서 제공하는 장비를 임대하여 이용함으로써 비용의 절감과 기업의 부담을 줄이고 있다.

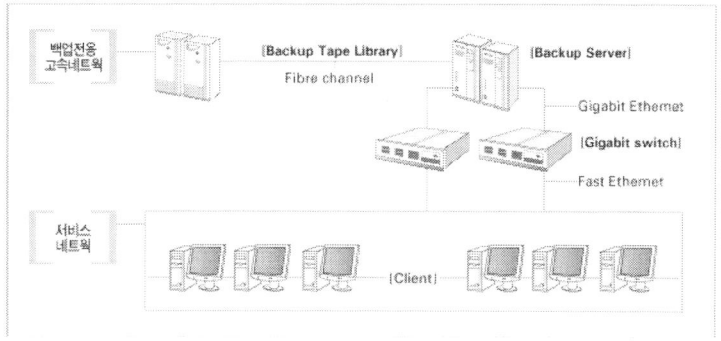

[그림 4-15] 데이터 백업 및 복구

[표 4-1] 서비스 이용 시 기대효과

구분	Co-Location 백업서비스	자체 백업시스템 도입
비용	자체 시스템 운영 시에 비해서 인건비와 관리비를 제외한 최소 35%이상 절감 효과	S/W, H/W, 백업서버와 IDC의 상면비용의 추가로 인한 초기 구축비용의 부담
운영	관제센터를 통한 전문요원의 운영	백업전문 운영자가 필요하며 운영자의 교육이 필요함
운영내용	별도의 Network을 구축하므로 서비스에 미치는 영향을 최소화 함	서비스에 운영되는 Network 를 공유하여 서비스에 영향을 미침
System 확장 또는 Data량 증가 시 대응	서비스레벨의 조정만으로 용이하게 확장할 수 있음	용량의 확장 시 추가 장비의 도입과 시스템 재구축의 번거도움이 있음

[그림 4-16] 인터넷 상의 IT산업과 IDE의 역할

3. ASP(Application Service Provider)

인터넷이 대중화되면서 기업이나 개인의 컴퓨팅 스타일이 크게 변화되어 가고 있다. 기업이 사용하는 프로그램은 판매관리, 고객관리, 재무회계나 인사관리 프로그램이며, 개인이 사용하는 프로그램은 워드프로세서 또는 이메일 프로그램이었다. 기업이든 개인이든 모두 사용하고자 하는 컴퓨터에 설치해야만 하고 새로운 버전이 나오면 비용을 내고 새로운 버전의 소프트웨어를 새로 설치해야만 했다.

또 간혹 긴급한 excel자료를 첨부한 이메일이 와서 PC방으로 달려가서 확인을 하려고 했더니 몇 군데를 돌아봐도 모두 [한글2007]만 설치되어 있고 Excel은 설치가 되어 있지 않아 시간낭비를 하는 경우도 있을 것이다. 이와 같이 소프트웨어의 버전이 통일되지 않은 데서 오는 문제를 해결하는 방법으로 소프트웨어의 실행은 서버에서 하고, 사용자는 이를 인터넷을 통해 이용하는 새로운 IT서비스업이 1999년경부터 생겨났다. 이 서비스업을 'ASP(Application Service Provider)'라고 한다.

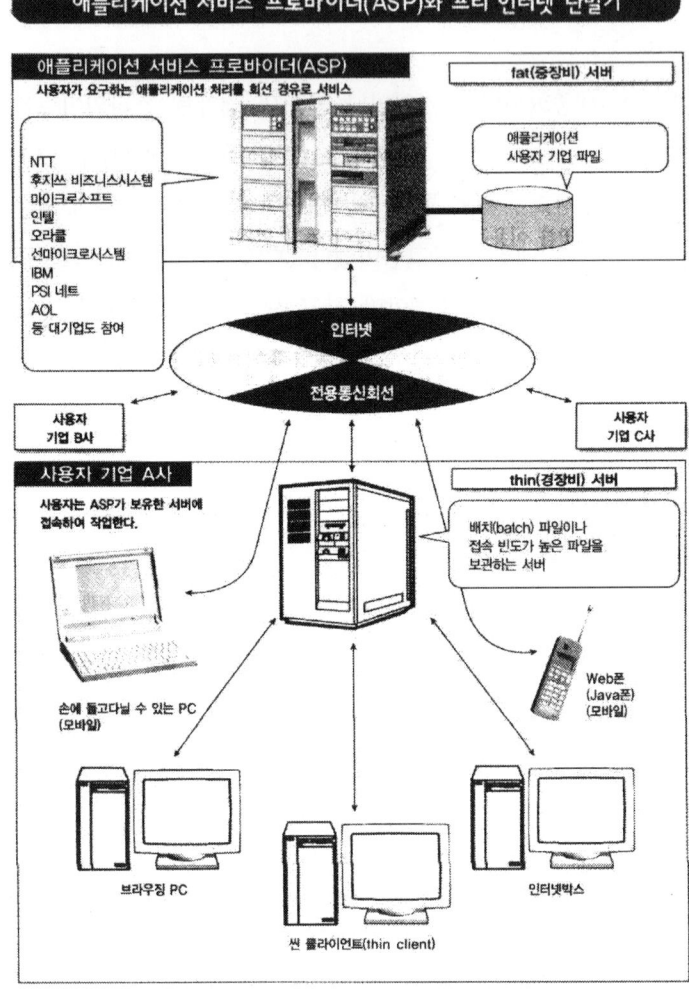

[그림 4-17] ASP의 구조

ASP는 자사에 대형 고성능 서버를 설치하여 다수의 사용자가 이용할 여러 종류의 소프트웨어를 동시 병행적으로 처리한다. 사용자는 마치 자신의 컴퓨터 내부에 설치된 소프트웨어를 이용하는 느낌을 받을 수 있다.

(1) ASP의 장점

　-소프트웨어 버전이나 종류 충돌 문제 해결

　-소프트웨어 버전업(version upgrade)의 용이

　-소프트웨어 구입 및 설치 반복 작업 등 해방

　-소프트웨어 보유를 통한 보유운용 TCO(소유총비용) 대폭절감

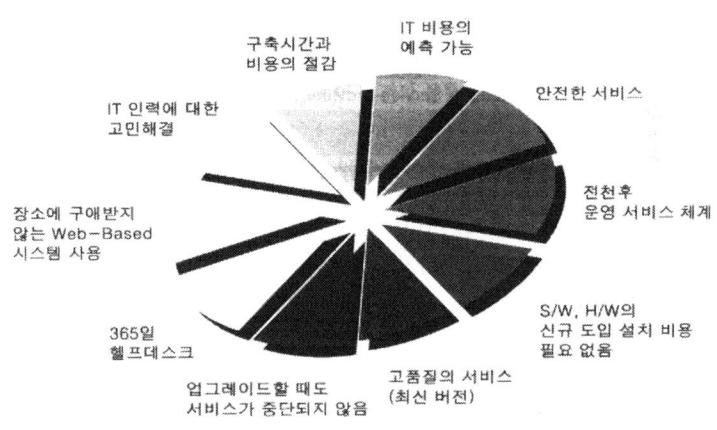

[그림 4-18] ASP의 장점

◆ 서비스 구성도

[그림 4-19] KIDC사의 한컴리눅스 ASP서비스 개요

[그림 4-20] KIDC사의 MS사 제품 ASP서비스 구성도

(2) ASP 이용해 보기

주로 IDC에 입주해 있는 기업에게 제공되는 ASP를 개인이 이용하기는 어려워 보인다. 그러나 일정한 요금을 받고 서비스를 개인에게 제공해주는 것은 어려운 일이 아니기 때문에 최근에는 개인을 위한 서비스도 점차 늘어나고 있다. 대표적인 경우가 한글과 컴퓨터사의 넷피스(Netffice)서비스와 Thinkfree서비스이다.

넷피스 - http://www.netffice.com
Thinkfree - http://www.thinkfree.com
오픈오피스 - http://ko.openoffice.org/download.html

오피스프로그램은 주로 MS사의 MS-Office의 독주를 예상하기 쉽다. 그러나 워드프로세서 시장만큼은 한글과 컴퓨터사의 아래한글시리즈가 한국에서는 여전히 막강한 힘을 발휘한다. 넷피스는 ASP와 비슷한 웹오피스(web office)라는 개념에서 출발하여 개인사용자들에게 서비스를 시작하였다. 이용방법은 종량제로 월 3,000원의 이용요금으로 인터넷팩스, 이메일, SMS, 넷디스크 그리고 웹오피스인 넷한글을 지원해준다.

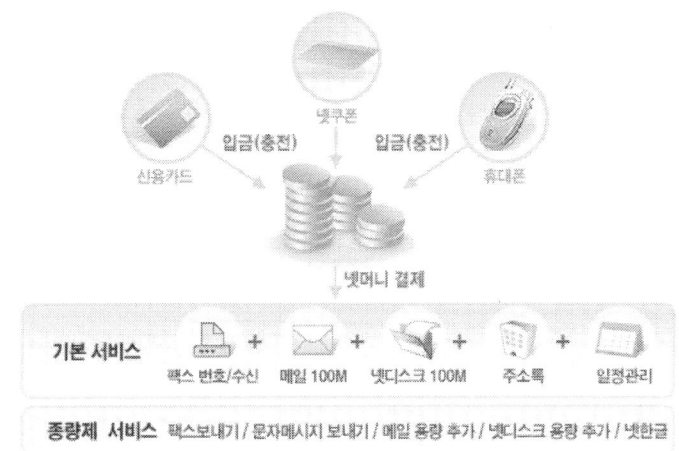

[그림 4-21] 넷피스 과금제도와 서비스

Thinkfree는 원래 LINUX용으로 개발된 무료오피스 프로그램인 Star Office처럼 MS-Office에 대항하기 위해 만들어진 저렴한 오피스 프로그램이다. '저렴한'이란 수식어가 붙기 때문에 유료서비스이고 유료로 다운로드받아서 MS-Office 대체용으로 이용할 수 있고 Thinkfree Online에 가입하여 온라인상에서도 제한적인 무료이용을 할 수 있다.

이와는 별도로 웹상에서 이용하는 것이 아니라 다운로드받아서 직접 설치하는 무료 오피스프로그램 중에서 오픈오피스는 MS사의 워드 (doc), 엑셀(xls), 파워포인트(ppt)의 최신버전의 파일을 문제없이 열고 편집할 수 있음으로 MS-Office 프로그램을 대체하고자 하는 기업이나 개인이 사용하기에 적합하다.

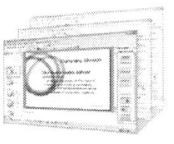

[그림 4-22] ThinkFree Online

[그림 4-23] Open Office

점검 및 연습

1. IDC는 언제나 1년 내내 24시간 유지되어야 하는 건 아니다. ( )

2. SSP의 사용빈도는 점차 줄어들 것이다. ( )

3. 다음 중 IDC의 특징이 아닌 것은? 3

    ① 신뢰성   ② 안정성
    ③ 특수성   ④ 보안성

4. 다음 중 무료 오피스인 것은? 3

    ① MS-Office
    ② Netffice
    ③ Open Office
    ④ ThinkFree

정리하기

1. IDC와 SSP의 역할을 이해하고 왜 기업들이 입주하는지를 생각해 보자.

2. 데이콤에서 운영하는 IDC의 주요고객을 아래 사이트를 통해서 알아보자. 아는 기업들이 있는가? http://www.kidc.net/about/cyber/linksite.jsp

3. 무료오피스 프로그램을 다운로드받아서 한번 이용해 보고 장단점을 의논해 보자.

점검 및 연습 정답

    1-× : IDC는 24시간 안전하게 운영 및 관리되기 때문에 e비즈니스를 수행하는 기업들이 입주하고 있다.

    2-× : 대용량 자료가 점차 늘어갈 것이므로 SSP를 이용하는 기업들은 점차 늘어날 것이다.

    3-3 : IDC는 신뢰성, 안정성, 보안성 등으로 서비스 품질을 보장받는다.

    4-3 : Open Office는 스타오피스의 소스코드를 공개하면서 오픈오피스가 되었다. 라이센스 기능을 제거해서 일부 매크로 기능에 제약은 있다.

○ ○ ○ ○ ○ ○ ○ ○ ○ ○ ○ ○　**제 5 장**

5-1장 모바일 시장

1. 모바일 시장

1) 휴대폰 없는 사람을 찾기가 더 어려워

초등학생들까지 휴대폰을 가지고 다니는 요즘에는 오히려 휴대폰을 가지지 않은 사람을 찾기가 더 어려워질 정도로 휴대폰 사용자의 수가 늘어났다. 뻔히 공중전화부스를 옆에 두고도 휴대전화를 이용하는 장면도 어렵지 않게 볼 수 있다. 그 만큼 휴대폰의 보급이 늘어났다는 의미이기도 하다. 정보통신부 발표에 의하면 휴대폰 보급 대수는 2005년 말 총 3,834만여 명으로 전체 인구의 79%가 휴대폰을 사용하고 있는 것으로 나타났다. 1999년 말에는 이미 무선 전화기 보급대수가 유선전화기 보급대수를 넘어서서 현재는 유선전화기보다 무선전화기의 보급대수가 월등히 앞서고 있다. 과거 한 가정에 한 대의 전화기를 보급하던 시절에서 이제는 개인당 한 대의 전화기가 보급된 시대로 접어든 것이다.

[표 5-1] 유무선 통신서비스별 가입자 현황(2003년 3월 말 자료)

	가입자(명)	시장 점유율(%)
시내전화	23,290,670	41.8
이동전화	32,859,440	57.4
무선호출	123,900	0.3
TRS	226,400	0.3
무선데이터통신	91,760	0.2
합계	56,592,170	100

2) 신시계, 모바일 시장

휴대폰을 사용하는 사람들이 늘어나면서 휴대폰과 연계된 사업의 시장이 점차 넓어지고 있다. 인터넷 중심의 과거 벤처붐이 꺼지면서 안정적인 비즈니스모델을 가진 모바일 시장의 진출로 옮겨가는 벤처 업체가 늘어나고 있다. 수익구조에서 안정적이라는 점이 모바일 시장으로 옮겨가는 가장 큰 이유이다. 또한 시장의 규모가 크기 때문에 상대적으로 비용이 적게 들어가는 컨텐츠 사업은 즉각적인 매출로 투자비를 빨리 회수할 수 있다는 장점이 있기도 하다. 게임 및 누드영상 등 컨텐츠 사업, 또는 모바일로 먼저 발매되는 음반이 늘어나면서 많은 관심을 받고 있다. 이러한 모바일 사업의 수익모델이 관심을 받는 이유를 정리하면 다음과 같다.

(1) 유료 컨텐츠이지만 거부감이 없다. 이미 모바일로 사용하는 컨텐츠는 유료라는 인식이 심어져 있기 때문에 유선인터넷과는 달리 유료 컨텐츠라도 서비스를 이용한다.

(2) 사용료 회수가 즉각적이다. 서비스 사용료가 휴대폰 요금에 포함되어 지불되기 때문에 이동통신사업자를 통해 안정적으로 사용료를 회수할 수 있다.

(3) 진입과 퇴출이 자유롭다. 비교적 낮은 진입장벽을 갖는 시장이므로 기술력과 아이템을 가진 업체라면 쉽게 시장에 진입할 수 있다. 그러나 경쟁이 치열하기 때문에 퇴출도 쉽게 이뤄진다.

3) 21세기 캐쉬카우(Cash Cow), 모바일!

모바일 시장의 실제 매출 규모는 어느 정도일까? 2004년 모바일 콘텐츠 시장규모가 정보이용료를 기준으로 8,500억 원에 이르는 것으로 나타났다.* 이 중 모바일 콘텐츠 전체 시장규모 가운데 70%인 6,000억 원 정도가 엔터테인먼트 부문이었다. 이보다 조금 지난 자료를 살펴보면 2001년 국내 이동통신업체들의 매출 총액 8조 768억 원 가운데 무선인터넷서비스 매출은 820억 원(약 1%)에 불과했다.

* 2005 문화관광부와 한국문화콘텐츠진흥원의 '모바일 콘텐츠 시장조사 및 모바일 콘텐츠 산업 육성전략' 보고서

무선서비스의 종류와 내용
- 음성서비스: 일반적인 음성통화 서비스를 말한다.
- 무선인터넷서비스: 무선인터넷망을 통하여 데이터를 전송하면서 발생하는 부가서비스
- SMS서비스: 80바이트(한글 40자) 이내의 짧은 문장을 한번에 전송할 수 있는 서비스(엄밀하게는 이것도 부가서비스)

2003년 5월 1/4분기와 2/4분기 매출액을 보면 2001년과 비교하여 얼마나 확대되었는지 보여준다. SKT의 2003년 2/4분기 전체 매출은 2조 3,868억 원이었는데 이 가운데 무선인터넷에서 발생한 매출은 3,057억 원이었다. KTF는 1조 2,811억 원의 매출액 가운데 870억 원이었으며 LGT는 5,357억 원 가운데 848억을 기록했다. 다시 말해서 2/4분기 매출 총액은 4조 2,036억 원이었으며 이 중 무선인터넷 매출 총액은 4,775억 원이었다. 비율로는 10%에 해당하는 수치이며 2년 만에 1%에서 10%의 비율로 엄청난 성장을 하고 있는 것이다.

[표 5-2] 2003년 이동통신업체별 전체매출액 및 무선인터넷
매출액(전자신문 발췌)

이동통신 업체	전체매출액	무선인터넷 매출액	전체매출액	무선인터넷 매출액
	2003 1/4분기		2003년 2/4분기	
SKT	2조 2,430억 원	2,650억 원	2조 3,868억 원	3,075억 원
KFT	1조 251억 원	1,077억 원	1조 2,811억 원	870억 원
KGT	5,182억 원	466억 원	5,375억 원	848억 원
합계	3조 7,863억 원	4,193억 원	4조 2,036억 원	4,775억 원

SKT(SK Telecom): 1984년 한국이동통신서비스 주식회사로 설립되어 국내 최초로 이동통신사업을 시작했다. 1994년 SK그룹에서 주주로 참여하기 시작하여 1997년 SKT로 기업명을 변경했다. 점유율 50% 이상의 주도적인 통신업체이다.
KFT(Korea Telecom Freetel): 1996년 한국통신프리텔로 설립되어 PCS서비스를 시작한 이동통신업체이다. 한국통신, 마이크로소프트, 퀄컴 등이 주주로 있고, 2001년 한솔엠닷컴과 합병되면서 KFT로 기업명을 변경했다.
LGT(LG Telecom): 1996년 PCS사업자로 선정되어 이동통신사업을 시작했으며 1999년부터 무선인터넷서비스를 서비스하였다. SKT와 017신세기통신과의 합병, 한국통신프리텔과 한솔엠닷컴의 합병 등으로 시장경쟁에서 밀리고 있다.

무선인터넷 매출 총액 가운데 무선인터넷 콘텐츠를 제공한 제공자 또는 업체에 돌아가는 몫을 살펴보자. 무선인터넷 분야에서 매출영역을 우선 보면, SMS(문자메시지), 콘텐츠를 선택할 때 부과되는 정보이용료, 콘텐츠가 개인휴대폰에 전달되는 데 부과되는 패킷이용료이다. 이 중에서 패킷이용료는 100% 이동통신업체의 몫이며 SMS매출과 정보이용료(콘텐츠를 이용할 때 소비자가 지불하는 구입비용)는 콘텐츠 제공업체(CP: Contents Provider)와 이동통신업체가 일정비율로 나눈다. 산술적으로 보아도 1/3 정도의 1500~1600억 원(2003년 2/4분기)이 콘텐츠 제공업체의 매출이다.

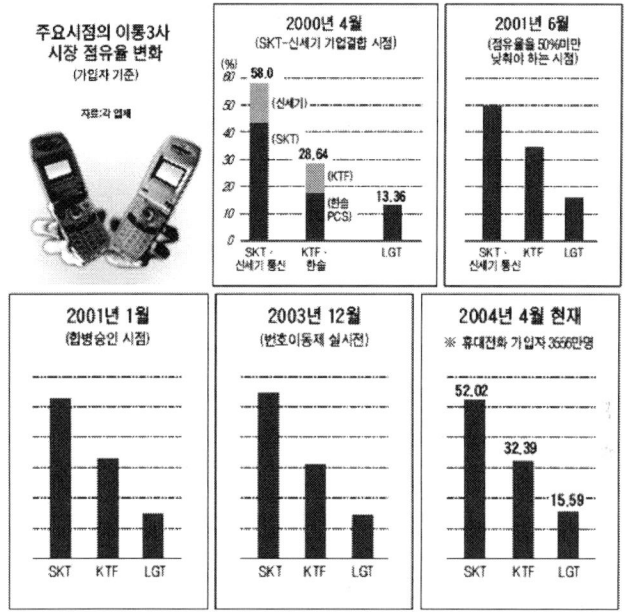

[그림 5-1] 이동통신 점유율 비교

4) 폐쇄적인 모바일 시장?

국내에서 모바일 사업을 하기 위해서는 3개의 이동통신업체 중 어느 하나와 연관되지 않을 수 없다. 따라서 이들 3사가 국내 이동통신 시장을 어떻게 분할하고 장악하고 있는지를 파악하고 이해하는 것이 모바일 사업을 수행하는데 중요하다. 2003년 4월 말 기준으로 SKT가 53.7%, KTF와 LGT가 나머지 절반을 양분하고 있다. KTF가 31.6%, LGT가 14.7%로서 상대적으로 1강 2약 체제라고 할 수 있다.

원래 국내이동통신업체는 5개가 있었으나 신세기통신과 한솔엠닷컴이 사라지게 되었는데, 신세기통신은 같은 셀룰라방식의 SKT와 합병하였고, 한솔엠닷컴도 역시 같은 전송방식을 쓰는 PCS업체인 KFT에 합병되었다.

셀룰라폰과 PCS폰의 차이

셀룰라(Cellular)폰이란 이동통신업체가 서비스대상 지역을 여러 개의 셀(Cell)로 나누고, 셀 단위로 기지국을 설치하는 전파전달방식을 채택한 데서 유래한다. 물론 PCS도 전달방식은 같기 때문에 일종의 셀룰라폰이라고 할 수 있다. PCS는 '개인 휴대통신(Personal Communication Service)'의 약자이다. 우리나라에서는 016, 018, 019 등 1997년 10월에 상용화된 고주파 대역 이동통신서비스를 가리킨다.

셀룰라폰과 PCS와의 가장 큰 차이점은 주파수 사용대역이 다르다는 것이다. 셀룰라폰은 800Mhz대의 주파수 대역을 사용하는데, PCS는 훨씬 높은 1.8Ghz대의 주파수를 사용한다. 일반적으로 800Mhz 대역은 1.8Gh 대역보다 파장과 전파 도달거리가 길기 때문에 날씨나 건물 등 외부 환경으로부터 상대적으로 영향을 덜 받지만 다른 전자기기로부터 간섭을 받을 수 있고, 한꺼번에 많은 가입자를 처리하는 데 한계가 있다. 반면, PCS는 넓은 주파수 대역으로 인해 간섭이 적고 데이터의 양을 많이 송수신할 수 있다. 또한 출력이 낮아서 전력소모 및 비용이 적다. 그러나 도달거리가 짧아 같은 영역을 커버하기 위해서는 더 많은 기지국을 설치해야 하므로 이동통신업체에게 부담이 된다.

- CDMA2000-1X

CDMA2000-1X(약칭 CDMA2000)은 휴대폰 단말기와 무선구간 접속규약(프로토콜)으로 기존 망(IS-95 A/B)보다 진보된 기술로서 기존 망을 그대로 사용하면서도 속도를 두 배로 낼 수 있는 방식이다. 이 서비스가 등장한 이후 본격적으로 컬러휴대폰이 나오게 되었다. 이전까지는 휴대폰의 무선인터넷은 단음과 흑백이미지만 지원했었지만 CDMA2000 지원폰은 16화음 또는 40화음을 지원하여 실제 소리를 재현했고 이미지도 256컬러에서 16만 5천 컬러를 지원하여 만족도를 높였다. 이와 같이 고품질의 모바일 콘텐츠를 이용할 수 있는 인프라가 보급되면서 무선인터넷의 사용이 늘어나게 된다.

16화음? 40화음?
화음이란 음악에서 높이가 다른 둘 이상의 음이 동시에 울려서 생기는 합성음을 말
한다. 따라서 16화음은 16개 음이 동시에 울리는 것이며 40화음은 40개의 음이 동시
에 울리는 것을 말한다. 많은 수의 화음이 동시에 값을 내면 인간이 듣기에 편안하고
자연스러운 음이 되며 자연의 소리에 가깝게 된다. 화음이라는 뜻으로 폴리(ploy)라
는 용어를 사용하기도 한다.

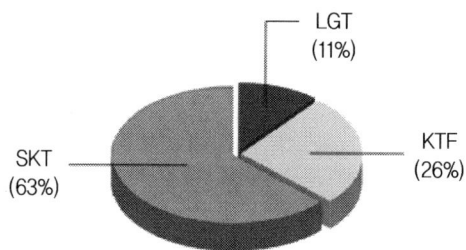

[그림 5-2] 이동통신 업체별 무선 인터넷
매출액부문 점유율

이동통신사업은 음성통화와 무선인터넷으로 나눌 수 있는데 음성통
화는 매출 증가에 한계가 있다. 이미 휴대폰 단말기 보급률이 전체 인
구의 79%를 넘어섰기 때문에 더 이상 확대되기를 기대하기 어렵다.
때문에 앞으로의 매출은 무선인터넷서비스에서 추가 매출을 유도하는
것이다.

5) 모바일의 시장의 구조

대부분의 사람들은 무선인터넷이 유선인터넷과 아주 유사한 사업구
조를 갖고 있을 것으로 생각하는데 실제는 유선인터넷과 무선인터넷
은 태생과 구조부터가 근본적으로 다른 형태이다.

유선인터넷은 짧은 기간에 사회 전반으로 확대될 수 있었던 이유는
누구에게나 열려있는 개방성과 신분을 밝힐 필요가 없는 익명성이 보

장된다는 점이다. 하지만 무선인터넷은 누구에게나 평등하게 열려있는 구조가 아니라 이동통신업체의 기간망을 중심으로 사업을 진행하는 폐쇄적인 구조이다. 이동통신공식 CP로 등록하지 못하면 어떠한 콘텐츠서비스도 제공할 수 없는 철저한 수직구조라는 것이다. 수직적 결합 상품이라는 구조 속에서 결합된 기업 간의 불공정 행위가 나타날 수 있음으로 늘 정부 해당부처의 감시가 있어야 한다.

포탈(Potrl)사이트

인터넷에서의 포탈사이트는 인터넷을 시작하는 관문이라는 뜻으로 처음 도입되었는데 점차 관문이라는 뜻보다는 모든 서비스를 한곳에서 편안하게 제공받을 수 있는 곳이라는 의미로 통용되고 있다.
무선인터넷에서의 포탈사이트 또한 무선인터넷을 처음 시작하는 의미와 더불어 모든 무선인터넷서비스를 이용할 수 있는 곳이라는 뜻을 가지고 있다. 현재는 네이트, 이지아이, 매직엔이 대표적이자 유일한 무선인터넷 포탈사이트이다.

유선인터넷은 개방된 망 구조에 따라서 CP나 ISP가 이용자의 신분을 확인하기 어렵다는 것이 특징이다. 즉 유선가입자망 제공 사업자(한국통신, 하나로통신 등)는 가입자로부터 월정액의 사용료를 징수하며, ISP는 CP를 인터넷 백본망에 접속시켜 주는 서비스에 대한 대가로 CP로부터 요금을 받는다. CP는 이용자로부터 정보사용료를 직접 받아서 수익을 확보한다.

클라이언트   ISP   인터넷

[그림 5-3] ISP의 구조

> ISP(Internet Service Provider)
> 개인이나 기업체에 인터넷 접속 서비스, 웹사이트 구축 및 웹호스팅 서비스 등을 제공하는 기업으로서 ISP는 인터넷 접속에 필요한 장비와 통신 회선을 갖추고 있다. 대형 ISP들은 전화망 사업자에 대한 의존도를 줄이고 고속 전용회선을 갖추고 있다.
>
> 백본(Backborn)망
> 기업 전산망의 근간이 되는 네트워크를 연결시켜 주는 고속통신망으로 계층적 네트워크의 최상위층이다.

무선인터넷은 폐쇄된 구조이기 때문에 무선가입자망 보유사업자가 우월한 지위를 확보한다. 가입자망 보유사업자(SKT, KFT, LGT)는 가입자로부터 월정액의 사용료를 징수하며 이때 CP가 가입자에게 징수할 정보이용료의 회수를 대행해주고 그 대가로 수수료를 받는다. 이렇듯이 유선인터넷 사업자와는 배분구조와는 반대되는 양상을 갖는다.

유선인터넷에서는 가입자망이 모든 ISP에게 개방되어 있기 때문에 가입자망 보유업자는 특정 ISP나 CP에게 우월한 지위를 가질 수 없는 상황이다. 완전하게 공정하고 자유로운 홈페이지를 만들어서 보여줄 수 있고 또한 진입과 탈퇴가 쉽다. 현재 무선망이 개방되어 있기는 하지만 기술적으로만 개방되어 있을 뿐 실질적인 구조는 유선인터넷과의 차이를 가진다. 그러므로 이동통신업체에 CP는 종속될 수밖에 없다.

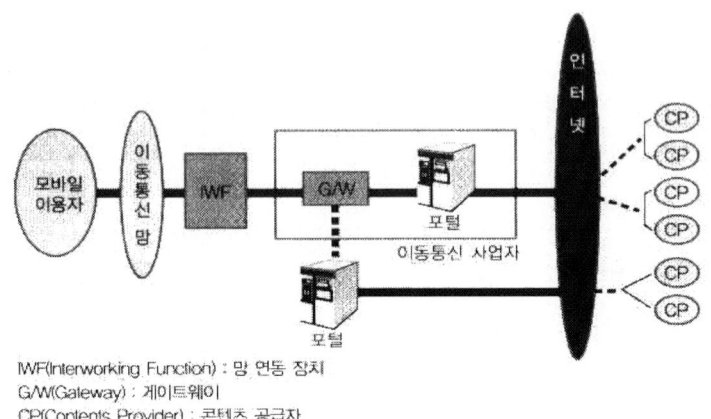

IWF(Interworking Function) : 망 연동 장치
G/W(Gateway) : 게이트웨이
CP(Contents Provider) : 콘텐츠 공급자

[그림 5-4] 무선인터넷 서비스의 구조도

[표5-3] 유선인터넷과 무선인터넷의 차이점

구분		유선인터넷	무선인터넷
기술적특징	전송속도	56Kbps~1Mbps	14.4Kbps~567Kbps
	화면	640×480 이상	4×16chars~8×16chars
	인터페이스	키보드, 마우스, 펜, 모니터, 프린터 등 입출력 장치	액정 화면, 소프트 버튼
	통신 에러율	낮음	높음
	휴대성	불편함	편리함
	프로토콜	TCP/IP	TCP/IP*, WAP*
	콘텐츠 형태	HTML	C-HTML, S-HTML, WML
	접근 형태	양방향	단방향
	응용 소프트웨어	다양(추가변경 쉬움)	한정(추가변경 불편)
	저장성	데이터 저장 쉬움	데이터 저장에 제한받음
	기업의 관점	적극적인 판매가 아니라, 고객이 찾아와야만 팔 수 있는 정적인 서비스 기업 홍보 방식	유선인터넷의 형태를 포함한 기업이 고객을 찾아가는 모바일 서비스가 강조된 다양한 기업 홍보 방식
	진입 장벽	기술이 표준화되어 있어 누구라도 쉽게 진입	정보가 공개되지 않아 서비스 시작이 어려움

구분		유선인터넷	무선인터넷
비즈니스특성	대표적인 사업 분야	금융·유통·물류 등을 포함한 광범위한 전자상거래, 뉴스·음악·동영상 등의 콘텐츠 제공 서비스	이동성과 휴대성에 적합한 예약금융·영업 속보 제공, 오디오 서비스, 위치/시간 기반 정보 서비스, 오락 서비스 등
	보유기술	검색·지불·보안에 필요한 기반 기술 보유	음성 검색·영상 압축 등의 기반 기술 보유
	전송속도	초고속데이터 서비스 45Mbps(T3)	저속의 데이터서비스 64Kbps, 2MPS
	정보의 제공	다양한 정보 제공 (멀티미디어 포함)	간단한 정보 제공 (텍스트 기반)
	디스플레이 및 입력 장치	대형 화면, 편리한 인터페이스	소형 화면(2~8″). 제한되고 불편한 작은 키패드
사용자특성	이용 형태	오랜 시간 여러 사이트를 돌아다님	하루에 여러 번 접속, 1회 1~2개 정도의 사이트 접속
	사용료 지불 의사	대부분 서비스 사용료 지불 의사 없음	서비스 사용료 지불 의사 있음

6) 무선인터넷망의 개방

2001년 이후 무선인터넷망의 개방문제는 또 다른 시장의 가능성을 가지고 있기 때문에 많은 관심을 받고 있다. 무선망을 이동통신사업자들이 독점하고 있는 가운데 다른 사업자들에게도 개방한다는 것은 유선인터넷 환경과 비슷한 개방형 시스템으로 전환되는 것을 뜻한다. 2001년 정부의 주도아래 망 개방에 대한 정책 및 방향성 수립을 목적으로 한 위원회가 운영되고 있다. 2003년 초부터 KTF를 시작으로 일부 망이 개방되면서 모든 이동통신업체가 개방할 예정이다.

 - 망이 개방되면 어떤 이점이 있을까?
 (1) 무선인터넷관련 사업자의 수익성과 소비자 선택권이 확보
 (2) 무선인터넷사업의 구조적 변화 가능성

- 왜 망 개방이 이루어져야 하나?

무선인터넷사업은 이동통신업체가 포탈사업자, CP, ISP, 콘텐츠 사용료 회수 대행자 등의 역할을 모두 수행하는 일종의 독과점체제를 구축하고 있다. 이들 사업자의 역할이 다른 사업자에게도 주어진다면 많은 기회와 다양성을 추구하여 소비자들에게 혜택이 주어질 것이기 때문이다.

점검 및 연습

1. 무선인터넷의 사업구조는 수직적인 구조를 가지고 있다. (　)

2. 무선인터넷에서의 콘텐츠 사용료는 CP가 소비자에게 직접 징수한다. (　)

3. 다음 중 무선인터넷의 특징이 아닌 것은?

　　① 수직성　　　　② 독점성
　　③ 폐쇄성　　　　④ 익명성

4. 다음 중 PCS의 특징은?

　　① 800Mhz
　　② 전파의 굴절성 및 투과성
　　③ 다른 전자기기의 간접배제
　　④ 저출력 대용량성

정리하기

1. 본인이 사용하고 있는 핸드폰의 사업자를 통해서 셀룰라폰인지, PCS인지 구별해 보고, 특징이 무엇인지 생각해 보자.

2. 왜 무선망 개방이 필요한지 생각해 보자.

점검 및 연습 정답

　　1-O : 무선인터넷의 사업구조는 유선인터넷과 달리 수평적인 구조가 아니라 수직적인
　　　　　구조를 가지고 있다.

2-× : 콘텐츠사용료는 이동통신사업자가 무선인터넷사용자에게 요금징수를 대행해서 CP에게 나눠준다.

3-3 : 익명성은 유선인터넷의 특징이다. 무선인터넷은 익명성을 보장받을 수 없다.

4-4 : 4번을 제외하고는 모두 셀룰라폰의 특징이다. 1.8Ghz의 높은 주파수를 사용하기 때문에 낮은 출력으로 배터리 소모가 덜하고, 많은 데이터를 송수신하기에 유리하다.

5-2장 모바일 기술

- 학습목표
  1. 모바일 콘텐츠의 종류별 제작규격 및 플랫폼에
     대해서 알아본다.
  2. 모바일 서비스의 변천사를 짚어보며 서비스를
     이해한다.

- 학습내용
  1. 모바일 서비스의 변천사
  2. 요금제 브랜드와 서비스 브랜드
  3. 유럽방식과 미국방식(GSM & CDMA)
  4. 4G(Generation)

1. 모바일 서비스의 변천사

모바일 산업은 매우 **빠르게** 변화하지만 그렇게 짧은 역사를 가진 것은 아니다. 1984년을 시작으로 20년이 넘는 시간이 흘렀기 때문이다. 그러나 국내 일반인들에게 휴대폰이 익숙해지기 시작한 것은 불과 몇 년밖에 되지 않는다. 1997년 PCS폰이 보급되면서 일반인들의 휴대폰 사용이 시작되었고 2003년 기준으로 3천만 명이 넘는 사용자를 확보하고 있다. 따라서 모바일은 1~2년을 단위로 세대를 구분해야 할 만큼 **빠른** 진화속도를 가진 산업이다.

1) 세대별 구분

세대별로 구분한다고 했을 때 그 기준은 아날로그와 디지털방식의 차이라고 할 수 있다. 하지만 디지털 방식으로 들어선 현재에는 무선인터넷서비스의 발전 정도에 따라 세대를 나누는 방법이 일반적으로 사용된다.

(1) 1세대(1G: 1 Generation)

흑백모드에 한 가지 종류의 음으로 콘텐츠를 표현했다. 휴대폰 화면은 현재의 절반크기인 120×48(픽셀)이다.

(2) 2세대(2G: 2 Generation)

2001년 8월, 본격적인 컬러 무선인터넷서비스가 소개된다. 256컬러 이상의 색상과 16종류 이상의 음이 지원되어 좀 더 풍부한 콘텐츠 서비스가 가능해졌다. 그러나 2세대 서비스를 제공하는 과정에 4그레이(Gray)*와 4폴리(Poly) 휴대폰이 더 많이 보급되어 있어서 2세대 서비스를 위한 콘텐츠는 많지 않았다.

(3) 2.5세대(2.5G : 2.5 Generation)

분류상으로만 존재하는 세대로서 3세대 서비스를 위한 기술적 제도적 준비단계 시기의 서비스를 말한다. SKT의 'june'이나 KFT의 'fimm'이라고 기재된 휴대폰에 3G라고 기재되어 있었지만 엄밀히 분류하자면 2.5세대이다. 형태 면에서는 IMT-2000과 유사한 서비스를 지원한다.

(4) 3세대(3G : 3 Generation)

2007년부터 시작한 IMT-2000 서비스로서 화상통화, 글로벌 로밍**과 고품질 통화, 멀티미디어 콘텐츠가 특징이다. IMT-2000은 각 나라별로 운영되고 있는 다양한 이동통신시스템의 규격을 통일해 세계 어느 곳에서나 같은 단말기로 이용할 수 있도록 한 이동통신서비스를 말한다.

* 4그레이(Gray) : 컬러 이미지를 표현하기 어려울 때 회색을 명암에 따라 4단계로 나누어 흑백 이미지보다 입체감 있고 선명한 이미지를 표현하는 방법으로 보다 진보한 16그레이(Gray)도 선보였었다.

** 로밍서비스(Roaming Service) : 서로 다른 통신 사업자의 서비스 지역 안에서도 통신이 가능하도록 연결해주는 서비스를 말한다. 예를 들어 우리나라의 통신업체와 미국의 통신업체 간의 상호 로밍서비스 계약을 체결하면 우리나라 통신 업체에 가입한 사람이 미국에서도 우리나라에서와 똑같은 통신서비스를 이용할 수 있게 되는 것이다.

2) 기술적인 세대구분

초기의 무선인터넷서비스는 적은 용량의 데이터와 열악한 사용 환경만 존재했기 때문에 서비스 개선은 불가피했다. 따라서 업계에서는 더 많은 데이터를 전송할 수 있고 더 많은 사용자가 접속할 수 있는

방식(프로토콜)을 개발해왔다. 아날로그 방식에서 CDMA 디지털방식
이 채택되고 이후, IS95 A/B, CDMA2000-1X, CDMA 2000-1X-EVDO
등이 나타났다.

[표 5-4] 무선네트워크 방식(프로토콜)의 특징

	IS-95 A/B	CDMA2000-1X (IS95C)	CDMA2000-1X EVDO	IMT-2000
서비스 세대	1세대	2세대	2.5세대	3세대
주파수 대역	셀룰라폰: 800MHz PCS폰: 1.7~1.8GHz			1.9~2.1GHz
칩 속도	1,228Mcps			3.84Mcps
데이터통신효율	1~4	1~100	1~100 이상	100 이상
데이터전송속도	14.4~64Kbps	144Kbps	2.4Mbps	2Gbps
데이터전송모드	Circuit/Packet	Packet	Packet	Packet
데이터이동성	Simple IP		Simple Mobile IP	
동영상통화	불가능	가능		
MSM 칩	MSM 3000	MSM 5000 이상		

(1) IS-95 A/B

IS-95 A/B는 본격적인 무선인터넷서비스를 가능하게 했던 네트워
크망이다. 이전까지의 모든 무선인터넷서비스의 데이터는 SMS(Short
Message Service: 한번에 80byte까지만 전송)방식이었다. 이에 대한
콘텐츠도 없었으며 단색이미지와 단음(1poly)이 전부였다. 또한 이용
시간에 따라서 네트워크 요금이 부과되는 서킷(citcuit)요금제였다.

(2) CDMA2000-1X(IS-95 C)

2001년 하반기 이후 무선인터넷 가입자가 폭발적으로 증가하는 데
기여한 네트워크망이다. 데이터전송속도가 빨라지고 전송량도 늘어나
면서 컬러이미지와 16화음 이상의 벨소리가 지원되었고 데이터 요금

도 전송량에 따라서 부과하는 패킷(packet)요금제로 바뀌어 이용시간
이 요금이 되는 불안감을 해소해 주었다.

(3) CDMA2000-1X-EVDO

CDMA2000-1X와 같은 네트워크망이지만 데이터 처리방법과 전송
속도를 향상시켜 동영상서비스가 가능하게 되었다. 'June'과 'Fimm'
서비스는 모두 EVDO망에서 지원된다.

(4) IMT-2000(WCDMA)

전 세계적인 표준화 규격을 지원하는 네트워크망이다. EVDO가 멀
티미디어 서비스를 지원하지만 대용량 고속서비스를 하기에는 한계가
있어서 본격적인 멀티미디어 모바일 서비스를 위해서 개발된 것으로
동영상은 물론 위성통신과 DMB 등과 연계된 다양한 서비스가 시행
되고 있다.

(5) 4세대 이동통신

하나의 단말기를 통해 위성망, 무선랜, 무선인터넷 등을 모두 이용
할 수 있는 서비스이다. 3세대 IMT-2000 서비스 보다 10배나 빠르고
대용량 데이터도 높은 속도로 처리할 수 있다. 진정한 글로벌 로밍과
3차원 영상데이터를 통한 현장감 있는 화상 통화가 가능하다. 2007
년~2010년 이후에 서비스 될 것으로 보인다.

2. 요금제 브랜드

'June' 서비스가 처음 나왔을 때 사람들의 호기심을 자극하여 정확
히 어떠한 서비스인지 모르는 경우가 많았다. 또한 현재 이 책을 읽고

있는 사람들도 모르고 사용하는 경우가 많을 것이다. 우리가 접하는 모바일 브랜드의 종류는 서비스 브랜드와 가격요금 브랜드로 나눠볼 수 있다.

- 서비스 브랜드: 각 이동통신업체의 무선인터넷서비스 그 자체를 가리키는 것으로 네이트, 준, T, 매직앤, Show, 이지아이, OZ 등이 있다.
- 가격요금 브랜드: 가격대 또는 대상별로 세분화되어 서비스되는 데 요금 제도를 통한 독립적인 서비스를 제공하기도 한다.

1) SKT의 요금 제브랜드

(1) Ting: 10대 전용상품으로 요금제 브랜드이면서 서비스 브랜드이기도 하다. 게임이나 엔터테인먼트 서비스를 주로 제공한다.

(2) TTL: 10대 후반에서 20대 초반의 대학생들이 주 고객이며 문화상품이나 패스트푸드 등의 할인혜택이 제공된다.

(3) UTO: 20대 후반에서 30대의 직장인 남자가 주 고객이고 일정관리 등 개인 업무관리기능을 지원해주고 있다.

(4) Cara: 여성전용 요금제이지만 성공하지 못했다.

2) KTF의 요금제 브랜드

(1) Bigi: 1318을 브랜드화한 것으로 10대가 주 고객이다.

(2) Na: 10대 후반에서 20대 중반까지를 주 대상으로 하고 있다.

(3) Drama: 여성전용 요금제로서 전용휴대폰도 제공하고 있다.

(4) Main: 직장인들을 주 대상고객으로 만들어졌다.

3) LGT의 요금제 브랜드

(1) Khai: LGT의 유일한 요금제 브랜드로 10대를 대상으로 만들었다. 카이홀맨으로 인해 캐릭터와 브랜드가 성공했다.

4) SKT의 서비스 브랜드

(1) Nate: 1세대와 2세대의 무선인터넷서비스 브랜드이며 포탈사이트의 명칭

(2) June: 2.5세대와 3세대의 무선인터넷서비스 브랜드

(3) T : 화상통화를 기반으로 하는 3세대 서비스 브랜드

5) KFT의 서비스 브랜드

(1) Magic N: 1세대와 2세대의 무선인터넷서비스 브랜드이며 포탈사이트의 명칭

(2) Fimm: 2.5세대 포탈서비스의 서비스 브랜드

(3) Show : 3세대 화상통화를 중심으로 하는 서비스 브랜드

6) LGT의 서비스 브랜드

(1) Oz : 3세대 서비스 브랜드

[표 5-5] 이동통신업체별 서비스 브랜드

구분	1G, 2G 포탈브랜드	동영상서비스(EVDO) 브랜드	3G 브랜드
SKT	네이트(NATE)	준(JUNE)	T
KFT	매직앤(MagicN)	핌(FIMM)	Show
LGT	이지아이(EZ-I)	카이(Khai)	OZ

3. GSM과 CDMA

현재 모바일 표준기술과 관련해서 세계는 크게 유럽/일본 진영과 미국진영으로 나뉘어 있다. 이 가운데 우리나라는 미국진영이 지원하고 있는 CDMA방식을 사용하고 있다.

1) CDMA(Code Division Multiple Access)

정보를 분할하여 보내는 방식으로 신호를 전달하는 주파수 대역 내에서 각각의 정보를 특정 부호로 분할하여 보내고, 정보를 받는 쪽에서도 전체 대역 내의 많은 정보 가운데 같은 부호의 정보만 골라 원래의 신호로 재생하는 방식이다. 지역/시간/공간/주파수를 같게 사용하면서도 혼선 없이 통화할 수 있는 시스템이라는 평가를 받고 있다. 1989년 미국의 퀄컴사가 최초로 CDMA통화 시험을 성공시켰으며 대한민국을 상대로 세계 최초 상용화에 성공했다. 많은 국가에서 사용하는 GSM방식으로 가지 않고 우리나라가 CDMA방식을 선택한 것은 국내에서 성공할 경우 기술자립을 고려할 수 있다는 점이 작용했으나 미국의 압력 때문으로 주장하는 이들도 있다. 미국, 한국, 중국의 아시아의 일부 지역에서만 사용되어 상업적으로 보면 시장이 작다.

(1) CDMA방식의 특징
  - 대용량: 동일한 주파수를 많은 셀에서 사용할 수 있음으로 간섭이 적고, 수용용량을 아날로그 방식에 비해 20배 이상 높일 수 있다.
  - 고품질의 통화 서비스: 아날로그 방식의 다중경로 신호들은 품질에 나쁜 영향을 미치지만 CDMA는 다중경로 신호들을 서로

분리하고 양호한 신호를 선택 사용하므로 품질이 우수하다.
- 보안성: 통화음성을 디지털 코드화시키고 사용자마다 일련번호
  를 사용하여 암호화가 이루어져 통화비밀을 유지한다.
- 고품질의 데이터서비스: 모든 신호가 디지털로 처리되어 통화
  단절이 없으며 데이터서비스에 유리하다.
- 저전력, 소형 경량화 가능: 인접 셀에서도 같은 하나의 주파수
  를 사용하므로 주파수 재배치가 필요 없어 주파수계획이 간단
  하다.

2) GSM(Group Special Mobile)

주파수 대역을 시간대로 나누어 데이터를 보내고, 반대로 데이터를
받을 때는 시간차이로 복원하여 원래의 데이터를 재생해 내는 방식을
TDMA(Time Division Multiple Access)라고 한다. GSM방식이 바로
TDMA전송 방식을 지원하고 있는 것이다. GSM의 명칭은 각기 다른
표준을 사용하고 있던 유럽의 다양한 아날로그 시스템을 단일시스템
으로 표준화하기 위해 유럽전기통신표준기관인 CEPT산하의 이동통
신기술위원회(Group Special Mobile)의 이름을 따서 명명하였다.
CDMA방식보다 훨씬 이전에 개발되어 일본과 유럽에서 상용화되어
보다 신뢰도가 높다는 것이 장점이다. 전 세계에서 1억 2,000만 명 이
상의 사용자와 120개국에서 사용되고 있다.

* 셀(Cell): 한 개의 기지국이 서비스 지역으로 커버하는 구역
* 핸드오프(Handoff): 한 무선구역에서 다른 무선구역으로 이동할 때 기지국이 바뀌
  는 동안 지속적으로 통화상태가 유지되는 것

4. 4G

3세대 서비스가 진행되고 있는 현재 3G를 넘어 4G가 이동통신업계의 새로운 주역으로 떠오르고 있다. 4G는 누구나(anyone), 언제나(anytime), 어디서나(anywhere), 어떤 매체(any aservice)라도 이용할 수 있는 '4 any'를 지향한다. 즉 지하철, 버스, 심지어 비행기에서도 항상 네트워크에 접속해 다양한 서비스를 이용할 수 있도록 하는 꿈의 이동통신이다.

1) 4G의 특징

4G는 정지상태에서는 1Gb, 이동할 때는 100Mb의 전송속도로 다양한 네트워크로 자유롭게 통신과 방송, 인터넷을 사용한다. 한 대의 단말기에 모든 기능이 통합되어 휴대폰, 노트북, 네비게이션, 홈네트워크의 기능을 모두 활용할 수 있다. IMT-Advanced라고 명명되어 2009년까지 표준화를 마무리하고 2012년부터 4G서비스를 상용화할 계획이다.

2) 4G로 인한 변화

이동통신서비스가 음성과 저용량 멀티미디어에서 고용량 멀티미디어 데이터통신 위주로 재편될 것이다. 음성통화보다는 데이터통신 위주로 바뀌게 되어 음성통화는 무료서비스나 저렴한 부가서비스로 전환될 가능성도 있다. 3.5세대로 불리는 휴대인터넷(와이브로)이나 초고속데이터 전송기술(HSDPA) 이동통신도 대용량 고속통신이 가능하지만 고화질 다채널 서비스에는 무리가 있다. 통신과 멀티미디어 기능이 통합되면서 휴대폰이 아니라 작고 가벼운 형태 또는 '입는 PC' 같

은 형태의 통합형 컨버전스 기기가 등장하여 통신기기와 PC의 구분
은 무의미해 질 것이다.

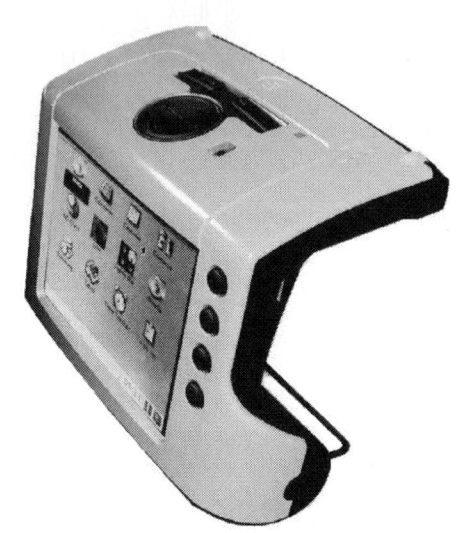

[그림 5-5] 손목에 차는 형태의 인터넷 디바이스

점검 및 연습

1. 이동통신을 이용한 화상통신은 2세대, 즉 2G에서 가능해졌다. ( )

2. 현재 우리가 사용하고 있는 통신방식은 CDMA 방식이다. ( )

3. 다음 중 2.5G의 특징이 아닌 것은?

    ① 64poly   ② CDAM2000-EVDO

    ③ 2.4Mbps   ④ 256 color

4. 다음 중 핸드오프를 적절하게 설명한 것은?

    ① 해외에서도 같은 이동통신기기를 사용할 수 있게 해주는 것이다.

    ② 해외에서도 같은 이동통신사업자의 서비스를 이용할 수 있게 해주는 것이다.

    ③ 기지국과 기지국을 넘어갈 때 통화단절 없이 연결을 유지하는 것이다.

    ④ 기지국과 기지국을 넘어갈 때 다른 이동통신사업자의 기지국을 이용할 수 있도록 하는 것이다.

정리하기

1. 본인이 사용하고 있는 핸드폰의 기술적 특징은 무엇이며, 몇 세대 제품을 사용하고 있는지 알아보자.

2. 4G의 시대가 오면 기업 및 개인뿐만 아니라 모든 사회/문화적 환경이 대규모로 변화할 것으로 예측된다. 이러한 변화를 맞이할 준비를 하자. 어떠한 것이 필요한지 생각해 보자.

점검 및 연습 정답

    1-X : 2세대의 이동통신은 256컬러와 16화음의 서비스를 중심으로 한다. 화상통신은 June 등의 서비스가 가능해지는 2.5세대에서 가능해졌다.

    2-O : 256컬러는 2세대(2G)에서의 특징이다. 2.5세대는 3세대로 가기 전의 과도기적 기술로서 3G에 근접해 있다.

    3-4 : CDMA방식은 미국, 한국, 중국 일부와 일부 아시아에서만 사용되는 방식이다.

    4-3 : 핸드오프는 기지국을 넘어갈 때 통화연결을 유지시켜 주는 것이며, 해외에서도 같은 통신사업자의 서비스를 이용하여 같은 기기를 이용할 수 있게 해주는 것은 로밍(Roaming)이라고 한다.

5-3장 WAP, NTT DOCOMO i-Mode

- 학습목표
  1. WAP과 WAP브라우저에 대해서 알아보자.
  2. 세계 최초의 무선인터넷서비스를 제공한
     NTT도코모의 i-Mode에 대해 알아본다.

- 학습내용
  1. 휴대인터넷 인터넷 브라우저
  2. WAP
  3. NTT도코모 i-Mode
  4. 국내의 무선인터넷서비스 및 전망

1. 휴대인터넷 인터넷 브라우저

PC에서는 마이크로소프트사의 인터넷익스플로러(Internet Explorer)가 거의 독점 비슷하게 시장을 장악하고 있다. 그러나 휴대전화로 인터넷을 이용하는 사람들에게는 마이크로소프트사의 웹브라우저인 'ME(Mobile Explorer)'가 아니라 'WAP(Wireless Application Protocol)'의 표준이 자리 잡고 있다. 일본은 일찍부터 NTT도코모의 휴대전화 인터넷서비스인 i-Mode를 통해 독자적인 WAP브라우저 기술을 가지고 있다. 한국 또한 WAP브라우저 시장의 68%가 토종제품으로 채우면서 뒤늦게 원천기술을 확보했다. 미국의 오픈웨이브, 스웨덴의 텔레카, 일본의 액세스, 한국의 인프라웨어 등 4~5개 업체만 원천기술을 갖고 치열하게 경쟁하고 있다.

PC와 달리 휴대전화용 웹브라우저는 일반인은 체감하기 어렵다. 이미 휴대폰을 제조할 때 탑재한 상태로 판매하기 때문에 어떤 브라우저가 탑재되었는지 알기 어렵고 선택할 수도 없다. 채택된 웹브라우저의 종류에 따라 이용 가능한 웹서비스가 달라지고 호환성 문제가 발생하기 때문에 웹브라우저의 선택은 중요하다.

휴대전화는 휴대성 때문에 부득이 액정화면이 작다. 이 때문에 PC 모니터 크기에 최적화된 일반 웹페이지는 표시할 수 없다. 따라서 웹페이지를 별도 규격에 따라서 일부러 만들거나 기존의 웹페이지를 이 규격에 맞춰 변환시켜야만 한다. 또한 PC에 비해 처리속도가 느리고 저장용량이 적기 때문에 작고 가벼워야 한다.

2. WAP(Wireless Application Protocol)

WAP은 휴대전화, PDA 등 소형 무선 단말기에서 인터넷상의 정보에 액세스하기 위한 프로토콜이다. 일반 PC기반의 인터넷 사용 환경에서 사용하는 HTTP프로토콜 대신 이동전화에서는 WAP이라는 프로토콜을 사용해 웹과 비슷한 방법으로 정보를 서비스하게 한 것이다.

1) WAP의 개요

'왜 기존의 HTTP를 그대로 사용하지 않고 WAP이란 프로토콜을 사용하게 된 것인가?' 하는 의문이 우선 들어야 한다. 휴대전화를 살펴보자. 휴대전화의 단말기는 컴퓨터에 비해 매우 작은 LCD창과 낮은 저장용량 및 처리속도를 갖고 있다. 지금 바로 컴퓨터를 통해 아무 생각 없이 포탈사이트에 접속해도 내려 받는 이미지와 Java script 그리고 플래쉬까지 HTML문서 한 페이지에 담겨

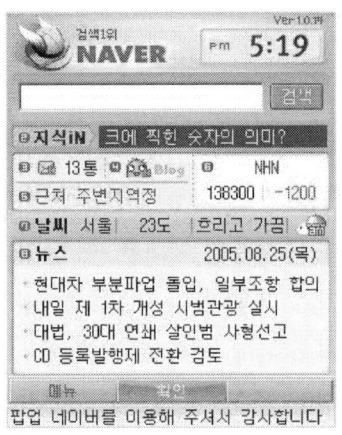

[그림 5-6] 모바일 포탈

있는 데이터만 10MB 이상은 된다. 따라서 휴대전화의 단말기로는 일반 웹사이트의 HTML 콘텐츠를 처리할 수 없기 때문에 새로운 대안이 필요하게 된다.

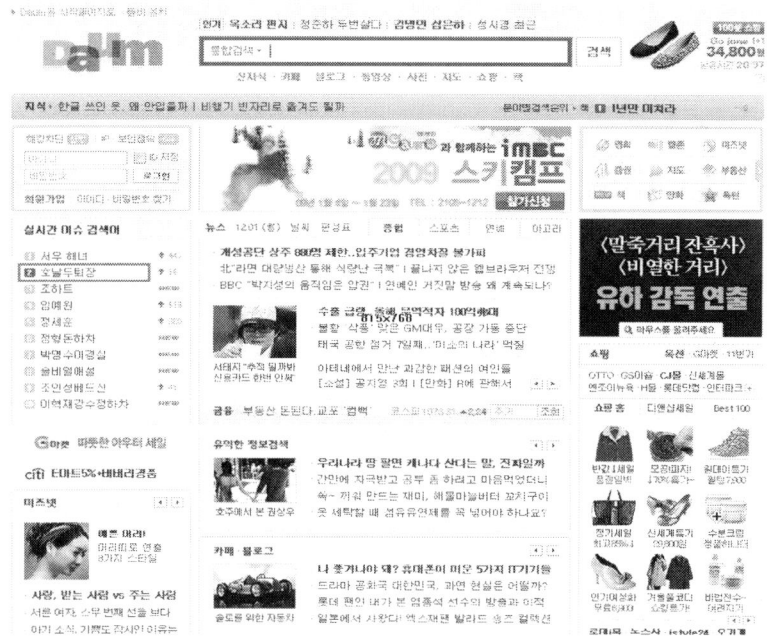

[그림 5-7] 다양한 멀티미디어 정보가 한 페이지에 담긴 포탈사이트

이러한 휴대전화의 무선인터넷을 위한 각 업체들이 서로 다른 프로
토콜과 언어를 개발하면서 호환성에 문제가 생기자 1997년 에릭슨, 노
키아, 폰닷컴, 모토로라 등 4개사가 주축이 되어 WAP포럼을 결성하
였다. 무선인터넷 표준이 마련되고 이후 전 세계 200여 정보통신 관련
업체의 이동통신 사업자들이 WAP포럼에 참여하여 현재 무선인터넷
의 표준으로 자리 잡고 있다. 우리나라에서는 LG정보통신, 삼성전자,
SK텔레콤 등이 참여하고 있다.

2) WAP의 접속방식

WAP규격에 의한 인터넷 접속 서비스에서 중요한 역할을 하는
‘WAP Gateway’ 서버가 가장 중요하다. 휴대전화망과 인터넷사이트

에 WAP server를 설치하여 WAP 프로토콜과 인터넷 TCP/IP 프로토콜을 중간에서 변환해주는 일을 한다.

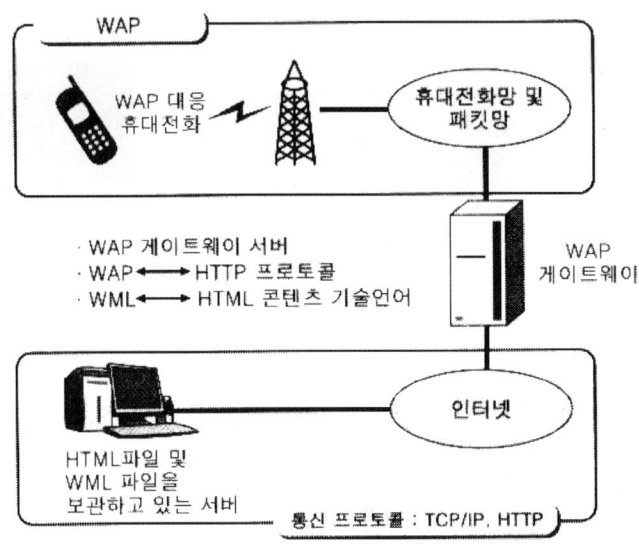

[그림 5-8] WAP의 접속방식

3) WAP에서 사용하는 언어

유선인터넷망에서는 HTML을 기본으로 DHTML, SHTML, XML 등의 언어를 사용한다. 그러나 WAP 기반의 무선인터넷 환경에서는 이보다 기능이나 성능이 제한적이며, 주로 텍스트 위주의 정보를 제공하는 언어가 사용된다. WAP에서 사용하는 언어는 WML(Wireless Markup Language)이다. 인터넷상에서 HTML콘텐츠를 WML로 변환하는 게이트웨이 서버가 놓이고 휴대단말기는 이 게이트웨이를 통해서 HTML콘텐츠를 이용할 수 있다. WAP용 콘텐츠는 WAP포럼 창설기업 중의 하나인 폰닷컴사에서 개발한 HDML(Handheld Device

Markup Language)로 기술되어 있는데 HTML과 기본적인 문법이나 구조가 유사하고 메모리와 화면크기가 무선단말기에 적합하도록 되어 있다.

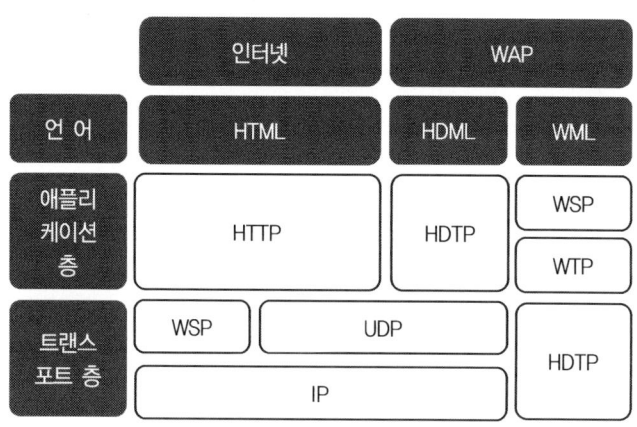

[그림 5-9] WAP에서 사용되는 프로토콜

4) WAP의 특징

- 저전력 CPU, 적은 메모리 환경
- 제한된 전력소모와 작은 디스플레이 장치
- 키패드 등 여러 입력 장치
- 무선 환경을 위한 낮은 대역폭과 취약한 통신 안정성
- 여러 단말기로부터의 상호 호환성
- 보안문제로부터의 신뢰성

5) WAP을 이용한 서비스들

WAP을 이용한 서비스는 기존 이동전화 서비스와는 달리 세계적으로 표준화되어 있는 인터넷기술을 사용하기 때문에 광범위한 서비스

제공이 가능하다. 정보서비스의 경우 지금까지는 음성이나 일부 문자서비스를 제공하는 경우가 있었지만 WAP기술을 채용할 경우 외출 중이나 이동 중에도 사전 설정에 의해 등록된 곳에서 정보서비스를 받아볼 수 있다. 매번 이동전화로 일상적인 정보를 찾아야 하는 번거로움이 줄어든다. 뉴스, 일기예보, 교통상황, 정보전략 등이 여기에 해당한다.

즉 모바일 기기와 인터넷이 접목되면서 모바일 기기를 통해 첨부파일을 포함한 완벽한 전자우편의 송수신은 물론 은행 계좌확인이나 주식시세 확인이 가능하고 식당 및 극장 정보를 검색하고 예약을 할 수 있다.

3. NTT Docomo의 i-Mode

i-Mode는 일본 최대 이동통신업체인 NTT도코모의 무선인터넷서비스로서 휴대폰으로 인터넷에 접속해 게임은 물론, 신문 뉴스로부터 은행잔고 조회, 주식매매, 서적주문, 티켓, 항공권, 호텔예약, 음악배급 등 여러 정보를 다룰 수 있다. 세계 최초로 1999년 3월 선보인 이후 매년 매우 빠른 속도로 가입자가 증가하고 유럽, 아시아 등으로 수출하기도 하였다.

1) i-Mode의 구조

i-Mode는 휴대전화에 의한 데이터통신서비스이다. i-Mode 휴대전화로부터 NTT도코모 패킷통신망을 통해 i-Mode센터에 연결하여 이곳에서 인터넷을 경유해서 IP서버에 들어가는 시스템이다. i-Mode휴대전화가 i-Mode센터에 정보를 요청하면, i-Mode센터가 홈페이지 제공

자로부터 정보를 얻어와 i-Mode 휴대전화로 전달하는 방식이다.

은행 및 증권사의 금융기관이 취급하는 콘텐츠는 i-Mode센터와 금융기관이 직접 전용회선으로 연결되어 외부 인터넷 회선을 경유하지 않는다. 그러므로 외부로부터의 침입이나 정보유출은 불가능하다. 또 다른 i-Mode의 특징은 패킷통신으로서 데이터 량에 따른 과금이 가능하고 통신요금이 연결시간당 부과하는 것보다 상대적으로 저렴하다.

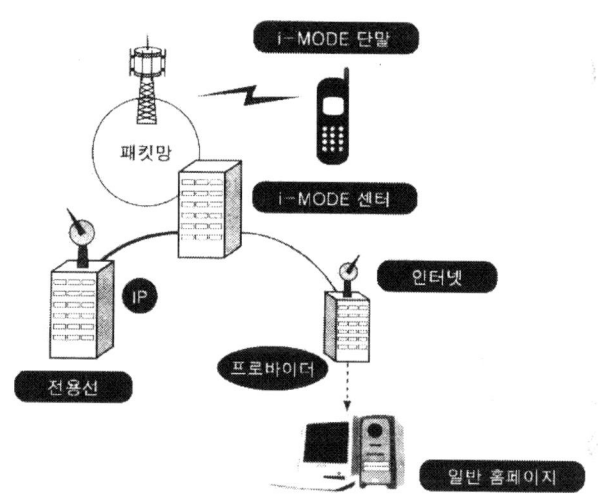

[그림 5-10] iMode의 서비스 구조

2) i-Mode의 세 가지 기능

(1) 메일 기능

일일이 열어보지 않으면 메일의 유무를 알 수 없는 PC와는 달리 우편이 도착하면 착신음으로 알려주고 직접 휴대폰을 이용하여 확인이 가능하며 답장을 직접 휴대폰을 통해 작성할 수도 있다.

(2) 풍부한 메뉴

메뉴기능을 통한 정보서비스를 제공하고 있다. 뉴스, 모바일 뱅킹, 증권, 보험, 여행, 티켓, 행정 등 유선인터넷의 포탈사이트가 담고 있는 대부분의 서비스를 휴대전화를 통해서 이용할 수 있다.

(3) 인터넷 홈페이지로 열람

i-Mode대응 홈페이지에 접속하면 인터넷상의 홈페이지를 열람할 수 있다. 도코모가 공인한 사이트는 '공식사이트'로, 공인되지 않은 것은 '일반사이트'로 부른다. 일반사이트는 2003년 기준으로 14,000개 이상 존재한다.

3) WAP과의 차이 및 전망

가장 큰 차이점은 무선인터넷 언어가 다르다. WAP은 WML인데 반해, i-Mode는 HTML의 축약형인 e-HTML을 사용한다. WAP은 기존 인터넷사이트를 WML언어로 바꾸어 주어야 접속할 수 있는데 i-Mode는 HTML로 구축된 기존의 웹사이트를 자유자재로 접속할 수 있는 장점이 있다. 데이터 송수신속도도 WAP보다 i-Mode가 빠르다.

해외시장진출을 통해 글로벌 i-Mode를 구축하려는 야심찬 계획에 따라 2000년부터 아시아, 유럽, 북미 통신업자의 지분인수에 적극 나서 21개국 500만 명의 가입자를 확보하고 있다. 우리나라에서는 2005년 하반기 KT와 NTT 간의 제휴를 맺고 KT의 지분 10%를 NTT에서 인수한 바 있다.

4. 국내의 무선인터넷서비스 및 전망

국내에도 NTT도코모의 i-Mode와 같은 휴대폰을 이용한 무선인터 넷서비스가 제공되고 있다. SKT의 'NATE'와 KFT의 'Show' 그리고 LGT의 'OZ'가 있다. 이와는 별도로 멀티미디어 서비스를 위한 SKT 의 'June'과 KFT의 'FIMM'이 있었으나 3세대 서비스와 통합되는 방 향이다. 가장 규모가 큰 SKT의 'NATE'를 보면 다음과 같다.

NATE는 2002년 라이코스코리아, 2003년 싸이월드와 합병함으로써 유·무선통합서비스를 제공하고 있다. 제공하는 서비스는 메일, 문자메 시지, 채팅, 영화, 음악, 만화, 게임 등 다양한 구성요소를 갖추고 있다. 물론 폰뱅킹과 주식, 복권 등의 금융서비스와 영화, 항공권 예매 같은 서비스도 제공된다. NATE는 싸이월드와 네이트온의 유선인터넷에서 의 서비스와 무선인터넷서비스를 연동하여 시너지 효과를 보고 있다. 자세한 콘텐츠는 6장에서 다루기로 한다.

[그림 5-11] NATE의 유무선 연계서비스

1) 기술 동향

WAP은 현재 화면 사이즈만 작을 뿐 사진과 그래픽, 동영상 등 PC
에 버금가는 멀티미디어 정보를 표시할 수 있는 수준으로 발전한
WAP2.0으로 진화했다. 그리고 국내의 경우 휴대전화로 인터넷 주소
를 입력하는 방법도 'www'로 시작하는 문자주소 대신 입력하기 쉬운
숫자 인터넷 주소를 사용한다. 네이버(mobile.naver.com)에 접속하려
면 '369', 야후(kr.mobile. yahoo.com)에 접속하려면 '9090' 번호를 누르
고 각 통신사의 무선인터넷 버튼(Nate 버튼 등)을 누르면 해당 페이
지로 이동한다. 이러한 숫자 모바일 주소는 윙크(WINC)라고 부르며
정보통신부 산하 한국인터넷진흥원(NIDA)에서 이동통신사와 공동으
로 도입하였다. WINC는 아직까지 국내에서만 적용되는 표준이지만
향후 국제 표준화가 이뤄진다면 해외 인터넷 방송이나 라디오를 청취
하는 일이 가능해진다.

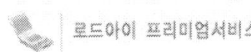

로드아이 프리미엄서비스

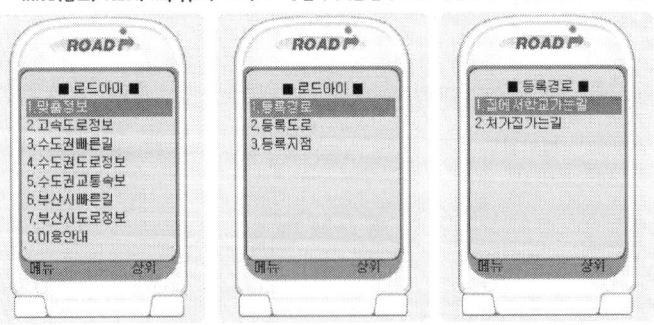

고객님의 핸드폰으로
WINC(윙크) 76234, http://m.roadi.com에 접속하시면 언제 어디서나 실시간 교통정보를 확인 할 수 있습니다.

[그림 5-12] WINC서비스로 교통정보를 제공하는 사례

2) 휴대폰 브라우저의 미래

현재 WAP브라우저의 1위는 미국의 오픈웨이브로서 점유율 50%가 넘는다. 노키아가 27%의 점유율을 가지고 있으며 나머지를 스웨덴의 텔레카, 일본의 액세스, 한국의 인프라웨어가 나눠 가지고 있다. 국내에서는 2002년 기준 텔레카 55%, 오픈웨이브 12%, 마이크로소프트(ME)가 33%이지만 KFT가 WAP방식으로 전환하여 사실상 ME는 시장에서 밀려났다. 때문에 오픈웨이브의 WAP 2.0에 맞춘 WAP브라우저의 입지가 강화되고 있다. 통일된 WAP브라우저는 향후 IMT-2000서비스를 위해 필수적이며 세계표준이 될 경우 마이크로소프트사의 인터넷익스플로러처럼 각종 무선인터넷서비스와 소프트웨어 시장의 기회를 독점하게 된다. 과거 PC의 웹브라우저 전쟁에서 넷스케이프사를 추종했던 소프트웨어와 웹서비스 업체들은 인터넷익스플로러가 표준이 되면서 이후 혹독한 '개종'비용을 치렀다는 점에서 주목할 만하다. 그러나 2008년 6월 오픈웨이브가 프랑스의 Purple Labs사에게 모바일 브라우저에 대한 모든 사업을 매각함으로써 WAP을 중심으로 하는 브라우저 시장의 미래가 그다지 밝다고만 할 수 없다.

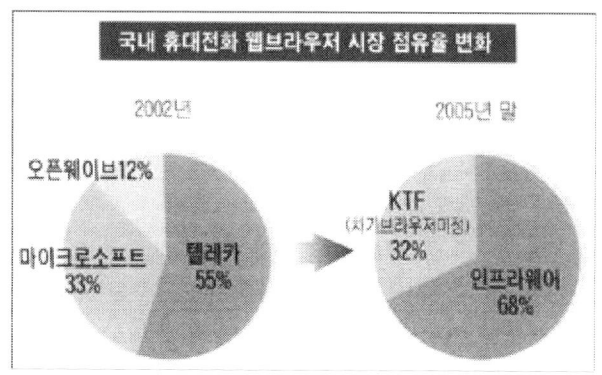

[그림 5-13] 국내 WAP브라우저 시장의 변화

점검 및 연습

1. WAP은 멀티미디어 서비스는 제공할 수 없다. (   )

2. WINC는 숫자를 활용한 휴대인터넷 주소입력 방식이다. (   )

3. 다음 중 WAP의 특징이 아닌 것은?

   ① 풍부한 전력소모와 대형 디스플레이 장치
   ② 무선 환경을 위한 낮은 대역폭과 취약한 통신 안정성
   ③ 키패드 등 여러 입력 장치
   ④ 저전력 CPU, 적은 메모리 환경

4. 다음 중 i-mode의 특징으로 옳지 않은 것은?

   ① 실시간 메일기능
   ② 다양한 메뉴
   ③ 인터넷 홈페이지의 접속
   ④ i-mode를 통하지 않은 금융기관으로의 우회접속

정리하기

1. 무선인터넷서비스를 위한 웹브라우저가 따로 존재한다는 점을 이해하고 차이를 생각해 본다.

2. WINC로 접속할 수 있는 유용한 모바일 사이트가 있다면 같이 정보를 나누어 봅시다.

점검 및 연습

   1-X : WAP1.1은 간단한 텍스트 정보가 중심이었으나 WAP2.0은 사진과 음악, 동영상까지 제공된다.
   2-O : 정보통신부 산하의 한국인터넷진흥원과 국내 이동통신업체와 공동으로 표준을 만들었다.
   3-1 : WAP은 제한된 전력소모와 소형 디스플레이 장치를 위한 기술표준이다.
   4-4 : 은행 및 증권사 등 금융기관이 i-Mode센터에 직접 연결되어 있어서 휴대폰으로 직접 안전하게 접속할 수 있다.

○ ○ ○ ○ ○ ○ ○ ○ ○ ○ ○ ○   **제 6 장**

6-1장 모바일 기술2

- 학습목표
  1. 모바일 콘텐츠의 제작규격 및 멀티미디어
     플랫폼에 대해서 알아본다.

- 학습내용
  1. 이동통신업체별 콘텐츠 제작규격
  2. 콘텐츠 제작규격 및 멀티미디어 플랫폼
  3. MPEG4

1. 이동통신업체별 콘텐츠 제작규격

무선인터넷은 유선인터넷처럼 모든 것이 개방되어 있는 것이 아니고 이동통신업체 중심으로 서비스가 이루어지다 보니 이동통신업체의 공식 CP(Contents Provider)로 선정되지 못하면 모바일 서비스에 관한 기본적인 정보마저 얻기 어렵다. 역설적으로 이것은 새로운 경쟁자들에게는 진입장벽의 역할을 하지만 각 이동통신업체별로 정의된 제작규격이나 지원환경을 아는 것은 모바일 인터넷 비즈니스를 수행하려는 기업이나 개인에게는 중요한 정보가 된다.

1) 업체별 브라우저 및 운영체제

컴퓨터를 할 때의 윈도우XP(운영체제)나 인터넷 익스플로러나 넷스케이프(웹브라우저)처럼 무선인터넷에서도 운영체제와 브라우저가 있다. 모바일 기기 중 PDA같은 경우에도 모바일용 운영체제와 브라우저가 설치되어 있지만 휴대폰은 메모리 용량이 부족하다. 국내 무선인터넷서비스가 시작될 당시 사업자마다 서로 다른 시기에 자사에게 편리한 시스템을 채택하다 보니 SKT는 WAP, KTF는 ME, LGT는 UP를 무선인터넷 브라우저로 각각 사용했었다. 5장에서 살펴본 바와 같이 최근에는 무선인터넷 브라우저는 WAP으로 통일되는 추세이다. 그런 와중에 2003년 4월에 국내 표준 무선인터넷 플랫폼(컴퓨터로 치면 Windows XP같은 운영체제)이 개발되었는데 그 이름이 'WIPI(위피)'이다.

2) WIPI(위피)

위피(WIPI: Wireless Internet Platform for Ineroperability)는 이동

통신 3사와 전파연구소, 전자통신연구원, 한국통신기술협회가 공동으로 참여해 만든 국내 무선인터넷 표준 플랫폼(운영체제)이다. 위피의 특징은 다음과 같다.

(1) 실행환경

C/C++ 또는 Java로 작성된 다양한 프로그램을 기본적으로 구동시킬 수 있다.

(2) 멀티태스킹(multi-tasking)

한 프로그램이 실행되고 있는 중에 다른 프로그램을 동시에 실행할 수 있다. 예를 들면, MP3를 실행하는 중에 문자메시지를 전송할 수 있다.

(3) 메모리 찌꺼기 제거

PDA 등 모바일 기기는 실행했던 프로그램을 완전하게 메모리에서 제거하는 능력이 부족하기 때문에 종종 Reset을 해주거나 메모리를 차지하고 있는 프로그램을 강제종료 해주어야 한다. 그러나 실행했던 프로그램이 종료되면 자동으로 메모리를 해제하는 기능을 제공하여 단말기의 부담을 최소화해 준다.

(4) 통합환경

각 통신업체에게 같은 플랫폼이 제공되므로 한번의 제작으로 여러 유통경로를 확보할 수 있게 되었다. 국가적인 차원에서도 낭비요소를 줄인 WIPI플랫폼은 2005년 4월부터는 의무탑재 하도록 되어 있으며 비동기 IMT-2000의 국제표준으로도 상정되었다.

WIPI의무화 폐지 논란 [한국일보 2008-9-11]

WIPI는 외산 휴대폰 업체들에게 국내 진출을 가로막는 일종의 무역 장벽이었다. 외국 휴대폰 제조사 입장에선 자체 무선인터넷 소프트웨어가 있는데도, 한국시장에서 휴대폰을 팔려면 꼭 한국형 표준 소프트웨어(위피)를 장착해야 하기 때문에 그만큼 비용부담이 커질 수 밖에 없었다. 결국 많은 외산 휴대폰업체들이 '위피' 때문에 한국진출을 포기했고, 이로 인해 통상마찰이 빚어지기도 했다. 세계적 베스트셀러인 애플의 아이폰이 국내 시장에 들어오지 못한 이유도 바로 이 때문이다. 이에 따라 방통위는 위피 의무 탑재를 전면 재검토해 왔으며, 단계적 폐지로 방침을 정하게 됐다. 방통위 관계자는 "3세대 이동통신, 휴대인터넷(와이브로)등 휴대폰을 이용한 무선 인터넷이 빠르게 확산되고 있다"며 "마치 PC통신에서 인터넷으로 이동하는 것처럼 큰 변화가 일어나고 있는 만큼 위피를 의무탑재시킬 이유는 없어졌다고 봐야 한다"고 말했다. 방통위의 이 같은 방침으로 그 동안 '위피' 탑재부담 때문에 국내시장에 들어오지 못했던 외국산 휴대폰들이 대거 쏟아져 들어올 전망이다. 위피 대신 마이크로소프트(MS)의 '윈도CE', 애플의 'OS X', 구글의 '안드로이드' 등 다양한 휴대폰용 무선인터넷 소프트웨어를 탑재한 외산 휴대폰들이 국내 시장에서도 팔릴 수 있게 되는 것이다.

3) BREW(브루)

브루(BREW: binary runtime environment for wireless)는 미국 퀄컴사가 제시한 CDMA용 플랫폼이다. 브루는 미국 등을 중심으로 CDMA 시장에서는 강세이며, 유럽 쪽은 심비안(Symbian)이라는 플랫폼이 우세하다. 미국의 영향권 안에 있는 국내 이동통신이 브루에 대항하기 위해서 만들어낸 플랫폼이 위피(WIPI)이다. KFT가 여전히 Brew를 지원하고 있다.

4) 위피 온 브루 (Wireless Internet Platform for Interoperablilty on BREW WIPI on BREW)

브루(BREW)를 기본 플랫폼으로 하고 이 기반 위에서 위피(WIPI) 용으로 개발된 프로그램을 서비스하는 기술이다. 위피(WIPI)를 견제하기 위한 기술이라고 할 수 있다.

5) 심비안(Symbian)

1998년 단말기 업체인 사이온(psion), 모토롤라, 노키아, 삼성전자 등 8개 업체가 MS사의 독점을 방지하기 위해 공동 설립한 휴대폰, PDA, 스마트폰 등 모바일용 단말기 운영체제다. 유럽에서 강세를 나타내고 있다.

2. 콘텐츠 제작규격 및 멀티미디어 플랫폼

무선인터넷으로 제공되는 콘텐츠는 텍스트를 비롯해서 이미지, 사운드와 같은 여러 가지 종류가 있다. 플랫폼, 브라우저, 지원언어와 마찬가지로 콘텐츠 제작규격도 아직 통일되어 있지 못하다. 예를 들어, 콘텐츠를 무선환경에 적합하도록 만들 때 각 업체가 지원하는 규격에 따라 차이가 나타난다.

이미지의 경우 정해진 화면에서 원하는 내용을 충분히 보여주어야 하는데 유선인터넷은 PC모니터의 크기가 바뀌어도 자신의 PC에 맞게 자동 변환된 이미지를 볼 수 있다. 하지만 무선인터넷은 그런 환경이 지원되지 않는다. 그러므로 유선인터넷과 전혀 다른 제작방법부터 규격에 따라야 한다. 휴대폰의 화면은 96X48(픽셀)의 작은 화면에서 시작되었다. 점차 흑백, 4그레이(gray), 256컬러, 6만 5천 컬러, 16만 컬러, 26만 컬러로 진화하였다. 화면 형식은 아래와 같다.

[표6-1] 휴대폰 규격에 따른 해상도

	해상도
흑백	96 * 48
4그레이	120 * 96(또는 80 또는 64)
256컬러	120 * 96
6만 5천 컬러	120 * 96
16만 컬러	176 * 240
26만 컬러	240 * 320 이상

현재는 모바일에서도 음악과 동영상, 각종 데이터가 복합적으로 지원되는 멀티미디어서비스가 이루어지고 있다. 멀티미디어 서비스는 기존의 단말기에서 지원했던 브라우저로는 불가능했다. 따라서 등장한 것이 VM(virtual Machine)이라는 미들웨어이다. VM은 플랫폼 위에서 브라우저가 실행하기 힘든 멀티미디어 등 각종 프로그램을 다운로드받아 실행시킬 수 있는 솔루션이다.

국내 무선 멀티미디어 플랫폼 시장은 선마이크로시스템즈의 JAVA와 퀄컴의 BREW가 한 축을, 신지소프트, XCE 등 토종업체가 다른 한 축을 이루며 경쟁하고 있다. 이처럼 무선 멀티미디어 플랫폼은 이동통신업체마다 개발언어와 지원환경이 다르기 때문에 CP의 입장에서 보면 매번 새로운 프로그램을 개발해야 하는 것과 같은 상황이다.

[표 6-2]국내 모바일 멀티미디어 플랫폼 현황

통신사업자	플랫폼	개발업체	개발언어	서비스개시
LGT	KVM	선마이크로시스템즈	자바	2000. 9.
SKT	GVM	신지소프트	모바일 C	2000. 10.
	SKVM	XCE	자바	2001. 7.
KTF	BREW	퀄컴	C	2001. 11.

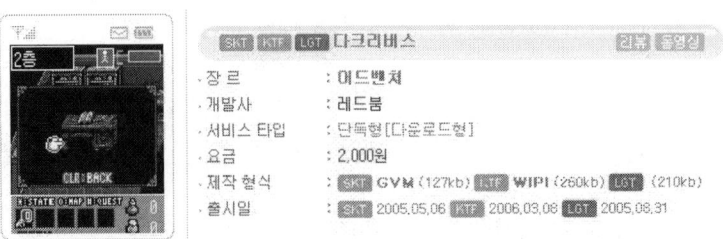

[그림 6-1] 플랫폼별로 사용할 수 있는 제작 형식 안내

1) SKT의 GVM

국내기업인 신지소프트에서 개발한 첫 플랫폼으로 nTOP이라는 무선인터넷서비스를 통해서 서비스되기 시작했는데 GVM이 탑재된 휴대폰은 1,700만 대가 넘으며 950여 종 5만 종의 콘텐츠와 누적 다운로드 2억 건의 횟수를 기록하고 있다. 그러나 2001년 말부터 SKT 자회사격인 XCE에서 개발한 SKVM을 공식 지원하여 SKT에서는 두 플랫폼을 모두 사용하고 있다.

2) SKT의 SKVM

SKT의 사내 벤처로 출발한 XCE업체에서 개발한 독자적인 플랫폼이다. SKT 휴대폰에서만 사용된다.

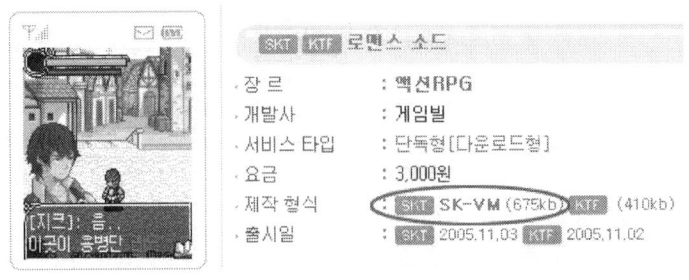

[그림 6-2] SKVM용으로 개발된 휴대폰용 게임

3) SKT의 GNEX

신지소프트에서 개발한 WIPI용 무선멀티미디어 솔루션으로 많이 보급되지는 못했으나 막강한 개발능력으로 많은 프로그램을 공급하고 있다. WIPI용 솔루션이기 때문에 KFT에도 프로그램을 공급할 수 있다.

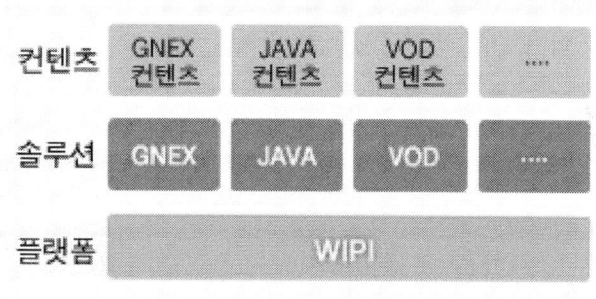

[그림 6-3] 플랫폼과 솔루션 컨텐츠의 관계

[그림 6-4] GNEX용으로 개발된 휴대폰용 게임

4) LGT의 KVM

선마이크로시스템즈가 JAVA를 근간으로 만든 모바일용 JAVA플

랫폼이다. 때문에 JAVA로 작성된 프로그램과 가장 흡사한 환경을 제
공한다.

5) KTF의 BREW

퀄컴사에서 개발한 무선 멀티미디어 플랫폼이다. 이 플랫폼 기반으
로 프로그램을 개발하기 위해서는 퀄컴사의 승인을 거쳐야 하며 검수
과정에만 2달이 넘게 걸리는 것으로 알려져 있다.

3. MPEG4

국내에서 스트리밍으로 서비스되고 있는 동영상서비스의 지원형식
을 MPEG4 (Motion Picture Experts Group 4)라고 한다. MPEG라는
전문가 그룹에서 만든 4번째 영상압축에 관한 규칙 및 제작방식을 의
미한다. SKT의 June이나 KFT의 FIMM의 동영상 데이터와 음악이
모두 MPEG4 제작 규격으로 만들어진 것이었다. 우리가 흔히 MP3라
고 불리는 음악파일은 MPEG에서 3번째로 지정한 영상압축에 관한
규칙 및 제작방식에서 소리에 대한 부분만을 빌려와서 만든 컴퓨터
파일을 말한다. MPEG2기술에 흡수되어 존재하지 않고 MP3 음악파
일 규격만 존재한다. DVD나 고화질TV에 저장된 기록물은 MPEG2에
해당되는 형식이며, 비디오CD나 레이저디스크에 저장되는 기록물은
MPEG1에 해당된다고 할 수 있다.
  - 규격이 올라갈수록 품질을 유지하거나 향상되면서 더 적은 데이
터 크기로 저장할 수 있다. 그러므로 MP4는 기존의 MP3보다 더 적
은 데이터 크기로 영상이나 음성 품질을 제공한다고 할 수 있다.
  - MP4의 특징 중 하나는 DRM(저작권방지시스템)의 기본 장착이

다. 오직 인증된 소프트웨어, 인증된 하드웨어에서만 재생 가능하다.

[표 6-3] MPEG 기술분류와 사용용도

규격	용도	제정연도
MPEG1	CD-ROM과 같은 저장매체에 VHS테잎 수준의 영상을 담는 규격	1991년
MPEG2	HDTV, DVD같은 멀티미디어 서비스에 사용	1994년
MPEG3	MP3 음악규격만 인터넷을 통해 보급, MPEG2 기술에 흡수됨	
MPEG4	무선망에서 멀티미디어 통신을 위해 사용	1998년

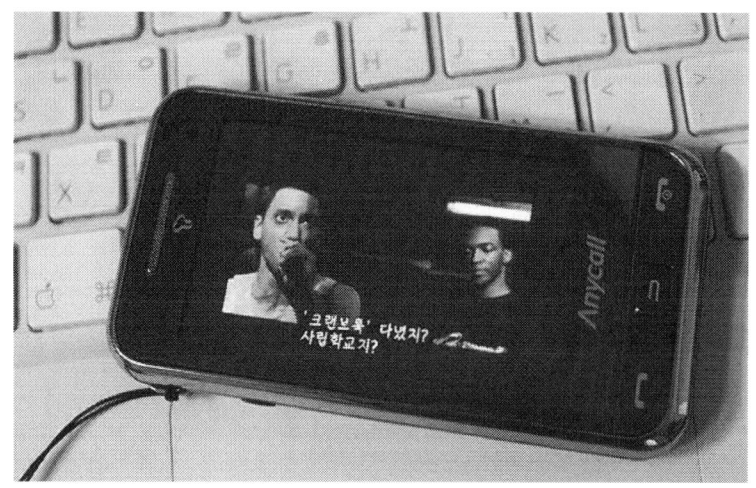

[그림 6-5] MP4 파일 재생하는 휴대폰

점검 및 연습

1. 컴퓨터의 운영체제에 해당되는 것이 플랫폼이다. (   )

2. 국내에서 제작한 플랫폼은 BREW이다. (   )

3. 다음 중 플랫폼이 아닌 것은?   2

    ① WII   ② WAP

    ③ GVM   ④ SKVM

4. 다음 중 WIPI에 대한 설명으로 다른 것은?

    ① 국내 이동통신 3사와 정보통신부 등 국내 독자 표준으로 제작되었다.

    ② 국내에서는 2005년 4월 1일부터 생산되는 모든 단말기에는 의무 탑재된다.

    ③ 위피온브루라는 기술을 사용하면 BREW에서도 위피용으로 개발된 프로그램을 사용할 수 있다.

    ④ 비동기식 IMT-2000 플랫폼의 유일 표준으로 지정되었다.

정리하기

1. 본인이 사용하고 있는 핸드폰의 통신사를 확인하고 어떤 플랫폼을 사용하고 있는지 알아보자.

2. 휴대폰 플랫폼의 표준지정은 향후 IMT-2000 서비스와 더불어 중요한 문제가 되고 있다. 왜 그러한지 생각해 보자.

점검 및 연습 정답

    1-O : 플랫폼은 컴퓨터로 비유하면 운영체제(윈도우XP)이다.

    2-X : BREW는 미국 퀄컴사에서 제작한 CDMA용 플랫폼으로서 로열티 및 사전검열 등 제약이 있다.

    3-2 : WAP은 무선인터넷 브라우저이다. 마치 윈도우XP와 익스플로러가 다른 프로그램이듯 운영체제와 브라우저는 다른 것이다.

    4-4 : 유일표준이 아니라 비동기식 IMT-2000의 플랫폼의 국제표준 중에 하나로 상정되었다.

6-2장 모바일 서비스의 세계

- 학습목표
  1. 모바일 콘텐츠의 다양한 서비스를 하나씩 짚어본다.

- 학습내용
  1. 모바일 서비스의 킬러콘텐츠
  2. SMS(short Message Service)
  3. MMS(Multimedia Massaging Service)
  4. 벨소리 및 통화연결음
  5. MOD(Music On Demand) 또는 AOD(Audio On Demand)

1. 모바일 서비스의 킬러콘텐츠

킬러앱스(Killer Apps)에 관해서는 지난 2장에서 언급한 바 있다. 킬러콘텐츠도 같은 의미로서 모바일 서비스에서 사용자들의 이용시간이나 다운로드 건수가 많은 콘텐츠를 킬러콘텐츠라고 한다. 대부분의 CP들은 이러한 킬러콘텐츠로 집중되는 현상이 생기고 무선인터넷망과 같은 닫힌 상태의 경쟁체제에서는 몇몇 CP들에 의해서 집중적 매출이 발생하여 후발 CP들은 마케팅 비용을 회수하지도 못하는 상황이 발생하기도 한다.

 - 2008년 네이트(NATE)의 킬러콘텐츠는 벨소리, 배경화면, 사진 및 동영상 송수신, 음악다운로드, 게임, 뉴스 및 위치정보, 교통정보, 정보검색 등이다. 벨소리와 게임, 컬러링 등이 킬러콘텐츠로서 집중적인 매출을 보이고 있으며 새로운 모바일 비즈니스를 수행하려는 사업자들은 이러한 구조를 잘 살펴보아야 한다.

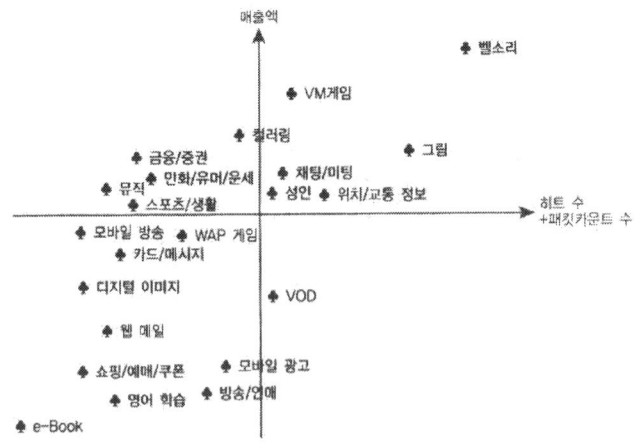

[그림 6-6] 킬러컨텐츠의 특성별 그룹

2. SMS(Short Message Service)

문자메시지라고 불리는 SMS는 무선인터넷서비스 가운데 가장 먼저 시작되었으며, 매출 면에서도 늘 1위의 자리를 고수하고 있는 무선인 터넷의 대표적인 서비스이다. 1997년 10월 첫 상용화되면서 Beeper(삐 삐 또는 무선호출기)를 시장에서 사라지게 했다. SMS는 보통 수신, 발신, 방송형 정보수신, 주문형 정보서비스 등으로 구분되며 80바이트 (한글 40자, 영문 80자)의 정보를 전달할 수 있는 양방향 호출 서비스 이다.

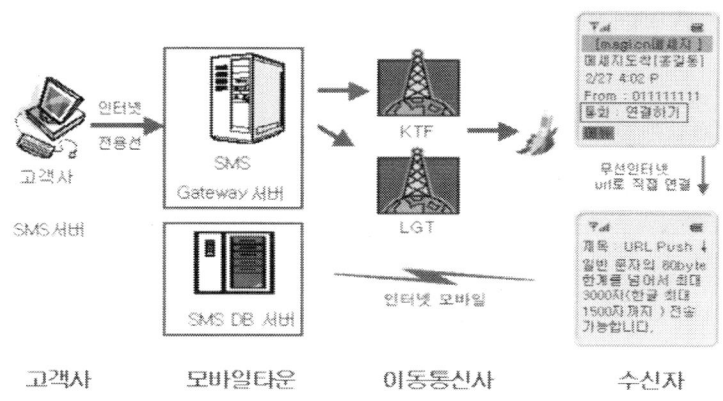

[그림 6-7] Call Back Number SMS의 구조

SMS는 다양한 형태로 비즈니스화되었는데, 초기에는 기업에서 고 객을 대상으로 광고 메시지를 전달하는 따위의 마케팅 보조수단으로 사용되었다. 예를 들어 보험회사가 보험료 납입기한과 금액을 미리 통 보해주거나 새로운 상품을 홍보하기 위해 특정 고객들을 대상으로 메 시지를 보내는 데 사용했었다.

(1) Notification 통지 기능: 회원 및 고객의 요청으로 공지사항의 전달목적으로 사용

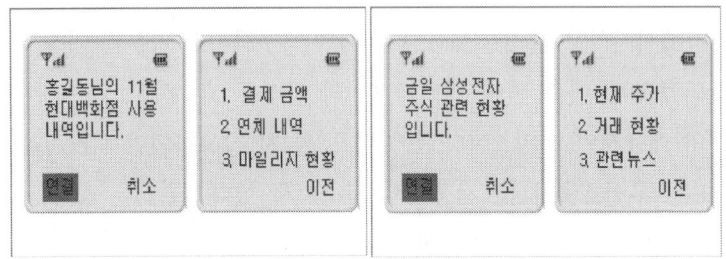

[그림 6-8] 신청한 고객에게만 전달되는 요청형 SMS

(2) 고객 대상 이벤트 활용: 기업 이벤트 상세 내역을 고객의 휴대폰으로 전송

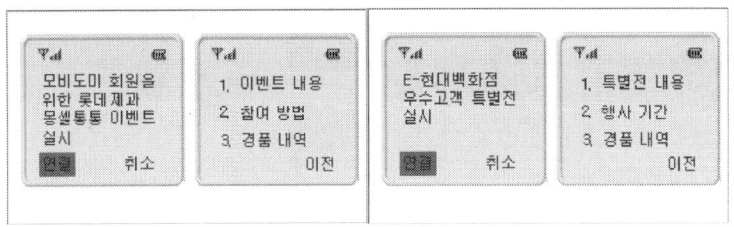

[그림 6-9] 요청형인지 알 수 없는 형태의 홍보SMS

(3) 광고기능: 포탈이나 기업별 광고수단으로 활용

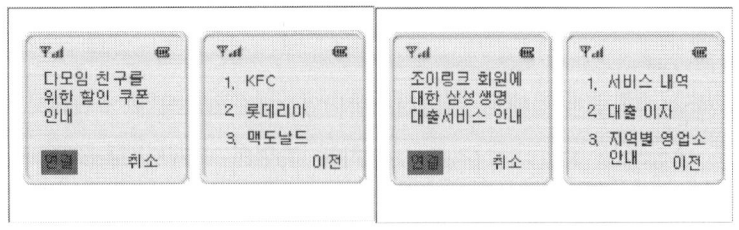

[그림 6-10] 광고형 SMS

그러나 최근에는 정보를 제공한 적이 없는 휴대폰 사용자들에게도

무분별한 기업들의 SMS 남발로 인해서 스팸메일(spam mail)과 같은
취급을 받으며 오히려 SMS를 사용하는 기업에게 좋지 않은 영향을
주기도 하여 SMS서비스를 요청한 고객에 대해서만 제한적으로 사용
되고 있다.

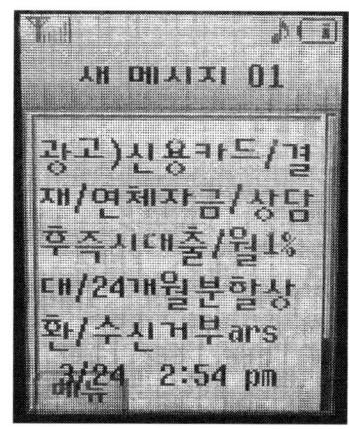

[그림 6-11] 스팸형 SMS

1) Call Back Number

메시지를 받은 사람이 [통화]버튼을 누르면 저장된 번호로 바로 전
화를 할 수 있게 하는 기능으로 음성사서함이나 ARS서비스에 활용되
고 있다.

2) Call Back URL

Call Back Number처럼 메시지를 받은 사람이 [통화]버튼을 누르면
미리 제작된 무선인터넷 페이지로 이동하게 된다. 콘텐츠 사용을 유도
하거나 채팅이나 미팅 초대 등에 활용되고 있다. 무선망이 개방되면

신규 사이트로 접속을 도와주는 역할을 할 것으로 보인다.

- KFT와 LGT는 Call Back URL을 기업형 SMS에서도 사용할 수 있도록 개방했으나 SKT는 Call Back URL서비스 신청을 한 고객에 대해서만 Call Back URL의SMS를 보낼 수 있다. 그러나 이를 변형한 '**(스타) 서비스'를 일반 SMS보다 조금 더 높은 가격에 서비스하고 있다.

[그림 6-12] SKT의 스타서비스

- SMS가 비즈니스 차원에서 이용하는 가장 큰 이유는 전단지나 기타 수단을 활용한 대고객 마케팅에 비해 비용이 덜 들기 때문이다. 시간과 장소를 구애받지 않으며 또한 불법적인 개인정보 거래가 이미 공공연한 비밀로 받아들여지고 있는 시점에서 연령, 성별, 지역에 따른 표적 고객에게 기업홍보를 하는 데 어떠한 마케팅 도구보다 인지율이 높을 수밖에 없다. 그러나 앞서 살펴본 대로 스팸성 SMS로 인해 대기업에서는 가능한 자제하려고 하고 있으며 자금력이 약한 영세업체에게는 유혹을 쉽게 떨치기 어려운 실정이다.

- SMS의 시장은 초기에 이동통신업체와 연계하여 기업형 SMS시스템을 구축해 주고 서비스를 대행해 주는 업체들이 많았으나 과당경

쟁으로 인해 수익률이 떨어졌고 현재는 대형 SMS업체와 천리안, KT 등 기간통신망 사업자가 SMS 시장에 참여하고 있다.

[표 6-4] SMS 업체 현황

업체 이름	URL	주요 기술
슈어엠	http://www.surem.com	SMS, ASP, 후불제 서비스
아레오	http://www.arreo.com	SMS, 이메일, 음성팩스 통합서비스
카이낙스	http://www.kynax.com	SMS, 빌링 등 통합 제공
인포뱅크	http://www.infobank.net	SMS, ASP, 기업용 SMS
데이콤	http://sms.dacom.net	기업용 SMS

3. MMS(Multimedia Messaging Service)

음성통화의 수익적 한계에 부딪히면서 주목받고 있는 분야가 MMS 이다. MMS는 텍스트의 한계(80바이트 한글 40자, 영문 80자)에서 벗어나 이미지와 소리는 물론 동영상까지 전송할 수 있는 기술이다. MMS는 SMS의 장점과 이메일 서비스의 장점을 결합한 서비스로서 유, 무선 통합 서비스라고 할 수 있다. MMS는 송신자가 복합 멀티미디어 메시지를 전달하면 이동통신업체의 서버에 저장되고 이를 수신자가 보기 위해서는 휴대폰으로 접속하게 하여 텍스트뿐 아니라 이미지, 소리, 동영상 등을 다운로드가 하도록 하고 있다. 그러므로 MMS를 이용하기 위해서는 일단 데이터통신을 해야 하기 때문에 데이터통신료가 부과되어 이동통신업체의 수익을 높여줄 수 있다.

예를 들어 카메라가 부착된 휴대폰이 일반화된 지금에는 영상이나 사진을 찍어 친구나 애인에게 보낼 수 있는데 이러한 전송서비스가 바로 MMS라고 볼 수 있다. 또한 꼭 이미지, 동영상이 포함되지 않았더라도 컬러휴대폰의 사용이 대중화되었기 때문에 이모티콘이나 캐릭

터, 화려한 편지지, 80바이트를 넘는 장문메시지 등 컴퓨터의 이메일
과 같은 다양한 서비스를 제공함으로써 데이터통신을 유도하고 있다.

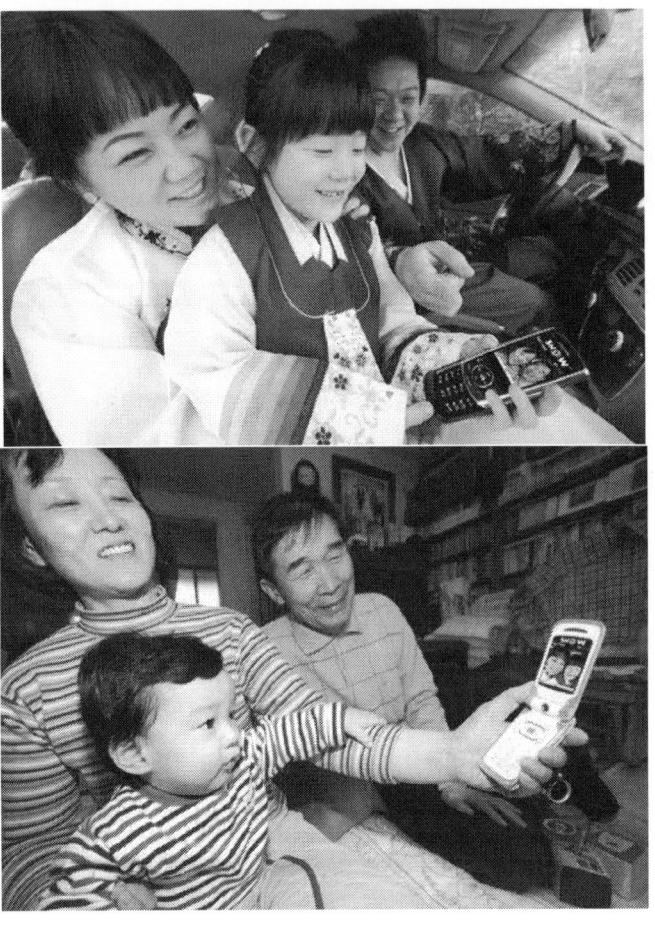

[그림 6-13] 동영상을 담은 MMS를 통해 전송하는 사례

[그림 6-14] 컬러 카드와 컬러 이모티콘 메시지

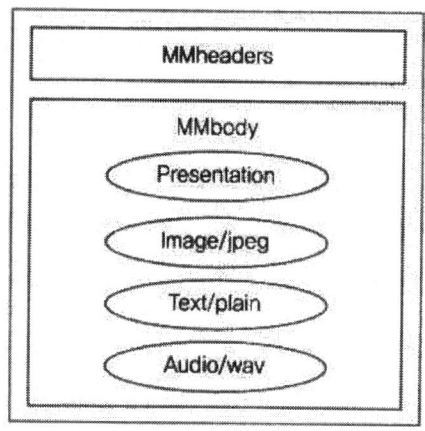

[그림 6-15] MMS에서 멀티미디어 컨텐츠 지원 형태

4. 벨소리

가장 큰 매출을 이끌고 있는 모바일 콘텐츠 서비스 가운데 하나가 벨소리서비스이다. 폭넓은 사용자층을 확보하고 있으며 이용자들의 충성도 또한 매우 높은 편이다. 모바일 콘텐츠에 지갑을 열지 않는 30대조차 벨소리 콘텐츠만큼은 이용률이 높다.

＊ 벨소리서비스: 휴대폰이 울릴 때 들려주는 음으로 1화음(ploy)의 단음에서부터 음악의 일부를 그대로 들려주는 원음까지 다양한 형태로 지원되는 서비스이다.

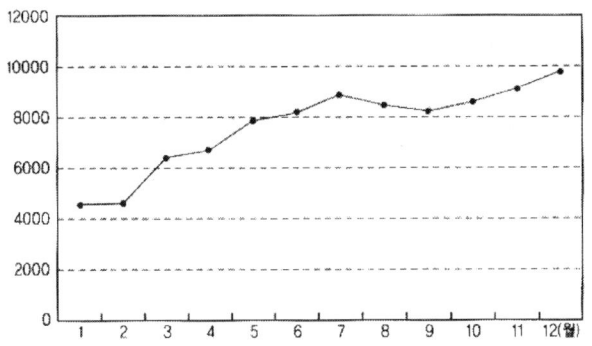

[그림 6-16] 2002년 SKT 벨소리 컨텐츠 매출액 (단위: 백만원)

벨소리 콘텐츠와 더불어 인기를 누리고 있는 서비스가 컬러링 서비스이다. 컬러링의 정식명칭은 통화연결음이지만 SKT의 서비스 브랜드가 일반명사처럼 사용되고 있다. KFT는 투링, LGT는 필링 서비스라고 불린다. KFT같은 경우에는 링투유(Ring To You), 링투미(Ring To Me)와 같은 서비스를 도입 전화를 걸 때 자신이 듣는 음악도 선택할 수 있도록 하여 부가서비스 매출의 증가를 노리고 있다. 일반적으로 연주곡이나 가요, 팝 등을 벨소리 음악으로 사용하려면 저작권자

를 비롯해 곡에 대한 권한 소유자, 연주자 등과 계약을 맺어야 서비스
를 제공할 수 있다. 그러나 벨소리는 40초 이하이기 때문에 저작권협
회와 실연자협회에 가입해 매출의 일정 부분을 사용권 이용료로 지불
하여 법적인 문제를 해결하고 있다.

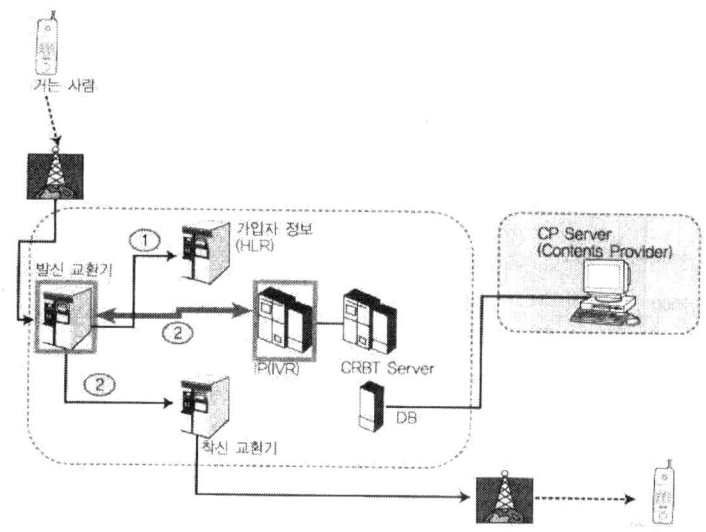

[그림 6-17] 통화연결음 서비스의 원리

벨소리서비스는 ma2, ma3(야마하의 midi음악파일 형식) 등과 같은
별도의 벨소리 제작 도구를 사용해 제작하고 있으며 인터넷을 통해서
보급된 프로그램을 통해 개인도 제작이 가능하다.

[표 6-5] 벨소리 제공업체 현황(2003년 기준)

이동통신업체	서비스 제공 업체 수	제공 업체 이름
SKT	44개	소리바다, 야호커뮤니케이션, 5425, 클릭벨 5457, 벨보드, 다날, Tube- Music, Humanbell, 금영코러스벨, 스타벨 5858, 조PD 사이버넬, Oh!My Bell, 키스벨, 태진 질러벨, 팅커벨, 골든벨,스피드뮤직, 나만의 5082, 제트오디오, 디즈니뮤직타운, 판당고 벨소리, 락커벨, 뮤즈피아, 블루재즈, 소리 벨 7979, 뮤직 펌프, 방가벨, 뮤직웨이브 5119, 샤벨, 딴따라벨, KBS 뮤직뱅크, 매직 벨 등
KTF	43개	Musicwave 5119, 스타벨 5858, 파워뮤직, 5425, 파스텔, Oh! My Bell, 금영코러스벨, 다날, 클릭벨 5457, 컬러벨, 벨 365 com, 야호커뮤니케이션, 엠피크, 노컷벨, 떳따벨, 소리벨, 7979, 니나노뮤직벨, KBS골든벨, TubeMusic, 소립다, 블루벨 5123, 매직벨, 태진 질러벨, 울려라 나이트벨, 모빌닉, 엠 비넷, 벨투유, 벨보드 등
LGT	33개	5425, 다날, 소리따크, 뮤처텔, 잼버거벨, 소리바다, 파워벨, 소리파크, 파스텔, 질러 벨, 튜브뮤직, 클릭벨, 오케바리, 조은이미 지 등

5. MOD(Music On Demand)

MOD 또는 AOD(Audio On Demand)라고 불리는 서비스는 일부만을 들려주는 벨소리와는 달리 완벽하게 전곡을 제공하는 서비스이며 MP3폰의 확대와 더불어 서비스의 폭도 커지고 있다. 유선인터넷의 저작권관련 유료화 문제의 시험대로서 무선인터넷서비스의 킬러 콘텐츠로 자리 잡고 있다. 이 서비스는 오프라인에서 발매되는 음악이 거의 실시간으로 서비스되고 있으며 무선인터넷망이 완전 개방되면 음악 전문 웹서비스 업체가 무선인터넷 분야에서 막강한 힘을 발휘할 것으로 보인다. 이에 따라 미리 이동통신업체에서는 브랜드서비스를 출시하고 시장을 장악하려 하고 있다. 그동안 MP3는 무료라는 인식이 팽배해져 있는 상황에서 음악을 듣기 위해 유료로 다운로드받는다는 방식에 반대하는 사용자가 많았다. 그러나 시간이 지날수록 저작권에 대한 입장을 이해하는 사용자가 늘어나고 있으며 유선인터넷에서 무료로 다운로드할 수 있는 경로가 막히고, 출시된 휴대폰은 DRM을 적용하여 해당 통신사나 휴대폰 제작사를 거치지 않으면 다소 복잡하고 번거로운 작업을 해야 하므로 적정한 요금을 지불할 의사를 가진 사용자가 증가하고 있다.

멜론(melon)이라는 유무선 음악서비스를 통해서 MOD 서비스를 알아보자.

멜론은 '신선하다'는 뜻 이외에는 별다른 의미는 없다. 이동통신사인 SKT에서 합법적으로 음원을 보유하여 저작권에서 자유롭게 음악을 유통시키는 중심에 서 있도록 했다.

특히 휴대폰 이외에도 MP3플레이어와 PC의 유선인터넷서비스도 제공하여 유무선을 통합한 유료 음악유통 서비스로 평가할 수 있다.

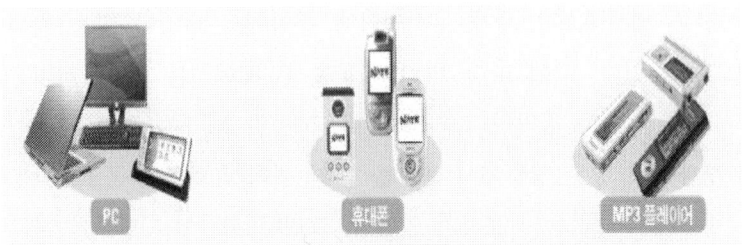

[그림 6-18] 유무선을 통합하는 유료 MP3 유통업체, 멜론

곡당 다운로드 금액은 500원으로 데이터패킷 전송요금은 제외된다. 따라서 휴대폰으로 다운로드받으면 500원의 다운로드 요금뿐만 아니라 데이터전송요금(1패킷당 1.3 ~ 6.5원 : 1패킷 0.5KB)도 부과되므로 MP3 파일의 크기에 따라서 별도의 추가요금이 가산되므로 한 곡에 10,000원이 넘는 금액이 청구되는 것이다.

[그림 6-19] 유무선 통합형 유료 MP3서비스 멜론의 구조

6. 패킷(paket)요금제

패킷요금제라는 것의 상대적인 의미로 서킷(circuit)요금제가 있다. 무선인터넷서비스를 접속하는 시간에 따라서 부과되는 요금으로 접속한 시간에 따라 아무런 이용을 하지 않더라도 요금이 올라가는 것이다. 그렇다면, 패킷요금제는 무엇일까?

* 패킷요금제: 시간에 상관없이 무선인터넷서비스에서 휴대폰으로 다운로드 되는 정보의 양(패킷 단위)만큼 부과하는 요금제

- 패킷(paket)이란? 1 패킷=512byte(A4지 반장을 글자로 가득 채운 정도의 문서를 생각하면 된다).
  1MB=약 2,000패킷

  이동통신사의 패킷단위당 요금은 아래와 같다.
  Text: 6.5원
  소용량 멀티미디어: 2.5원
  대용량 멀티미디어: 1.3원
  MP3 음악의 128 bit rate의 음질(평균적인 CD 음질) 한 곡의 크기는 약 4MB이다.
  4MB=약 8,000패킷
  8,000패킷 X 1.3(원/패킷)=10,400원 (대용량/소용량의 기준이 모호한 가운데 가장 싼 책정요금으로 계산함)

비교해 보면, 액면 드러나 있는 한 곡당 500원이라는 것은 고약한 미끼이며, 이동통신사의 데이터요금으로 지불하게 되는 요금이 20배가 넘게 된다.

[그림 6-20] 멜론으로 2.7MB짜리 음악 한 곡을 다운로드받은
사용자의 요금명세서(2006년 2월 가격 기준)

점검 및 연습

1. MMS는 무선인터넷서비스에 접속해야 사용할 수 있다.(   )

2. 컬러링(통화연결음)은 짧은 음악이기 때문에 저작권과 전혀 관계없다. ( )

3. 다음 중 MOD로 다운로드받는 패킷에 대해 잘못 설명한 것은? 4

   ① A4용지 반 장 분량   ② 512KB
   ③ 0.5Kbyte   ④ 영문자 80자, 한글 40자 제한

4. 다음 중 멜론에서 다운로드받은 3MB짜리 음악을 듣기 위한 총 요금은?(다운로드
   요금 500원, 1MB= 2,000패킷, 패킷당 1.3원 적용)

   ① 500원   ② 약 7,800원
   ③ 약 8,300원   ④ 약 7,200원

정리하기

1. 무선인터넷서비스의 콘텐츠가 풍부해 질수록 음성통화보다 데이터통화의 이용 빈
   도가 높아지고 있다. 기업 입장에서 보면 수익구조의 다변화로서 좋은 현상이지만
   고객입장에서의 제약과 활용방법에 대해서 고려해 보자.

2. 당황스러운 데이터요금제를 살펴보면서 개인의 경험도 존재할 것이다. 포탈사이
   트 게시판을 통해서 서로의 경험을 알아보고 폐쇄/독과점 구조로서의 무선인터넷
   서비스를 개선하기 위해 기업 및 정부에서 어떤 정책과 태도를 제시해야 하는지
   토론해 보자.

[정보이용료]

미리듣기 무료바로듣기 600원(고음질+가사) 다운로드 900원(고음질) 다운로드
800원(일반+가사) 다운로드 800원(일반) 다운로드 700원 1M = 2,038패킷

점검 및 연습 정답

   1-O : SMS는 무선인터넷서비스에 접속하는 것과 상관없이 이용할 수 있으나, MMS는
        멀티미디어 메시지이므로 반드시 무선인터넷에 접속해야만 한다.
   2-X : 40초 이하의 음악이기 때문에 저작권과 관련이 없지만 음원 사용의 대가로 저작

권협회, 실연자협회에게 매출의 일정 부분을 지급한다.

3-4 : 영문자 80자, 한글 40자 제한은 SMS(Short Message Service)의 특징이다. 일반적으로 byte는 대문자 B로 사용하여 bit와 구별한다.

4-3 : 1MB = 약 2,000패킷이므로 6,000패킷 X 1.3원 = 7,800원 + 다운로드 요금 500원이므로 총 8,300원

6-3장 모바일 서비스의 세계2

- 학습목표
  1. 모바일 콘텐츠의 다양한 서비스를 하나씩
     짚어본다.

- 학습내용
  1. 모바일의 캐시카우(CashCow), 모바일 게임
  2. LBS(Location Based Services)
  3. CBS(Cell Broadcasting Service)
  4. 모바일 동영상 서비스
  5. 모바일 커머스

1. 모바일의 캐시카우(Cash Cow), 모바일 게임

가장 시도하기 쉽고 가장 성공하기 쉬운 모바일 비즈니스의 분야가 게임 분야다. 유선인터넷보다 화면이 작기 때문에 시나리오, 프로그래밍, 그래픽 구현 내용이 적어서 어렵지 않게 개발할 수 있을 것이라는 기대 때문이다. 실제로 게임 자체만 본다면 상대적으로 유선인터넷 콘텐츠에 비하여 개발이 쉽다. 통상 모바일 게임을 처음 개발할 때 대작의 경우 6개월 정도의 시간이 소요된다고 하며, 개발주기는 점차 빨라지는 추세여서 2개월 안에 개발되기도 한다. 모바일 게임은 과거에 발표되었던 8비트 게임기나 초기 XT~AT급 컴퓨터에서 작동되던 고전 게임이 컨버전(conversion)되어 나오는 경우가 많다. 그 이유는 과거 흥행에 성공했던 게임의 후광에 기대어 성공하기 쉽기 때문이지만 더 큰 이유는 휴대폰 단말기의 성능이 구형 컴퓨터나 8비트 게임기의 환경과 비슷하여 컨버전 되기 쉽기 때문이다. 최근에는 오히려 과거 컴퓨터의 성능보다 높아진 휴대폰들이 등장하고 있다.

[그림 6-21] 휴대폰용 모바일 게임의 한 장면

[그림 6-22] 286~386급 컴퓨터의 게임 장면

[표 6-6] 2006년 2월 기준 이동통신업체별 게임 서비스 상위순위 10

순위	SKT		KTF		LGT	
	게임 이름	유형 및 출시일	게임 이름	유형 및 출시일	게임 이름	유형 및 출시일
1	드래곤아이즈	06.02. (RPG)	이터널사가	06.02. (RPG)	샤먼 슬레이어	06.02.(RPG)
2	파멸천사	06.02. (액션)	마그나카르타-진	06.02. (RPG)	철수의 세계정복	06.02.(액션)
3	스페셜포스	06.02. (액션)	센티멘탈러브+	06.02. (전략)	뮤흑기사편	06.02. (RPG)
4	시아모바일	06.02. (RPG)	크루세이더	06.01. (RPG)	수호지	06.02. (전략)
5	다크엔젤	06.02. (RPG)	강철의연금술사	06.01. (액션)	창세기전 크로우2	06.01. (RPG)
6	레인보우식 스락다운	06.02. (액션)	나니아연대기	06.01. (RPG)	블레이드마스터	06.01. (RPG)
7	파킹보이	06.02. (퍼즐)	자백	06.02. (전략)	엘로스의 전설SE	06.01. (RPG)
8	판타지엠페러	06.02. (RPG)	믹스앤픽스	06.02. (퍼즐)	문명3	06.01. (전략)
9	어스토니시아Ep2	06.02. (RPG)	해적왕2006	06.02. (RPG)	꼬치꼬치타이쿤	06.02. (전략)
10	꼬치꼬치타이쿤	06.02. (전략)	액션졸라맨	06.02. (액션)	무모한 추락	06.02. (액션)

(출처 http://www.mportal.co.kr)

- 휴대폰용 게임의 경향을 살펴보면 초기의 단순한 게임인 '고스톱' 이나 '야구' 같은 짧은 시간 동안 즐기는 킬링타임(killing time)용 퍼 즐과 스포츠가 인기 있었으나 최근에는 컴퓨터에서나 즐기던 RPG 또

는 전략시뮬레이션같이 장시간 플레이해야 하는 게임들로 바뀌어가고
있으며 게임의 라이프사이클도 한 달 간격으로 대폭 좁혀졌다. 또한
휴대폰 단말기의 성능이 높아짐에 따라 3차원 그래픽 기능이 요구되
는 게임을 위한 전용 휴대폰과 게임도 등장하고 있으며 유선과 무선
을 연동시킨 게임서비스도 선보이고 있다.

[그림 6-23] 게임 전용으로 개발된 휴대폰 단말기들

모바일 게임 분야는 CP도 많을 뿐만 아니라 지속적으로 신규 게임
이 발표되고 있기 때문에 콘텐츠의 양 역시 엄청나게 많다. 수요가 그
만큼 많기 때문이지만 역설적으로 위험부담이 큰 사업이기도 하다는
뜻이다. 게임이 개발되더라도 이동통신담당자의 허가를 통해 서비스가
결정되기 때문에 개발인력 확보, 개발 및 구현 그리고 서비스되기까지

초기 투자가 많이 이루어져야 하기 때문이다.

[표 6-7] 모바일 게임업체 현황(2003년 기준)

회사 이름	주요 분야	사이트 URL
엠조이넷	아케이드	www.mjoynet.com
게임빌	아케이드, 카드	www.gamevile.co.kr
소프트맥스	보드 게임	www.soffmax.co.kr
지오인터랙티브	스포츠, 아케이드	www.zio.co.kr
토이소프트	시뮬레이션, 아케이드	www.toysoft.co.kr
컴투스	액션, 기타	www.comtus.com
모빌라이즈	고스톱 게임(카드 게임)	www.mobilnse.com

2. LBS(Location Based Services)

"아……이분은 약속에 늦었군요?", "어……많이 막힐 시간인데?", "운전은 내가, 막히는 길은 네이트 드라이브가."라는 광고를 기억하고 있을 것이다. LBS(위치기반 서비스)는 바로 사용자의 위치를 파악한 뒤 각종 서비스시스템과 연계해 원하는 정보를 제공

[그림 6-24] GPS위성

해주는 서비스이다. 가장 대표적인 예가 운전자의 위치를 파악하여 주변 교통정보를 안내해주거나 친구의 위치를 알려주는 서비스가 있다.

1) GPS Based Service

GPS(Global Positioning System)이라고 불리는 위성을 기반으로 한 LBS이다. 이 서비스는 LBS에 속하지만 휴대폰 단말기에 직접 GPS 위성신호를 수신할 수 있는 모듈(장치)을 내장하여 보다 정확한 위치 추적이 가능하다. [그림 6-23]은 휴대폰과 같이 GPS모듈을 장착한 차량 내에 부착하는 과속카메라 사전통보 단말기로서 주변에서 쉽게 볼 수 있다. GPS에 관해서는 8장에서 자세하게 다루기로 한다.

[그림 6-25] GPS모듈을 내장한 교통안전 단말기

2) SBS(Station Based Service)

SBS는 기지국(Cell)을 중심으로 휴대폰 단말기에서 나오는 신호의 방향과 시간 등을 이용해 위치를 추적하는 방법이며 이러한 서비스가 되는 휴대폰 단말기들은 GPS모듈은 내장하지 않았다. 실질적인 LBS 라고 볼 수 있지만 기지국을 기반으로 하기 때문에 GPS모듈을 장착한 휴대폰 단말기보다 정확도 면에서 떨어진다. 기지국의 숫자가 많아진 요즘에는 SBS만으로도 비교적 정확한 서비스가 가능하기 때문에 자동차 네비게이션용으로 제작된 휴대폰 단말기가 아니라면 일부러 GPS모듈은 장착하지 않고 있다.

현재 국내이동통신업체에서 제공하는 서비스의 수준은 주로 기업의
물류 추적과 개인의 위치파악(자녀위치 자동통보 등) 및 교통정보를
제공해주는 정도이다. 향후에는 특정 지역의 셀(Cell) 안의 남녀를 상
호 연결하여 채팅할 수 있게 한다거나 해당 지역(Cell)에 들어가면 기
업이나 상점에서의 광고문구 및 할인 쿠폰 등을 자동으로 보내주는
복합적인 형태로 서비스가 발전할 수 있을 것이다.

[친구위치찾기 선택]

[대상자선택]

[위치정보]

[지도보기]

[그림 6-26] 친구위치 찾기 서비스

[표 6-8] 이동통신업체별 LBS 서비스 현황

항목		SKT		KTF		LGT
주력 서비스	기업	추적 서비스 (Fleet Management	기업	추적 서비스 (모바일 트랙)	기업	추적 서비스 (위치 추적 서비스)
	개인	교통·항법서비스(최적 경로·교통 정보)	개인	안전 서비스 (엔젤 아이)	개인	추적 서비스(친구찾기), 교통항법
특징		•일반 휴대폰의 LBS는 친구 찾기만이 셀 방식이며, 나머지는 인풋(In- put)* 방식 •네이트 드라이브를 통한 텔레메틱스(교통 항법 기반)주력 •향후 소비자 시장에서 안전 서비스, 광고, 상거래 도입 예정		•일반 휴대폰의 LBS는 친구 찾기만이 셀 방식이며, 나머지는 인풋 방식 •안전 위치 서비스 전용 단말기 도입 •향후 기업용 텔레메틱스 시장 주력 예정 •소비자 시장에서 광고, 상거래 도입 예정		•일반 휴대폰의 LBS는 친구 찾기만이 셀 방식이며, 나머지는 인풋 방식 •기업 시장에서 추적 서비스에 주력 •앞으로 소비자 시장에서 광고, 상거래 도입 예정

(출처: SKT 무선인터넷 백서)

[표 6-9] LBS 응용 서비스의 종류

서비스 분류		위치 정확도	사용 예
안전 서비스 (Safety)	긴급 상황	•네트워크 기반: 100m (67%), 300m(95%) •핸드셋 기반: 50m(67%), 150m(95%)	•E911 •문제 발생 지역 거주자
위치 기반 과금	주요 거점이나 건물 중심	10~300m(사업자 과금 정책에 따라 달라짐)	•TTL 지역 할인
추적 서비스 (Tracking)	신속성 관리	125~Cell ID	•물류 서비스용 차량 위치 추적 •버스 배차 시간 조정
	자신 관리	10~125m	•도난 차량 위치 추적 •자산(동산) 위치 확인
	개인이나 애완견의 추적	10~125	•물류 서비스용 차량 위치 추적 •버스 배차 시간 조정

서비스 분류		위치 정확도	사용 예
	교통량 조사	10~40m	• 교통 정체, 평균 속도 등 교통정보 수집 • 교통정보 기반의 자동차 네비게이션 서비스
Enhanced Call Routing	가까운 서비스 제공자로 연결	10~125m	• 발신자의 위치 정보에 따라 가장 가까운 서비스 제공자에게 통화 연결 서비스 제공
위치 기반 정보 서비스	네비게이션, 도시 관광	10~125m	• 도착지까지의 경로 안내 • 도심 지역 안내(지도)
	지역 기반 광고, 옐로 페이지	125~Cell ID	• 위치 기반, 콘텐츠 브로드 캐스팅 • 가까운 음식점, 상점 등 안내

3. CBS(Cell Broadcasting Service)

모바일 방송서비스란 실시간으로 다양한 채널을 통해 문자, 음성, 멀티미디어 형태의 정보를 휴대폰으로 받아보는 서비스를 말한다. 똑같은 내용의 텍스트 정보가 날아오기 때문에 SMS와 같은 방식의 서비스로 생각하기 쉽지만 SMS와는 조금 다르다. CBS는 실시간 정보를 다수의 가입자에게 동시에 제공할 수 있다는 장점으로 매스마케팅 도구 유용한 통신기법이다. 즉 한 셀(Cell) 안에 있는 사용자들에게 동시에 메시지를 전달할 수 있음으로 특정 시간에, 같은 정보를, 원하는 사용자들에게 한꺼번에 전달하는 것이다.

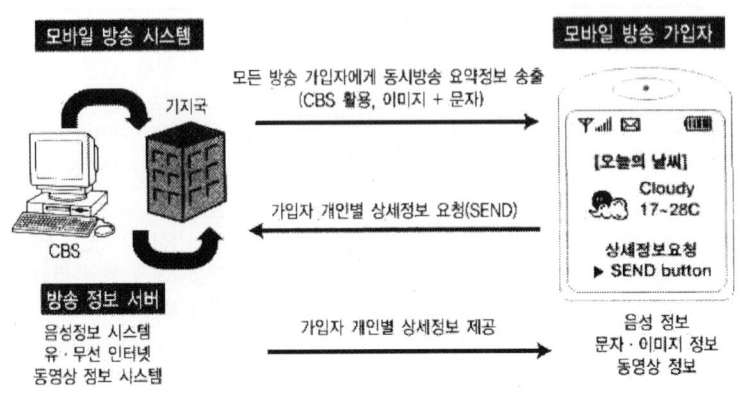

[그림 6-27] 모바일 방송 시스템의 개요

- SMS와 CBS의 가장 큰 차이는 동시에 여러 사람에게 메시지를
보낼 것인지, 모든 사용자에게 개별적인 메시지를 보낼 것인지의 차이
에 있다. CBS는 한 번에 하나의 메시지만 보내면 여러 사람에게 전달
되므로 네트워크의 부담이 적지만, SMS는 1만 명의 경우, 1만 번을
보내야 하기 때문에 시스템에 부담이 된다.

[표 6-10] SMS와 CBS의 차이점

구분	CBS(Cell Broadcasting Service)	SMS(Short Messaging Service)
차이점	Point to Multi (동시 송출—Multi Casting 방식)	Point to Point (개별 송출—Polling 방식)
장점	•SMS 대비 네트워크에 부하가 적음 •실시간 정보 서비스 제공 기능 •기지국 중심 위치 기반 정보 서비스 기능 •매스 마케팅 도구 활용 쉬움	•99%에 가까운 정보 도달률 •일 대 일 마케팅 쉬움
단점	정보 도달률 부족(SMS 대비 90%)	•다수 가입자(30만 명 이상)에게 실시간 방송 불가능 •개별 메시지 송출 원가 높음 •CBS 대비 네트워크 부하가 큼

현재 Nate Air, 매직앤멀티큐, EZ-채널 등이 모바일 방송 서비스를 하고 있다. 주로 증권, 뉴스 등 정보서비스 위주로 운영되고 있으나 활용 비율은 높은 편이 아니며 긴급 재해대책, 미아 찾기 등 공익방송으로서는 효과를 거두고 있다.

[표 6-11] 각 통신사별 모바일 방송 서비스

구분	LGT		SKT	KTF
서비스 이름	EZ-채널	mitv	NATE Air	매직앤멀티큐
상용화 시기	1999년 7월	2002년 10월	2002년 3월	2002년 11월
서비스 이용료(월)	900원	•일반 채널: 1500원 •프리미엄 채널: 1900원	•일반 채널: 700원 •프리미엄 채널: 1200원	•패키지: 1500원 •전문 채널: 700~2000원
제공 서비스	•사설 채널(8개) •일반 채널(91개) •채널 패키지(5개)	•채널 패키지(5개) •프리미엄 채널(+1개)	•프리미엄 채널(5개) •일반 채널(12개) •패키지(조합)	•25살 미만 패키지(4개) •25살 이상 패키지(4개) •전문 채널(2개)
서비스 제공 형태	•CBS 송출: 문자 •콜백(Call back): 음성	•CBS 송출: 문자+이미지 •콜백: 음성, 왑(WAP), 준 동영상	•CBS 송출: 문자+이미지 •콜백: 음성, 왑, 준 동영상	•CBS 송출: 문자+이미지 •콜백: 음성, 왑, 준 동영상

> *** 옴니텔:** http://www.omnitel.co.kr
> 나래이동통신연구소의 연구원들이 휴대폰이 갖는 방송매체로서의 가능성을 사업과 연결시키는 과정에서 세운 기업이다. 세계 최초로 CBS기능을 활용한 모바일 방송서비스를 제공했으며 1998년에는 코스닥에 등록하여 방송3사의 방송서비스는 모두 옴니텔과 함께하고 있다. 옴니텔은 기술의 숨은 가능성(CBS)을 찾아내서 아이디어로 성공한 대표적인 벤처기업으로 꼽힌다.

4. 모바일 동영상 서비스

이제 모바일을 텍스트와 이미지만을 갖고 생각하는 정적인 기획을 하는 이는 없다. 유선인터넷에서 제공되고 있는 대부분의 영상이나 애니메이션을 모바일에서도 똑같이 구현할 수 있기 때문이다. 휴대폰 단말기의 용량이 카메라폰의 사진저장을 위한 메가(mega)단위를 넘어서 기가(giga)단위로 넘어가고 있고 외장 메모리(플래쉬 메모리)를 이용한 무한한 용량 확장이 가능해져서 영화 몇 편을 충분히 넣고 다닐 수 있는 저장공간을 갖추고 있다. CDMA2000-1X망이 지원되면서 동영상 콘텐츠가 선보이기 시작했으나 1분 이내의 짧은 영상에 불과했다. 그러나 2002년 말부터 'June'과 'FIMM'서비스가 시작되며 본격적인 동영상 콘텐츠의 시대로 접어들었다. MOD뿐만 아니라 VOD(Video On Demand)도 서비스의 주류로 편입된 것이다. 모바일 동영상서비스에 관한 보다 자세한 내용은 11장 DMB서비스와 더불어 함께 논의하기로 한다.

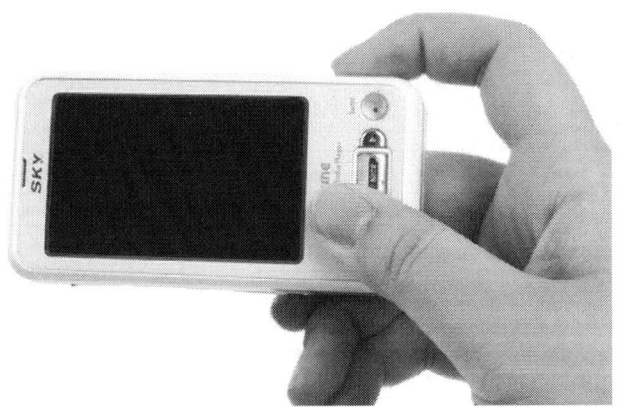

[그림 6-28] 국내 최초로 독립적인 영화보기 기능을
갖추었던 PMP폰

5. 모바일 커머스(Mobile Commerce)

 국내에는 2003년을 기점으로 모바일 커머스(Mobile Commerce)시장
이 형성되었고, 앞으로 발전 가능성 및 시장규모가 가장 클 것으로 예
측되는 분야이다. 모바일 커머스는 광의와 협의로 나눌 수 있다.

 * 광의: 휴대폰 단말기를 이용해 각종 정보와 서비스를 제공받으면
서 물품까지 구입하는 전자상거래 방식
 * 협의: 휴대폰을 이용해 오프라인에서 직접 결제할 수 있는 서비
스나 시스템을 말한다.

 휴대폰과 신용카드를 결합한 모바일 카드 서비스는 현재 3개 이동
통신업체에서 모두 서비스하고 있다. SKT는 모네타와 모네타플러스
라는 두 가지 방식을 시도했으나 현재는 모네타플러스 서비스만 시행
되고 있다.

[그림 6-29] 휴대폰의 모네타 기능을 이용하여
결제하는 장면

* 모네타: 휴대폰에 신용카드를 넣을 수 있는 슬롯이 내장된 단말
  기를 사용하는 방식
* 모네타플러스: 휴대폰 안에 신용카드용 IC칩을 내장한 방식

KTF는 바코드방식, 적외선 결제방식과 IC칩을 탑재한 휴대폰 단말기 방식을 지원했으나 역시 IC칩을 탑재한 방식이 우세하다. LGT도 IC칩 방식을 도입했으며 적외선 방식의 휴대폰 결제 서비스를 위해 매장에는 적외선 리더기를 보급 중에 있다.

– 이와 함께 이동통신업체는 결제대행업체들과 제휴하여 후불제 소액결제시스템을 제공하고 있다. 유선인터넷에서 SMS을 사용한 인증방식을 통해 다양한 소액결제가 이루어지고 있다. 일반적으로 소액결제는 10만 원 미만의 금액을 말한다.

점검 및 연습

1. CBS는 SMS와 달리 고객들에게 거부감이 없다. ( )

2. SBS는 위성을 이용한다. ( ) X

3. 다음 모바일 게임의 특징에 대해 잘못 설명한 것은?

    ① 초기 투자비용   ② 짧은 제작기간
    ③ 방대한 게임용량   ④ 높은 위험성

4. 다음 중 과거 시도된 것을 포함한 모바일 커머스의 이용형태가 아닌 것은?

    ① 바코드 방식
    ② 적외선 방식
    ③ IC칩 방식
    ④ USB메모리 방식

정리하기

1. 무선인터넷서비스의 다양한 콘텐츠를 살펴보면서 이동통신업체 뿐만 아니라 일반 기업에서 이를 이용할 수 있는 것은 어떤 것이 있는지 생각해 보자.

2. 현재 모바일 커머스에서 아직 부족한 것과 기대되는 것은 무엇이 있는지 생각해 보자.

점검 및 연습

    1-X : 스팸성 SMS처럼 CBS도 거부감이 강하다. 때문에 신청한 사용자에 한하여 시행되고 공익목적의 방송에 주로 사용된다.
    2-X : SBS는 Station(휴대폰 기지국)기반의 서비스로 GPS위성과 관계없다.
    3-3 : 모바일 게임은 휴대폰 단말기의 제한으로 방대한 용량을 갖기 힘들다.
    4-4 : LGT에서 줍(ZOOP)이라는 휴대폰에 내장된 메모리를 이용한 적은 있으나 USB 메모리 방식을 시도한 적은 없다.

○ ○ ○ ○ ○ ○ ○ ○ ○ ○ ○ ○   제 7 장

7-1장 모바일 마케팅과 성공전략

- 학습목표
  1. 모바일 마케팅의 형태와 종류 그리고 성공전략에 대해서 논의해 본다.

- 학습내용
  1. 모바일 마케팅
  2. 모바일 마케팅의 특징
  3. 모바일 광고의 종류
  4. 그 외의 방법들
  5. 모바일 마케팅 성공원칙

　지금까지 무선인터넷서비스는 이동통신업체의 무선포탈을 통해서만 제공되어 왔다. 즉 사용자들은 자신이 가입한 이동통신업체의 무선포탈이 휴대폰 무선인터넷의 첫 페이지로 설정되어 있기 때문에 싫든 좋든 우선 그 포탈사이트에 접속해야만 했던 것이다. 이동통신업체의 공식파트너로 선택된 CP들에게는 이와 같은 구조가 별도의 광고나 마케팅을 생각하지 않아도 사용자들을 쉽게 유치할 수 있기 때문에 유리했지만 포탈사이트의 어느 위치에 노출되는지에 따라 매출 차이가 크기 때문에 CP들은 사용자 유치를 위한 마케팅보다 이동통신업체와의 관계에 더 신경을 쓰게 되며 CP와 이동통신업체의 구조적 종속관계는 심화된다.

　그러나 무선인터넷망 개방이 본격적으로 이루어질 채비를 앞두고 서비스나 브랜드의 인지도를 높이기 위한 마케팅 활동이 점차 늘어가고 있다. 이동통신업체의 후광만으로 서비스를 알리던 시대는 이제 저물어 가고 있는 셈이다. 이러한 환경에서 모바일 비즈니스의 성공적 수행을 위한 모바일 마케팅의 특성과 성공 포인트를 짚어보도록 하자.

[그림 7-1] 휴대폰 번호를 이용한 코카콜라의
모바일 마케팅

1. 모바일 마케팅

작은 디스플레이 화면을 가진 휴대폰 단말기를 통해 과연 제대로된 마케팅을 할 수 있을까? 모바일 마케팅이라는 개념이 처음 나왔을때 많은 사람들은 그 효과에 대한 의구심을 많이 가졌다. 2000년 초, 유선인터넷 광고가 폭발적인 인기를 구가하던 시절에 흑백 이미지만 지원되던 휴대폰 단말기가 사용자들의 눈에 하찮게 보인 것은 당연한 일이었다. 그러나 모바일 마케팅은 오프라인 광고나 유선인터넷만이 가지지 않은 독특한 특성으로 인해 새로운 장르를 만들어 냈다.

모바일 광고시장은 매년 100% 이상 성장해 왔는데 2004년에는 120억 원, 2005년에는 200억 원, 2007년에는 350억 원을 넘어섰다. 모바일 광고시장 가운데 가장 높은 비중을 차지하는 분야는 모바일 서비스 분야이지만 오프라인과 다른 영역과의 연계를 모색하면서 새로운 마케팅 기법의 시도들이 가속화되고 있다.

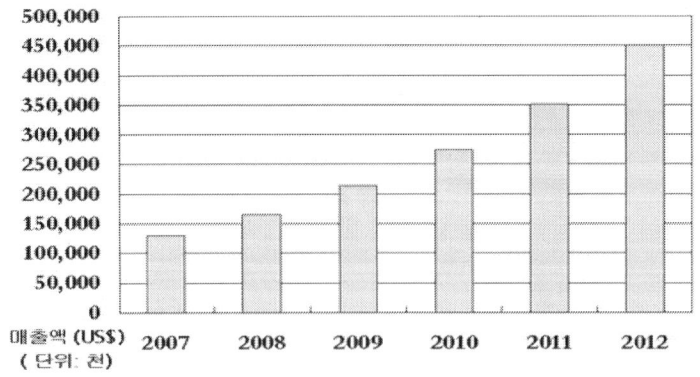

[그림 7-2] 국내 모바일 광고 규모(프로스트 앤 설리번)

2. 모바일 마케팅의 특징

모바일 마케팅은 일 대 일 개별화가 가능하다는 점, 타깃 선정이 수월하다는 점 등에서 유선인터넷 마케팅과 비슷한 점이 많다. 그러나 휴대폰은 이동성이 보장되고 24시간 휴대한다는 매체 자체의 특수성으로 인해 기존의 매체와는 전혀 다른 마케팅 기법이 나타나고 있다. 이와 같이 휴대폰이 갖는

매체로서의 다양한 특성이야말로 모바일 마케팅의 방향성을 수립하는 데 주요한 판단 기준이 된다.

1) 즉시성(Immediacy)

모바일 마케팅의 특징 가운데 하나는 사용자들이 언제나 휴대폰 단말기를 휴대하고 있기 때문에 원하는 메시지를 바로 전달할 수 있다는 점이다. 다른 어떤 매체보다도 소비자 전달률이 높으며 소비자 응답률 또한 다른 매체에 비해 높다. 마케팅 컨설팅 업계의 분석에 따르면 다른 매체의 소비자 응답률은 배너광고(0.55%), 우편 DM(1~1.5%), 고객요청 이메일 마케팅(11.5%)인 데 비하여 모바일 문자 메시지 광고는 약 15%의 응답률을 보이고 있어 광고업계의 비상한 관심을 모으고 있다.

2) 위치 기반(Location Based Marketing)

모바일 서비스는 서비스의 특성상 사용자의 위치 이동에 대한 정보

를 이동통신업체와 긴밀하게 주고받고 있다. 따라서 사용자의 위치에 따라 적절한 마케팅을 펼칠 수 있게 된다. 예를 들어, 사용자가 삼성동 부근을 지나고 있다면 현대백화점에서 "지금 30분 뒤 깜짝 세일이 있습니다." 따위의 광고 문구를 전송할 수 있다는 것이다.

주의해야 할 점은 개인의 위치를 인지하여 마케팅에 활용한다는 것은 사생활 침해의 요소가 있음으로 먼저 사용자로부터 허가를 받아야 한다는 것이다. 그러므로 기업에서 위치기반의 마케팅을 수행하기 위해서는 개인이 이를 허락하도록 승인받아야 하며, 충분하고 합당한 보상이 뒤따라야 할 것이다.

3) 타깃 마케팅(Target Marketing)

휴대폰 단말기는 특정인에게 소속되어 있는 개인 미디어로서 전달자(기업)와 일 대 일 연결이 가능한 것이 특징이다. 또한 사용자의 특성 또는 사용자의 정보와 연계된 타깃 마케팅을 수행하기에 그 어떠한 매체를 이용하는 것보다 용이하다. 예를 들어, 20대 초반의 MOD 서비스를 이용해 본 경험이 있는 사용자에게 인기가수의 신곡 콘텐츠를 다운로드받도록 메시지로 전송해주는 것이다. 이동통신업체의 고객정보를 마케팅 수업기업과 공유해야 하므로 이것도 사생활 침해의 요소가 존재하며 성숙되지는 않았으나 관련법규의 정비와 고객에게의 개인정보 활용에 대한 충분한 보상이 따르면 활성화될 것이다.

4) 시간 마케팅(Time Marketing)

휴대폰 단말기는 24시간 네트워크와 연결되어 있는 미디어다. 정보제공자나 마케팅 기획자 입장에서 보면 시의 적절한 광고나 특정 시간대에 적합한 메시지 전달 등 시간 마케팅을 전개하기에 아주 훌륭한 도구가 된다.

5) 상호성(Interactivity)

무선인터넷서비스는 기본적으로 상호 연결이 수월한 시스템 구조를 갖고 있다(원래 휴대폰이라는 도구가 상호 간의 커뮤니케이션 도구이다). 일방적으로 메시지를 전달하는 SMS 방식도 [Call Back URL] 등을 삽입하면 소비자와 서비스 제공자 간의 커뮤니케이션이 충분히 가능하다.

6) 다양한 창의성(Creativity)

모바일 콘텐츠의 대부분은 작은 화면을 통해 실시간으로 전달되기 때문에 짧은 시간 안에 소비자를 사로잡지 못하면 소비자에게 다가갈 기회조차 얻지 못한다. 다른 어떤 매체보다도 짧은 시간 안에 강력한 메시지를 소비자에게 전달해야 하기 때문에 보다 창의적인 광고기법이 요구된다.

3. 모바일 광고의 유형

일반적으로 모바일 광고는 전달방식 및 내용에 따라서 여러 가지 방법으로 나뉜다. 주로 SMS를 활용하는 방법이지만 그 기법에서 조금씩 차이를 보이고 있음으로 구분해 보도록 하자.

1) SMS PUSH형

가장 보편적이며 많이 사용하고 있는 방식이다. 일방적으로 많은 양의 문자메시지를 사용자들에게 보내는 방식으로 단순 텍스트만 보내기도 하고, [Call Back URL]을 심어서 보내기도 한다.

2) 스폰서형

벨소리나 캐릭터, 통화연결음 등의 무선인터넷 콘텐츠를 자사 상품과 연계시켜 무료로 제공하는 방법으로써 브랜드 마케팅에 효과적이지만 어느 경우에나 무선인터넷에 접속해야 하므로 접속료를 인지하고 있는 소비자들에게는 무료로 받아들이지 않을 수 있다.

3) 멀티미디어형

텍스트뿐만 아니라 동영상, 이미지, 음성 등이 포함된 멀티미디어 콘텐츠를 제작하여 사용자들에게 전달하는 방법이다. 예를 들어, 사람들의 눈에 익숙한 TV광고 등을 휴대폰으로 발송하면 소비자들은 다른 콘텐츠에 비하여 거부감을 덜 느끼며 접하게 된다.

최근에는 대형영화사에서 영화예고편을 모바일 단말기에서만 볼 수 있도록 별도의 영상으로 제작하는 일이 증가하고 있다. 시사회를 신청한 사용자에 한하여 서비스에 접근할 수 있도록 'Call Back URL'이 담긴 문자메시지를 보내고 정해진 시간에 서비스 제공자로부터 전달받은 메시지의 〈확인〉또는 〈접속〉버튼을 누르면 영화를 볼 수 있는 페이지로 이동하게 된다. 영화는 정해진 소수의 사람들에게만 개방되며 시간이 지나면 더 이상 콘텐츠를 이용할 수 없게 되어 영화시사회처럼 특정 소수에게만 허용된 접근성과 시공간의 자율성이라는 오프라인에서 보면 모순 된 특성이 적절하게 조화된 새로운 시사회 방식은 모바일 마케팅의 새로운 기법으로 받아들여지고 있다.

4) 웹브라우저형

웹에서 이미 성공을 거두고 있는 브라우저형 광고는 무선포탈 안에 배너를 띄우거나 텍스트로 광고메시지를 전달하는 것으로 사용자들의 방문율이 높은 무선페이지 위쪽에 텍스트 광고를 띄워 높은 효과를 보고 있다.

5) 위치추적형 광고

특정 지역(셀: cell)에 고객이 들어왔을 때 그 개인정보를 이용하여 그 고객에게 적합한 정보와 광고, 이벤트 등을 전달하는 방법이지만 개인의 사생활 침해라는 점에서 조심스럽게 논의되고 있는 중이다.

모바일 쿠폰시대 활짝 [머니투데이, 2008-6-7]

올해 대학 졸업반인 공윤선(26) 씨는 요즘 할인쿠폰 덕을 톡톡히 보고 있다. 뮤지컬과 같은 문화공연을 볼 때 40% 정도 할인 받는 것은 기본. 이번 주말에는 여러 친구들과 어울려 용평으로 2박3일 여행을 다녀올 예정이다. 비용 부담은 생각보다 그리 많지 않았다. 렌터카는 30% 할인 받은 금액에 빌린데다 호텔 역시 1박 요금은 무료로 사용할 예정이어서 교통비와 숙박비의 상당 부분을 아낄 수 있었기 때문이다.

이 모든 혜택을 받기 위해 공씨가 준비한 것은 달랑 자신의 휴대폰뿐. 공씨는 "요즘은 동네 비디오가게나 통닭집까지 쿠폰이 발행될 만큼 쿠폰이 넘쳐나고 있지만 사실 그 많은 쿠폰을 일일이 오려가며 활용하기는 어려운 일일 수밖에 없다"며 "모바일쿠폰은 휴대하기도 편하고 쉽게 관리가 되기 때문에 자연스럽게 쿠폰 활용이 늘어나는 것 같다"고 말했다.

최근 들어 많은 기업들이 모바일 쿠폰에 주목하고 있는 이유도 바로 이 같은 '휴대성'과 '편리함'이다. 현재 우리나라의 휴대폰 사용 인구는 4300만명 정도. 보급률만 해도 90%를 훌쩍 넘어선다. 국민 1인당 1대씩 휴대폰을 갖고 있다고 해도 과언이 아니다. 특히 젊은층일수록 휴대전화를 이용한 데이터 통화량이 음성 통화량을 넘어서고 있다는 사실도 마케팅 측면에서 모바일쿠폰에 대한 기대감을 높여주고 있다.

4. 그 외의 방법들

1) 서포터 그룹의 이용

모바일 콘텐츠나 서비스를 홍보하기 위해 여러 가지 방법들이 모색되고 있지만 최근의 방법 가운데 하나가 '서포터 그룹'을 활용하는 것이다. 월드컵 이후로 '서포터'라는 말이 널리 사용되고 있는데, 서포터란 응원 또는 지지하는 대상이나 기업에 대해 자기 돈을 들여서라도 전폭적으로 믿어주고 응원해 주는 사람들을 뜻한다.

무선인터넷에서의 서포터란, 특정 회사의 콘텐츠를 미리 사용해 보고 느낌과 개선 사항을 지적해 주거나 일정 기간 꾸준히 그 회사의 콘텐츠를 애용해 주는 사람들을 말한다. 보통 이들은 유선인터넷 커뮤니티 사이트나 서비스 회사의 인터넷홈페이지를 통해 모집하며, 사용자들의 간단한 정보만 입력받고 이들 사용자들에게 지속적인 서비스를 제공한다.

예를 들어, 캐릭터 벨소리서비스 업체가 이들 서포터 그룹을 활용하기 위해서 일정 기간 동안 콘텐츠를 무료로 제공한다. 소비자입장에서는 무료로 콘텐츠를 이용해서 좋고, 기업입장에서는 좀 더 많은 잠재고객을 확보하게 되는 셈이다. 적은 비용으로 사용자들과 직접 접촉할수 있어서 기업입장에서는 매력적인 방법이다.

2) 콘텐츠를 활용한 모바일 마케팅

콘텐츠와 상품을 연결하는 복합 마케팅 기법이 있다. 일본의 휴대폰 벨소리서비스를 운영하고 있는 리코산아이 서비스에서는 휴대폰 벨소리로 제공된 CM송을 듣고 실제로 값을 치르고 산 경험이 있는지를 설문조사해 보았다. CM송 휴대폰 벨소리를 이용한 고객들은 상품에 관심을 갖거나 실제로 구매를 해본 경험이 있다고 응답한 사람이 50%를 넘었다. 휴대폰 벨소리가가 훌륭한 마케팅 도구로 사용된다는 것을 보여주는 사례이다.

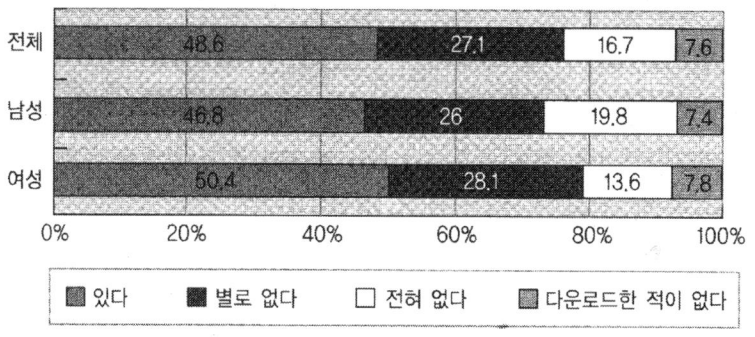

[그림 7-3] CM송 벨소리가 구매에 영향을 미쳤는지에 대한 결과

- 일본의 코카콜라는 캔커피 광고의 CM송을 무료로 다운로드하게 하여 성공함.
- 일본의 기린은 캔커피의 부착된 시리얼번호를 입력하면 자동으로 모바일 게임을 즐길 수 있게 유도함.
- 일본 네슬레 저팬은 무선인터넷을 통해 다양한 요리방법을 소개하며, 정보제공과 함께 기업 홍보를 함.
- 일본 롯데제과에서는 상품 포장지 안쪽에 자사의 사이트와 일련번호를 표시하여 숫자를 기입하면 벨소리를 무료로 제공함.

이와 같은 마케팅 기법은 망 개방이 되면서 독립 무선인터넷사이트들을 가지게 된 일본의 기업들에서 소비자들에게 다양한 경로와 방법을 제공할 수 있게 된 것이다.

5. 모바일 마케팅 성공원칙

- 유용한 무엇인가를 주어라.
  - 첫 줄에 사로잡아야 한다.
  - 통신료보다 가치 있는 콘텐츠를 제공하라.
  - 접속 절차를 최대한 간단하게 하라.
  - 매체를 복합적으로 활용하라.
  - 이벤트를 활용하라.
  - 모바일의 기본 특성을 최대한 활용하라.
  - 타깃 마케팅을 하라.
  - 직접 써보는 게 관건이다.
  - 오피니언 리더를 잡아라.

[그림 7-4] 온라인 게임 카트라이더와 전략 제휴한 코카콜라

[그림 7-5] 휴대폰을 이용한 할인마트의 쿠폰의 예

점검 및 연습

1. 모바일 마케팅은 유선인터넷 마케팅과는 달리 일 대 일 마케팅이 가능하다. (   )

2. 위치추적형 광고는 현재 가장 폭발적인 성장을 하고 있는 모바일 마케팅 기법이다. (   ) X

3. 다음 모바일 마케팅의 특징에 대해 잘못 설명한 것은? 2

    ① 즉시성　　　　　　② 짧은 제작기간
    ③ 위치기반　　　　　④ 개인화/ 개별화

4. 다음 중 잘못 설명한 것은? 3

    ① 일본의 코카콜라는 캔커피 광고의 CM송을 무료로 다운로드하게 하여 성공하였다.
    ② 일본의 기린은 캔커피의 부착된 시리얼번호를 입력하면 자동으로 모바일 게임을 즐길 수 있게 유도하였다.
    ③ 일본의 네슬레 저팬은 무선인터넷을 통해 무료 쿠폰을 제공하여 오프라인에서의 구매가격을 인하해 주었다.
    ④ 일본의 롯데제과에서는 상품 포장지 안쪽에 자사의 사이트와 일련번호를 표시하여 숫자를 기입하면 벨소리를 무료로 제공하였다.

정리하기

1. 이제는 쉽게 국내 기업에서도 모바일 마케팅을 활용한 사례를 찾을 수 있다. 그 내용을 찾아 서로 공유해 보자.

2. 무선망이 개방된 일본에서는 이동통신업체와 독립된 무선인터넷사이트를 제공함으로써 다양한 모바일 마케팅 기법을 제공하고 있다. 국내 무선망의 개방에 대해 어떤 장애가 존재하는지 심각하게 생각해 보자.

점검 및 연습 정답

　　1-X : 모바일 마케팅은 타깃 선정, 일 대 일 개별화 등 여러 면에서 유선인터넷 마케팅과 비슷하지만 모바일만의 특수한 차이도 가지고 있다.
　　2-X : 위치추적형 광고는 사생활 침해로 인해 현재 시행방법을 위한 논의 중에 있다.
　　3-2 : 짧은 제작기간은 모바일 게임의 특성이다.
　　4-3 : 일본의 네슬레 저팬은 독립 무선인터넷사이트를 운영하여 요리방법을 제공하면서 기업홍보를 하였다.

7-2장 저작권과 무선망 개방

- 학습목표
    1. 표준화와 이익 분배에 관한 논쟁을 알아보고 무선인터넷서비스에서 매출이 발생으로 인한 제 몫 찾기에 나서고 있다. 저작권과 관련된 참고사항을 짚어보자.

- 학습내용
    1. 저작권이란?
    2. 저작권 사용료의 지불
    3. 모바일 콘텐츠의 법률사항
    4. 정보통신윤리위원회의 등급
    5. 무선인터넷망 개발의 단계

2001년, CDMA2000-1X 서비스를 시작한 뒤, 모바일 콘텐츠의 표현 양식이 완전히 바뀌었다. 이전까지는 별도의 전용 콘텐츠를 만들어야만 했기 때문에 저작권분쟁이 생길 소지가 없었다. 그러나 CDMA 2000-1X에서 VOD서비스가 지원되면서 영상이나 음원, 기타 콘텐츠를 원형 그대로 서비스할 수 있는 기술적 기반을 갖게 되어 원천 콘텐츠를 제작하는 업체가 아니면 원천 콘텐츠를 갖고 있는 제작사와의 판권문제를 해결해야 하는 문제가 생기게 되었다. 현재 핸드폰이 대부분 VOD서비스를 지원하기 때문에 VOD 서비스 매출이 늘어나면서 CP들의 경쟁도 치열해지고 있다. 특히 인터넷상의 음악서비스 유료화와 맞물려 음악서비스의 판권문제는 가장 핵심 쟁점이 되고 있다.

IT 분야는 특히 분쟁이 발생할 소지가 높다. 엔터테인먼트 사업이나 일반 콘텐츠 상품은 노출이 쉽게 되므로 특허분쟁이 일어날 가능성이 적지만 시스템이나 솔루션 등 개발 기간이 오래 걸리는 분야는 기술 지원방식에 대해 미리 특허권을 제출하고 개발하는 경우가 많아 주의해야만 한다. 다른 업체에서 이미 특허권을 신청해 놓았는데 오랜 기간에 걸쳐 개발했다면 커다란 손실을 보게 된다.

예를 들어, LBS(위치기반 시스템)의 경우, 1997~99년 60건 안팎에 불과했으나 2000년 234건, 2001년 235건 등 해마다 200여 건씩 출원되고 있다.

특허권은 특허 출원 뒤 몇 년이 지나면 획득 또는 기각되기 때문에 특허청에서 현재 출원되어 있는 유사기술 및 비즈니스 모델을 검색하는 준비가 필수적이다.

> **휴대폰 결제특허 분쟁**
>
> 인터넷서비스의 유료화가 진행되면서 PG(Payment Gateway: 지불창구 또는 지불 시스템)로 활용되는 방법은 휴대폰인증 결제방법이다. 신용카드를 갖고 있지 않아도 휴대폰을 통한 인증번호 전송으로 누구나 쉽게 이용할 수 있다. 2002년 1월, 이 휴대폰 결제방식을 놓고 특허권이 벌어졌다. 휴대폰 결제방식에 대해 특허권을 확보한 인포허브가 다날과 모빌리언스를 상대로 '특허 침해금지 가처분' 소송을 낸 것이다. 이미 모바일 결제시장의 많은 부분을 차지했던 두 기업은 받아들일 수 없었고 재판으로 이어졌다. 결국 재판은 서로가 양보하는 선에서 마무리되었지만 모바일 비즈니스를 추진하는 업체들에게는 큰 교훈을 주는 하나의 사건이었다.

1. 저작권이란?

저작권이란 시, 소설, 음악, 미술, 연극, 컴퓨터 프로그램 따위와 같은 '저작물'에 대해 창작자가 가지는 권리 일체를 말한다. 창작자는 자신의 창작물에 대해 출판 배포할 수 있는 복제권과 배포권, 다른 형태로 작품을 저작할 수 있는 2차적 저작물의 작성권, 공연권, 방송물로 만들어 방송할 수 있는 방송권 등을 갖게 된다. 이러한 총체적 권리를 저작권이라고 한다.

저작권은 건물이나 토지 등의 부동산처럼 매매하거나 상속할 수 있고 다른 사람에게 빌려줄 수도 있다. 만일 어떤 사람이 허락받지 않고 다른 사람의 저작물을 사용한다면 저작권자는 그를 상대로 민사상의 손해배상을 청구할 수 있고 그 침해자는 형사상 처벌 대상이 될 수도 있다.

저작권자는 저작권을 다른 사람에게 양도하거나 다른 사람에게 자신의 저작물을 사용하도록 허락하는 대신 그 반대급부로 경제적인 대가를 요구할 수 있다. 이와 같은 저작권의 경제적 측면을 저작재산권이라고 한다. 저작권 침해는 저작권상의 친고죄(피해자가 고발을 해야만 법의 심판이 가해질 수 있는 죄목)가 적용되므로 저작권을 침해당한 사람이 고소해야만 수사가 진행되고 기소도 성립된다.

저작재산권은 원칙적으로 저작자가 생존하는 동안 그리고 사망한 후 50년간 존속한다. 공동저작물 형태의 저작재산권 또한 최후에 사망한 저작자의 사망 후 50년간 존속한다. 무명(無名) 또는 널리 알려지지 않은 이명(異名)이 표시된 저작물, 단체명의 저작물의 경우에도 공표한 때부터 50년간 존속한다.

저작인접권은 실연자(實演者)의 권리, 음반제작자의 권리, 방송사업자의 권리 등으로 구성된다. 저작인접권에 부속된 각각의 권리자는 다음과 같은 권리를 갖는다. 이러한 저작인접권은 20년간 존속되며 저작인접권의 제한, 양도, 등록 등은 대체로 저작재산권의 경우와 같이 취급한다.

- 실연자는 그 실연을 녹음 또는 녹화하거나 사진으로 촬영할 권리를 가진다.
- 음반제작자는 음반을 복제/배포할 권리를 가진다.
- 방송사업자는 그의 방송을 녹음, 녹화, 사진 등의 방법으로 복제하거나 동시 중계 방송할 권리를 가진다.

저작권자나 실연자는 그 권리를 위탁할 수 있는데 우리나라에서는 문화관광부 장관의 허가를 받아 한국음악저작권협회, 한국방송작가협회, 한국문예학술저작권협회, 한국영상음반협회 등이 대표적인 저작권 단체협의회로 그 권리를 대행하고 있다.

2. 저작권 사용료의 지불

애니메이션 및 기타 콘텐츠 등은 저작권자에게 허락받으면 서비스를 제공할 수 있지만 음악서비스는 권리가 여러 명의 저작권자들에게 분리되어 있어 보다 복잡하다. 음악 저작물에는 3가지 분류의 권리자가 있는데 곡을 직접 만든 작곡자, 작사자와 실연자(가수 및 연주자), 그리고 음반제작자이다. 음악저작물을 이용하기 위해서는 각각의 권리 자로부터 모두 승인을 얻어야 한다.

우리나라에서는 작곡자의 권리는 한국음악저작권협회, 실연자의 권 리는 한국예술실연자협회, 음반제작자의 권리는 한국음반제작자협회 등에서 그 권리를 신탁관리하고 있다.

한국음악저작권협회

1964년 설립되어 국내에서 저작권으로 보호받는 음악 저작물을 위한 집중관리단체이 다. 주요 사업으로는 음악저작권 신탁관리, 음악저작권에 관한 조사, 연구 활동, 회원 복지 향상을 위한 사업 등이다. 이 협회에서 관리하는 음악 저작물은 가사 및 악곡을 모두 가리키는 것으로 공연권, 방송권, 복제권 등이 그 대상이 된다.

방송사업자, 비디오, 레코드사, 항공사, PC통신 사업자, 모바일 사업자 등으로부터 사용료를 징수한 뒤 각 회원들에게 사용료를 나누어 준다.

---

1) 한국음악저작권협회의 전송 사용료

(1) 국내 PC통신 및 인터넷 음악파일(VOD 포함)서비스 사용료 예
- 매출액이 있는 음악 파일스트리밍 서비스: 총매출액 X 5% X 조정계수 X 관리음원의 비율
- 매출액이 없는 음악 파일스트리밍 서비스: 법인-곡당 월 450 원, 개인-곡당 월 150원
- 매출액이 있는 음악 다운로드 서비스: 총매출액 *X 7% X 조정계수 X 관리음원의 비율
- 매출액이 없는 음악 다운로드 서비스: 법인-곡당 월 2000원, 개인-곡당 월 700원
- 무선인터넷 부가서비스의 전송사용료: 총매출액 X 9% X 조정

계수 X 관리음원의 비율
- 그 외 매출액 및 다운로드 수 등으로 계산하나 계산법은 위와 비슷하다.

2) 한국실연자협회의 전송 사용료

- 무선인터넷(다운로드): 총매출액 X 5%
- 스트리밍: 총매출액 X 2.5%

3) 한국음원제작자협회의 전송사용료

문화관광부에서 음반제작자들의 저작인접권 신탁관리 단체로 지정한 곳으로 2003년 인터넷 음악서비스 유료화를 추진한 핵심 단체이다. 인터넷상의 불법음원 사용에 대해 법적 대응하고, 판매용 음반의 방송 사용 보상금 및 사적 복제 보상금 등을 수거하는 역할을 한다.
- 인터넷 스트리밍 서비스: 월정 500원 X 가입자 수 X 관리비율 또는 매출액의 20% X 관리비율 (둘 중 많은 금액으로 산정)
- 인터넷 다운로드 서비스: 음원당 단가(3개월 미만 150원, 이상 80원) X 다운로드 횟수 X 관리비율 또는 매출액의 20% X 관리비율(둘 중 많은 금액으로 산정)

3. 모바일 콘텐츠의 법률사항

가장 혼동하기 쉬운 것은 모바일 콘텐츠의 해당 부분이 문화관광부 법률의 관할을 받는지, 정보통신부 법률의 관할을 받는지를 알아야 한다.

문화관광부에서는 "음반이라 함은 음반, 비디오물 및 게임물에 관한 법률 제2조(정의) 제1항에 따라 음 또는 음의 표현이 유형물에 고정되어 재생하여 들을 수 있도록 제작된 것을 말한다."라고 되어 있다. 그러므로 인터넷이나 모바일로 제공되는 음악파일은 현행법상 음반의 개념에 속하지 않으므로 영상물등급위원회의 심의 대상이 아니며, 보통 음악저작권과 관련된 사항이므로 저작권협회나 정보통신부의 안내를 받도록 하고 있다.

모바일게임을 진행할 때는 영상물등급위원회(문화관광부 산하기관)의 사전 심의를 반드시 받도록 되어 있다. 이를 위반할 경우나 등급 분류와 다른 내용의 게임물을 제공할 경우 2년 이하의 징역 또는 2천만 원 이하의 벌금, 이용자의 연령 위반 때는 5천만 원 이하의 과태료를 물어야 한다.

4. 정보통신윤리위원회의 등급

현재 모바일 서비스로 다양한 콘텐츠와 내용들이 표현되고 있다. 또한 휴대폰 이용자들의 연령이 낮아지면서 콘텐츠의 내용이나 표현양식에서 성인과 일반으로 나누어 제공하는 것이 서비스 제공자에게는 중요한 제작 기준이 된다. 특히 성인 콘텐츠의 경우에는 이동통신업체에서 제시하는 제작기준에 맞추어 제작하지 않으면 법률적으로 제재를 받거나 서비스 운영에까지 영향을 미칠 수 있다. 우리나라는 일반적으로 정보통신윤리위원회의 등급 기준을 온라인 콘텐츠 제작기준에 적용하고 있다.

다음의 표는 정보통신윤리위원회에서 규정하고 있는 등급기준과 연령별 권장사항이다.

[표 7-1] 정보통신윤리위원회 SafeNet 등급 기준

구분	노출	성행위	폭력	언어	기타
4등급	성기 노출	성범죄 또는 노골적인 성행위	잔인한 살해	노골적이고 외설적인 비속어	•마약 사용 조장 •무기 사용 조장 •도박 조장
3등급	전신 노출	노골적이지 않은 성행위	살해	심한 비속어	
2등급	부분 노출	착의 상태의 성적 접촉	상해	거친 비속어	•음주 조장 •흡연 조장
1등급	노출 복장	격렬한 키스	격투	일상 비속어	
0등급	노출 없음	성행위 없음	폭력 없음	비속어 없음	

[표 7-2] 정보통신윤리위원회 연령별 권장 사항

구분	노출	성행위	폭력	언어
전체가(초등학생 가)	1등급	0등급	1등급	0등급
12살 이상(중학생 가)	2등급	2등급	2등급	1등급

5. 무선인터넷망 개방의 단계

무선인터넷망 개방이란 현재 이동통신사업자들이 보유하고 있는 무선망(네트워크)을 비롯하여 폐쇄형 포탈, 게이트웨이, 과금 시스템 등 무선망 시스템 전반을 사업자들에게 개방하는 것이다. 이것은 지금까지의 폐쇄형 무선인터넷환경이 유선인터넷환경과 비슷한 개방형 시스템으로 전환되는 것을 의미한다. 따라서 무선망 개방과 함께 더욱 다양한 형태로 발전이 기대된다.

무선인터넷망은 앞으로 사용자와 사업자들에게 완전히 개방되도록하는 것이 올바른 방향이지만 오랫동안 이동통신업체 중심으로 운영되었기 때문에 한꺼번에 모든 것을 개방하는 것이 현실적으로 무리가 있으며 저항도 심하다. 따라서 국내의 망 개방은 단계별로 조금씩 추

진될 것으로 보인다.

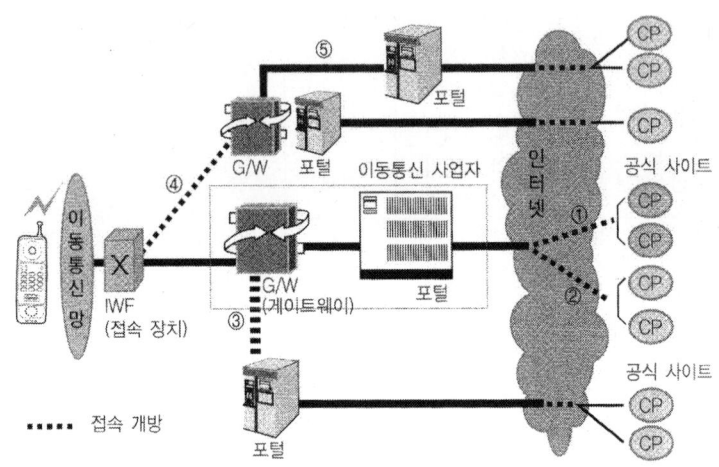

① CP가 이동통신 업체의 포털 메뉴에 콘텐츠 목록을 등록하여 서비스 제공
② 이용자가 초기 URL을 입력하여 원하는 CP의 콘텐츠 선택
③ 포털 사업자가 이동통신 업체의 G/W에 접속하여 서비스 제공
④ MISP가 이동통신 업체의 IWF에 접속하여 서비스 제공
⑤ 포털 사업자가 MISP의 G/W에 접속하여 서비스 제공

[그림 7-6] 무선 인터넷망의 구조도(출처 : 정보통신부)

1) 1단계 - 초기 접속 메뉴의 오픈

현재 휴대단말기의 인터넷에 접속한 첫 페이지는 가입한 이동통신 업체의 무선인터넷 포탈로 접속된다. SKT는 네이트로, KTF는 매지엔으로, LGT는 오즈를 사용해야만 한다. 그러나 무선인터넷망이 개방되면 컴퓨터 웹브라우저처럼 자신이 원하는 무선 포탈사이트를 자신의 홈페이지로 설정할 수 있다. 또한 모두 빈 페이지로 설정할 수도 있다. 그러나 초기 설정은 이동통신업체의 단말기 출시 시 미리 접속할 수 있는 버튼을 가장 누르기 쉬운 곳에 제공하는 실정이며, 초기

메뉴가 개방된다고 하더라도 쉽게 바꿔지지 않을 것으로 보인다.

[그림 7-7] 모든 휴대폰의 가장 누르기 쉬운 곳에 위치한 인터넷
접속버튼

2) 2단계 – 게이트웨이의 개방

망 개방의 2단계는 이동통신업체의 게이트웨이(GateWay)를 개방하여 ISP 또는 CP가 접속할 수 있도록 하는 것이다. 대형 포탈업체나 ISP, 일반 콘텐츠 업체들이 이동통신업체의 게이트웨이에 연결되면 바로 무선인터넷서비스를 제공할 수 있다. 게이트웨이에 연결함으로써 CP들은 이동통신업체에 종속되지 않는 독자적인 서비스를 제공할 수 있게 되는 것이다. 그러나 요금징수와 관련된 처리들이 게이트웨이를 통해 수행되기 때문에 요금징수문제와 관련해서는 여전히 이동통신업체에 의존하게 된다.

3) 3단계 – 망 연동장치의 개방

IWF(Inter-Working Function: 망 연동장치)의 개방은 2003년부터 본격적으로 논의되기 시작했다. IWF수준의 망 개방이라는 것은 MISP(Mobile ISP)가 독자적인 게이트웨이를 설치하여 이동통신업체의 IWF와 연결하는 것으로, 과금 대행 및 인증까지 MISP가 처리할 수 있어 기존 이동통신업체와 같은 체계를 갖추고 경쟁할 수 있는 망 개방 단계이다. 현재 KT, 천리안, 하나로통신 등의 통신업체가 준비하고 있다. 3단계 망 개방이 모두 이루어지게 되면 유선인터넷과 같은 완전 개방시스템의 서비스시장이 열리게 된다.

[표 7-3] 무선인터넷망 개방으로 각 이해당사자들의 기회와 위협

이해 당사자	기회 요소	위협 요소
이동통신업체	•데이터통신량 증가에 따른 통신 수익 증대	•자사 무선포탈의 영향력 감소와 경쟁 심화 •자사 콘텐츠 수익의 감소
유선 ISP	•정보 이용료 소득(유선인터넷 콘텐츠는 유료) •자사의 커뮤니티와 연계된 서비스 실현으로 고객 확보	•무선 콘텐츠의 성격, 내용, 환경이 유선, 콘텐츠와 다름 •무선망 임대에 따른 망 임대비용 증가와 콘텐츠 제공자들에 대한 적정 수수료 책정 문제
콘텐츠 제공 사업자	•콘텐츠를 무선으로 판매할 기회 증가 •시장의 성장과 더불어 수익 증대 기대	•경쟁이 심화될 경우 무료 콘텐츠 제공이 늘어나 수익성이 악화될 수 있음 •신규로 진입하는 포탈에 지급하는 적정 수수료 문제

(출저 : 정보통신정책연구원)

점검 및 연습

1. 저작권이란 시, 소설, 음악, 미술, 연극, 컴퓨터 프로그램 따위와 같은 '저작물'에 대해 창작자가 가지는 권리 일체를 말한다. (   )

2. 문화관광부에서 음반제작자들의 저작인접권 신탁관리 단체로 지정한 곳은 한국음악저작권협회이다. (   )

3. 다음 중 무선인터넷서비스 중 음악 다운로드 및 스트리밍서비스와 관련된 기관이 아닌 곳은?

    ① 한국실업자협회   ② 한국음악저작권협회
    ③ 한국실연자협회   ④ 한국음원제작자협회

4. 다음 중 유선인터넷과 같은 완전한 망 개방단계는 어떤 단계인가? 3

    ① 망 연동장치의 개방
    ② 무선인터넷 접속 초기 메뉴의 개방
    ③ 게이트웨이의 개방
    ④ 저작권의 자유로운 개방

점검 및 연습 정답

    1-O : 저작권이란 창작물에 대한 창작자가 갖는 일체의 권리를 의미한다.
    2-X : 저작인접권에 대한 신탁관리 단체로 지정한 곳은 한국음원제작자협회이다.
    3-1 : 음악을 서비스하기 위해서는 한국음악저작권협회, 한국실연자협회, 한국음원제작자협회와 사전 협의와 계약이 있어야 한다.
    4-3 : 기존의 이동통신업체가 갖는 과금징수에 신규 참여하는 업체가 동등하게 경쟁할 수 있는 망 연동장치의 개방이 완전한 개방이다.

7-3장 무선망 개방과 전망

- 학습목표
  1. 망 개방에 대한 모바일 비즈니스 기회를 알아보
     고, 이해당사자들의 허와 실을 살펴보자.

- 학습내용
  1. 빌링대행 서비스
  2. LBS
  3. MMS
  4. SMS
  5. 다운로드 서비스
  6. 무선인터넷서비스 운영방법
  7. 토론하기

현재의 망 개방은 이동통신업체 주도의 2단계 망 개방의 형태이다. 이동통신업체에서 지불대행을 해주고, 네트워크망이나 주요 시스템을 대행해주는 방식이다. 3단계의 완전 개방도 가능하겠지만, 실제로 이것은 모바일 ISP선정을 어떻게 할 것이며, 기타 모바일 비즈니스의 세부적인 방안(지불대행 방안, 이동통신업체의 사용자 정보 공개 등)은 어떻게 할 것인지에 대한 구체적인 방안이 논의된 이후에나 가능할 것으로 보인다.

독자적인 무선인터넷서비스를 구축하기 위해 서비스 제공업체가 기본적으로 갖추어야 할 몇 가지 요소가 있다.
- 콘텐츠를 판매한 뒤 요금을 회수할 수 있는 지불시스템
- 휴대폰에 원하는 내용을 적절히 나타낼 수 있는 콘텐츠 제작방법
- 서비스를 소비자 휴대폰까지 전달할 수 있도록 지원해주는 다운로드 시스템이나 기타 네트워크망

그러나 이동통신업체가 이미 구축해 높은 네트워크 서비스 지원시스템을 활용하는 방식으로 사업부담은 크게 줄어들 수 있다. 어떠한 것을 지원해주는지 살펴보도록 하자.

1. 빌링대행 서비스

빌링(Billing)대행 서비스란 무선포탈 사업자나 CP가 기존의 유무선 콘텐츠에 대한 이동통신업체의 과금시스템을 이용해 다양한 단위의 사용량 과금 및 결제를 대행해주는 서비스이다. 단순 과금뿐만 아니라 단말기에 대한 정보인증 등 각종 인증경로를 단순화함으로써 네트워크 트래픽을 감소시켜 서비스의 안정적 운영을 지원한다. 이러한 빌링

대행 서비스를 사용하면 10% 내외의 요금대행 수수료를 이동통신업
체에 지불하면 된다.

2. LBS서비스

LBS(Location Based Service)는 가입자의 위치 정보와 각종 서비스
를 연계시키는 위치 기반 서비스이다. 모바일 마케팅이나 매치메이킹,
지역별 채팅 서비스를 기획하는 사업자들이 지원받을 수 있는 서비스
이다. 수수료는 일반 서비스 비용보다는 30% 내외로 다소 비싸다.

[표 7-4] LBS시스템의 적용 분야 및 활용방안

적용 분야	활용 방안
위치 기반 정보 서비스	•네비게이션: 도착지 길 안내 서비스 •지역 기반 광고: 가까운 카페, 음식점, 상점 정보 안내
위치 기반 과금	•지역 할인 서비스 등
위치 추적	•물류용 차량 위치 확인, 배송 상품 위치 추적 •도난 차량 위치 추적 •버스 배차 시간 조정 •교통 정체 구간, 평균 속력 등 교통 정보 서비스
긴급보안	•사고 발생 지역 알림

3. MMS

멀티미디어 메시지 서비스(Multimedia Messaging Service)를 구축
하려는 포탈업체가 지원받을 수 있는 서비스이다. 단순한 사진이나,
음악을 보내는 수준이 아니라 프로그램과 음악 등 다양한 방식의 메
시지를 전달할 수 있다.

[표 7-5] MMS와 SMS의 차이

구분	MMS	SMS
메시지 길이	무한대(단말기에 따라 제한 가능성 있음)	80바이트 이하
전송망	데이터망 이용	음성망 이용
적용 단말기	MMS 지원 전용 단말기	모든 단말기
형태	텍스트, 이미지, 사운드, 동영상 등	텍스트 전용

4. SMS

SMS 서비스는 고객관리나 무선 서비스 마케팅방법에 많이 활용되는 서비스이다. 이 서비스는 사용자들을 자신이 제공하는 서비스까지 유도하는 마케팅 방법으로도 널리 이용되고 있으며, 회원 개인과 원하는 정보 사이의 연관관계를 잘 활용해 사용자를 위한 맞춤서비스를 제공한다. 그뿐만 아니라 예약확인 따위의 서비스 지원이나 증권, 운세, 복권 등 다양한 일일 서비스도 제공한다. 이 서비스는 이동통신업체의 자원을 적게 이용하는 관계로 수수료는 다른 서비스에 비해 저렴한 편이다.

[표 7-6] SMS의 적용 분야와 활용방안

적용 분야	활용 방안
증권 업체	실시간 증권 정보 제공, 고객별 맞춤 증권 정보 전송
포탈 업체	회원 관리, 유무선 메일 연동 알림 서비스
전자 상거래	예약 확인 및 완료 메시지, 배송 상태 알림 등
경매 사이트	회원 요청 물품 경매 등록 때 알림 등
부동산 사이트	원하는 형태의 매매, 매입, 전세 등록 때 알림 등
신용카드사	결제와 동시에 가맹점 상용 내역, 신용 대출 내역 등
은행권	현금카드 사용, 입출금, 계좌 이체, 개발 상품 안내 등
보험사	연체 내역, 기념일 내역, 보험 만기, 상품 홍보 등

5. 다운로드 서비스

무선망이 개방되면 가장 먼저 CP들이 준비해야 할 서비스가 다운로드 서비스이다. 휴대폰 벨소리 전문 포탈서비스 구축이나 휴대폰 배경화면 변경서비스, 기업이나 제품 서비스 홍보용 이미지 다운로드 서비스, 모바일 카드포탈서비스, 사진전송 다운로드 서비스 등을 제공하고자 할 때 반드시 필요한 서비스이기 때문이다. 현재 벨소리, 캐릭터 다운로드 서비스는 이동통신 3개사의 연동까지도 가능하다.

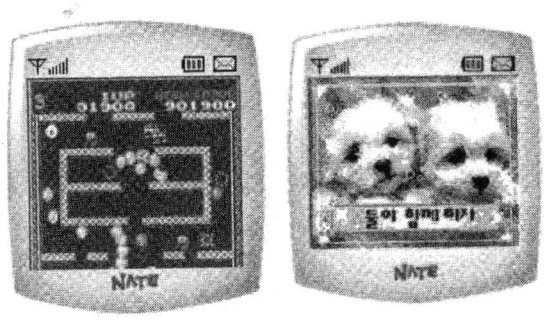

[그림 7-8] 다운로드형 게임 서비스와 캐릭터 서비스

6. 무선인터넷서비스 운영방법

무선인터넷서비스를 운영하는 것은 일반 웹사이트를 운영하는 것처럼 간단하지 않다. 다양한 휴대폰 단말기의 사용 환경에 맞게 여러 형태의 콘텐츠를 제작해야 한다. 또한 유료서비스이기 때문에 사용자들의 항의나 불만 접수율이 유선인터넷에 비해 상당히 높은 편이므로 이에 대한 만반의 준비를 해야만 한다.

1) 요금정책

요금결정은 서비스 운영자가 스스로 결정하는 것이 원칙이나 이동통신업체의 지불시스템을 지원받을 때에는 사전에 이동통신업체와 협의가 필요하다. 보통 건당 과금을 기본으로 하지만 월정액이나 패키지 단위의 구매과금도 적용할 수 있다. 아래는 KTF의 2003년 7월 말 권고기준이다.

(1) 페이지 과금
- 일반 서비스: 10~100원
- 시간정액: 10~1500원
- 일정액: 100~3000원
- 월정액: 10~30000원
- 패키지: 협의

(2) 그림
- 단색: 100원
- 4그레이: 180원
- 256컬러: 200원
- 65000컬러 이상: 350원

(3) 소리
- 단음: 180원
- 4폴리: 230원
- 16폴리: 280원
- 음성: 330원
- 64폴리: 380원
- 원음: 450원

(4) 사진(일반사진)
- 흑백: 150원
- 4그레이: 200원
- 256컬러: 250원
- 65000컬러 이상: 300원

(5) 사진(스타사진)
- 흑백: 180원
- 4그레이: 250원
- 256컬러: 300원
- 65000컬러 이상: 350원

(6) 아바타
- 200~1050원

(7) LBS헤더 정보
- 10~100원

2) 무선 UI

휴대폰을 통한 무선인터넷서비스는 표현할 수 있는 내용이 적고 이동할 때마다 과금이 부과되기 때문에 사용자들이 쉽고 안정적으로 이용할 수 있는 UI(user Interface)지원이 중요하다. 각 이동통신업체별로 제작가이드가 있음으로 이에 맞추어 제작해야 한다. 비교적 아래위로 이동할 수 있는 버튼과 다른 페이지로 이동할 수 있는 버튼을 지원하는 것이 무난하다.

3) 콘텐츠 제작 가이드

무선인터넷과 유선인터넷의 가장 큰 차이점 중 하나가 단말기의 차이이다. 단말기마다 사용 환경에 많은 차이를 보이기 때문이다. 똑같은 이미지를 표현하려고 해도 흑백이 지원되는 휴대폰에서는 B/W(Black/ White) 이미지를 제공해야 하며, 컬러가 지원되는 휴대폰도 256컬러인지, 6만 5천 컬러인지 환경에 맞게 각각 지정해 주어야 한다. 소리도 이와 비슷하다.

무선인터넷서비스는 무조건 초기에 휴대폰 종류와 브라우저 버전을 체크할 수 있도록 해놓아야 한다. 그리고 이미지 용량이 규격을 넘으면 안 된다. 아예 표현 자체가 불가능하기 때문이다.

성인 콘텐츠의 경우 성인임을 확인할 수 있는 무선인증 페이지가 별도로 존재해야 하며 주민등록번호를 입력해서 성인임을 확인하고, 휴대폰의 주인이 맞는지 체크할 수 있는 비밀번호 입력 페이지도 필요하다. 물론 성인 콘텐츠임을 알리는 '19'표시 또한 필요하다.

KTF의 MASP(Mobile ASP) 서비스 지원센터에 방문하여 KFT에서 모바일 비즈니스를 수행하기 위해 지원되는 서비스를 알아보자.

http://www.ktfnewbiz.com

무선인터넷망 개방 위반 사상 첫 제재

지난 2000년부터 추진돼 온 무선인터넷망 개방 정책이 이동통신사업자들의 미온적인 태도로 실효를 거두지 못한 데 대해 5년 만에 처음으로 통신위원회의 제재가 가해진다. 특히 이번 통신위의 규제조치는 무선인터넷을 사실상 유선인터넷 수준의 개방형 환경으로 전면 개선하려는 강력한 의지가 반영돼, 향후 관련 시장에 미칠 영향에 귀추가 주목된다. 19일 관계 당국에 따르면 통신위원회(위원장 이용웅)는 오는 24일 위원회를 열어 이동통신 3사가 무선인터넷망 개방을 명시한 상호접속기준 고시사항을 위반했는지 여부를 심결하고, 강력한 제재를 내릴 방침이다. 통신위 관계자는 "상호접속 기준이라는 법규를 만들어놓고도 사실상 불법이 유기되고 있는 상태가 지속돼 더 이상 방치할 수 없다는 판단"이라며 "비록 처음이긴 하지만 시정명령과 더불어 경우에 따라서는 과징금이 나올 가능성도 있다"고 말했다. 또 다른 관계자도 "현재 3500만 이동통신가입자 규모를 감안하면 무선인터넷도 활성화할 수 있는 여건은 충분하다"면서 "시장이 제대로 활성화하지 못하는 데는 사업자 책임이 크다"고 전했다. 이에 따라 이날 통신위에서는 이동통신사업자들이 인터넷 포탈들에게 공정한 조건에서 자사 망을 제공하지 않았던 사례를 적발, 대대적인 시정조치를 단행할 것으로 예상된다. 실제로 최근 SK텔레콤이 △초기 메뉴 개방 △콜백 URL 개방 △단문메시지(SMS) 발송 시 고객센터 동의의무 해제 등 자발적인 망 개방 조치를 단행하는 등 최근에야 이동통신사업자들의 노력이 가시화되고 있으나, 현재로서는 대부분 시늉에 그쳤다는 게 통신위의 판단이다. 또한 외부 포탈들이 이동통신사업자의 서버를 이용할 때 임대료가 상대적으로 비싼 것이나, KTF-LG텔레콤 등은 아직 서버를 연결할 수 있는 통로조차 마련하고 있지 않는 등 여전히 망 개방에 미온적이라는 지적이다. 이에 따라 이번 통신위 심결을 앞두고 올 들어 단말기 보조금 관련 과징금 충격에 이어 이동통신3사는 긴장을 늦추지 못한 채 줄줄이 터져 나오는 규제 이슈에 촉각을 곤두세우고 있다. SK텔레콤 고위 관계자는 "굳이 시정명령 같은 제재조치가 아니더라도 조만간 완벽한 해결책을 제시할 계획"이라며 "포탈이나 콘텐츠제공업체(CP) 쪽에서 더 이상 무선망 개방의 목소리가 나오지 않을 정도로 획기적인 개선책이 될 것"이라고 말했다. 하지만 이번 통신위 제재로 무선인터넷시장에 긍정적인 효과가 예상됨에도 불구하고, 현재 공정거래위원회가 유사한 사안으로 조사를 진행 중인데다 최근에는 주요 포탈과 CP업계의 이해관계도 서로 충돌하는 상황이어서 추후 심결에 따른 영향이 어떤 식으로 나올지 주목된다.

서한 기자@전자신문, hseo@etnews.co.kr 김태훈 기자@전자신문, taehun@etnews.co.kr

○ 신문게재일자: 2005/10/20

정리하기

1. 연예인들의 모바일 서비스를 통한 수익모델은 어렵지 않게 신문 같은 매체를 통해서 접할 수 있다. 초상권이나 음원 사용에 대한 분쟁 사례가 있는지 조사해 보자.

2. 무선망의 개방을 차일피일 지연시키고 있는 이동통신업체의 진짜 이유는 무엇인지 생각해 보자.

7. 토론하기

망 개방의 이해당사자인 SK텔레콤과 유선포탈사업자의 목소리를 대변하는 한국인터넷기업협회, 그리고 CP들의 모임인 한국콘텐츠산업연합회(KIBA)의 입장을 가상의 대화 형식으로 정리해 2가지 이슈를 골라서 보았으니 기발한 해법을 각자 해당하는 이해당사자 한쪽을 선택해서 변호해 보자.

이슈 1 - 시장규모와 유료화모델

SK텔레콤 "시장이 성숙하기도 전에, 정책당국이 너무 성급하게 무선망을 개방한 면이 없지 않아. 기업도 명분 못지않게 수익성이 보여야 사업에 뛰어들 텐데, 망 개방은 막상 뚜껑을 열고나니 먹을 게 없는 시장이란 느낌이야. 유선포탈사업자들이 왜 그렇게 기를 쓰고 뛰어들려 하는지도 잘 모르겠고."

한국콘텐츠산업연합회 우리 CP들 입장은 유선포탈들과 달라. 우리에겐 망 개방이 반갑기도 하지만, 그렇다고 쌍수 들고 환영할 기분도 아니거든. 물론 우리 콘텐츠의 유통경로가 넓어진 건 사실이고 반가운 일이야. 그렇지만 망 개방으로 새로 시장에 뛰어들 유선포탈이나 유선통신사업자들이 우리에겐 또 다른 위협이 될 수도 있다고 보거든. 지금껏 우리는 힘들게 무선인터넷에서 유료화 모델을 만들어왔어. 그런데 유선포탈로 인지도를 높인 너희들이 무선시장에 뛰어들어 기존 유선시장처럼 공짜이거나 아주 싼

값에 콘텐츠를 유통해, 힘들게 만들어놓은 유료화 모델을 무너뜨리지 않을까, 그게 제일 걱정이야.

인터넷기업협회 결국 시장이 확대돼야 우리 모두가 먹고살 거 아냐. 그러니 이참에 너희 이동사가 우리 같은 새 사업자에게도 게임 월 정액제 같은 제도를 적용해 주는 게 어때? 너희 내부 CP한테만 정액제를 허락하고 우린 안 된다고 하면, 누가 비싼 무선인터넷요금 지불하면서 우리 서비스 이용하려 하겠어? 정액제를 확대하면 시장도 커지고, 결국 우리가 나눠먹을 몫도 커지는 거잖아. 어때?

SK텔레콤 우리로서도 고민이긴 해. 무선망으로 나를 수 있는 콘텐츠 용량은 한정돼 있는데 무작정 정액제를 허용할 수는 없잖아. 아직은 무선인터넷 이용자가 적은 형편인데 정액제부터 풀어버리면, 우리 수익성도 악화되고 서버 비용 등도 늘어나게 되는 게 뻔한데. 다만, 정액제 문제는 너희들이 원한다면 협의를 거쳐 적용할 수도 있어. 지금은 뭐라 확실히 말할 순 없지만, 검토는 가능하단 뜻이야.

한국콘텐츠산업연합회 지금 이통사가 실시하는 데이터요금 정액제라면 우리도 찬성이야. 데이터요금은 애당초 이통사가 가져가던 몫이니, 우리로서도 정액제가 되면 수익엔 변화 없으면서 이용자를 끌어들이는 효과도 얻을 수 있어 마다할 이유가 없거든. 다만 우리와 수익을 나누는 정보이용료를 정액제로 바꾸자는 건, 말하자면 무선인터넷 패킷요금제를 정액제로 바꾸자는 얘긴데, 그건 절대 반대야! 그렇게 되면 유료화 모델이 한순간에 무너지니까.

이슈 2 - 이통사, 유선포탈, CP들 간의 수익분배

인터넷기업협회 이통사들의 불공정한 수수료 거래도 고쳐야 해. 너희들은 정보이용료를 대신 거둬주는 대가로 우리한테 10%의 기본수수료를 챙기잖아. 거기에 단말기 정보를 우리에게 주는 대가로 돈을 걷고, 다운로드 서버 임대료로 또 거둬가고……. 이렇게 정보이용료의 절반 정도를 떼이고 나면, 실제로 우리가 CP들에게 줄 수 있는 수수료는 30%에 불과해. 우리 수익도 마찬가지고. 80% 이상 보장해 주는 너희들한테 줄을 서는 게 불

보듯 뻔하잖아. 이 상태로는 우리가 CP들과 관계를 유지하기 힘들다는 걸 알아야지.

SK텔레콤 그건 무선인터넷 초기에 어쩔 수 없는 일이었어. 생각해봐. 시장도 안 만들어졌는데 어느 CP가 콘텐츠를 만들려 하겠냐구? 어쩔 수 없이 우리 이통사가 손해를 보면서 수익의 90%를 CP에게 보장한 거야. 오히려 우리는 30%의 마진이면 충분히 사업할 만하다고 봐. 우리 네이트는 CP에 떼어주고 나면 마진이 10~20%밖에 안 되잖아. 그건 그렇고, 왜 우리만 자꾸 걸고넘어지는 거야? 다른 이통사들도 있는데.

인터넷기업협회 그건 너희가 시장의 대부분을 차지하고 있기 때문이지. 사실 KTF나 LG텔레콤 친구들은 어느 정도 무선망을 개방해 왔어. 우리가 그쪽하고 손잡고 사업할 수 있도록 다양한 정책도 마련하고 있고. 게다가 수수료도 30% 수준이라, 망 개방 여부에 상관없이 그쪽에서 우리가 사업을 하는 데는 별 문제가 없어. 너희도 우리한테 그 정도 수수료 수준으로 우리에게 70~80%의 수익을 보장해 준다면, 우리가 왜 굳이 망 개방 어쩌고 하면서 핏대를 올리겠어? 그리고 이용자도 너희가 가장 많이 확보하고 있으니, 너의 입장에 따라 우리의 수익성도 크게 달라진다는 걸 알아야지.

한국콘텐츠산업연합회 그렇다고 너네 유선포탈이 지금처럼 수익을 우리 CP와 5 대 5로 나누는 건 문제가 있다고 봐. 영세한 우리로선 수익이 어느 정도 보장돼야 양질의 콘텐츠를 만드는 데 투자를 할 수 있는 형편이거든. 이 기회에 이통사와 우리 CP들의 관계처럼 정보이용료의 80~90%를 수익으로 보장해 주는 문제도 고려하는 게 어떨까.

점검 및 연습

1. 현재의 무선망 개방 수준은 2단계에 해당한다. (   )

2. 망 개방이 되면 CP들은 이동통신업체의 제약에서 벗어나 자유롭게 콘텐츠를 생산할 수 있다. (   )

3. 다음 중 무선망 개방에 따라 이동통신업체에서 지원해주는 서비스가 아닌 곳은?

   ① LBS 헤더제공 ② 과금대행
   ③ 콘텐츠 제작   ④ 제작가이드라인 제공

4. 다음 중 무선인터넷 UI로 적절하지 않은 것은?

   ① 위 아래로 이동할 수 있는 버튼 지원
   ② 좌우로 이동할 수 있는 버튼 지원
   ③ 많은 페이지 수의 제공
   ④ 다른 페이지로 이동할 수 있는 버튼 지원

정리하기

1. 무선망 개방에 앞서 성장할 수 있는 모바일 비즈니스를 생각해 보자.

2. 무선망 개방과 이해관계를 갖고 있는 당사자들(이동통신업체 포함)의 입장에서 어떤 장단점이 있는지 생각해 보자.

점검 및 연습 정답

    1-O : 3단계의 망 연동장치의 완전 개방은 아직 준비단계이다.
    2-X : 망 개방이 되더라도 과금 징수문제, 제작규격 등과 맞물려서 이동통신업체에서
           자유로울 수는 없다.
    3-4 : 콘텐츠를 제작하는 것은 CP의 업무이다.
    4-3 : 패킷요금제에서는 많은 페이지의 제공은 고객에게 요금부담이 된다.

○ ○ ○ ○ ○ ○ ○ ○ ○ ○ ○ **제 8 장**

8-1장 무선주파수와 위성시스템(GPS)

- 학습목표
  1. 무선통신의 기초적인 기술 및 원리를 이해하고
     대표적인 위성시스템(GPS)에 대하여 알아본다.

- 학습내용
  1. 무선통신의 기원
  2. 주파수
  3. 우리 주변에서 찾는 주파수
  4. 위성 및 원거리 통신
  5. GPS

이번 8장에서는 모바일 비즈니스의 기반기술의 보충 자료로서 무선 정보전송 기술에 대해서 다루고자 한다. 무선통신이 상업화된 지 90년이 넘었으나 최근에도 새로운 응용 분야에서 폭발적인 성장을 거듭하고 있다. 모바일 시스템의 중요한 원리와 응용 분야로서 위성시스템(GPS)을 살펴볼 것이다.

1. 무선통신의 기원

무선통신의 탄생은 전파의 발견으로부터 시작한다. 전파는 1887년 독일의 과학자 하인리히 헤르츠가 발견했으나 전파를 통신에 이용한 사람은 이탈리아의 부유한 실업가 집안의 굴리엘모 마르코니였다. 1895년 마르코니(당시 21살)는 이탈리아 볼로냐의 집 근방에서 2.4Km 떨어진 곳으로 무선 전파신호를 보내는 데 성공하고, 이후 1999년 영국과 프랑스의 도버해협의 50Km를 지나는 무선통신에 성공하였다. 2년 뒤인 1901년에는 영국의 폴두에서 캐나다 뉴펀들랜드 주까지 무려 3,570Km 떨어진 최초의 대륙 간 무선통신에 성공하여 선박 등 무선통신이 중요한 곳에 설치하여 사용하다가 1912년 타이타닉호의 참사 등 여러 해난 사고에서 인명구조에 절대적인 기여를 하면서 비약적인 발전을 하게 되었다.

- 굴리엘모 마르코니

1901년 영국 콘월 주의 폴두에서 대서양 건너편 3570Km 떨어진 캐나다 뉴펀들랜드 주의 세인트존스까지 무선으로 문자를 보내는 데 성공한다. 첫 번째 송신 문자는 'S' 자였다. 획기적인 발견이었지만 아무도 관심을 갖지 않자 마르코니는 영국으로 건너가 무선전신 특허를 취득하고 무선전신회사를 설립한다. 당시 과학자들은 둥근 지구에 직진하는 전파로는 무선통신이 불가능하다고 생각했는데 이는 전리층의 존재를 몰랐기 때문이다. 마르코니 또한 허공으로 사라지지 않고 전파를 반사시켜 주는 전리층의 존재를 몰랐다. 1909년 노벨물리학상을 탔으나 전리층의 존재는 20년이 지난 뒤에야 발견된다. 덕분에 마르코니는 '자신이 이룬 업적에 대해 이론적으로 가장 적게 이해하고 성공한 발명가/기업가'로 역사에 남았다. 말년에는 파시즘을 선동하는 오점을 남겼으나 현재 우리는 그가 발견한 무선전파를 사용하는 휴대전화를 끼고 살고 있으며 무선인터넷, 위성시스템 등 숱한 무선통신에 둘러싸여 있다.

[그림 8-1] 마르코니 무선전신 기념관(좌)과 마르코니(우)

2. 주파수

우리는 주파수라는 말을 가끔 사용한다. 어떤 의미일까? 이는 진동수와 같은 뜻이며, 주기적으로 변동하는 현상에서 같은 상태가 1초 동안 몇 번 돌아오는가를 나타내는 수를 말한다. 즉 전파나 음파 등이 반사 굴절하여 주기적으로 방향을 바꾸는 현상이 1초 동안에 반복되는 횟수란 것이다. 아래 사진은 호랑이가 수면에서 진동을 주는 예이다. 공기 중에 존재하는 전파에 진동을 변화시켜 보내면 신호(정보)를 담아서 원격지에 전달할 수 있게 되는 것이다. 단위는 1초 동안의 진동수가 1인 경우에는 1헤르츠(Hz) 또는 1사이클(c/s), 1초 동안 1,000회인 경우엔 1킬로헤르츠(KHz), 백만 회를 메가헤르츠(MHz)라고 하며 극히 많은 진동수인 10억 회는 기가헤르츠(GHz)라 부른다. 일반적으로 진동수가 높을수록 많은 양의 데이터를 싣고 보낼 수 있다. 반면 전달거리가 짧아지게 된다.

[그림 8-2] 수면 위에 진동을 주는 모습

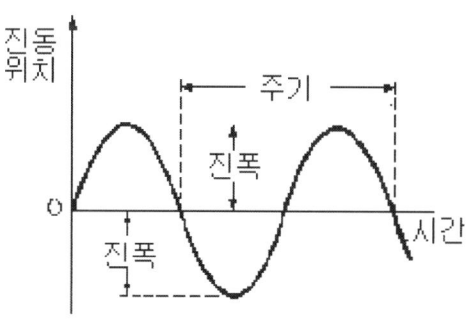

[그림 8-3] 시간에 따른 매질의
진동모습(정현파)

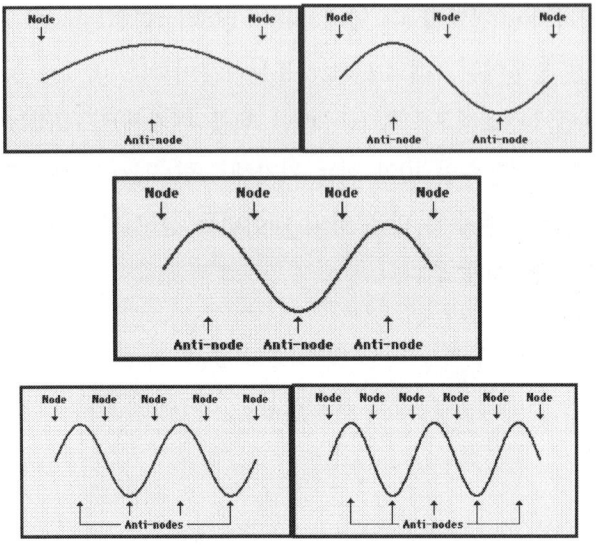

[그림 8-4] 정현파의 변화

3. 우리 주변에서 찾는 주파수

주파수는 무선통신에서 그 역할을 지정(신호의 전달특성)해 주기도 한다. 이를 주파수 대역(frequency band)이라고 하는데, 주파수의 물리적 성질과 용도가 동일한 주파수 간격을 의미한다. 즉 전파의 종류는 주파수가 높은 것은 직진성이 좋고, 반사가 잘되는 성질이 있다. 주파수가 낮은 것은 멀리 전달될 수 있고, 장애물에 부딪히면 회전하는 성질이 있다. 이런 성질이 비슷한 주파수를 묶어서 주파수 대역이라 하여 구분하여 사용되는 것이다. 국제적으로는 국제전기통신연합(ITU)이 전파규칙을 제정하고 등록 및 조정업무를 수행하고 국내에서는 정보통신부가 주파수 분배, 할당의 관리정책을 수행한다.

사람의 음성: 300hz ~ 3khz

526㎑ ~1.6㎒: AM 라디오방송30㎒ ~ 328㎒: VHF·FM 방송, 무선호출, 해상·항공·아마추어통신375㎒ ~ 399㎒: 주파수공용통신(TRS)806㎒ ~ 821㎒: 주파수공용통신(TRS)824㎒ ~ 894㎒: 휴대전화(800㎒)898㎒ ~ 960㎒: 무선데이터통신, 코드 없는 집 전화기961㎒ ~ 1.53㎓: 항공무선, 지구탐사위성, 천문전파1.53㎓ ~ 1.66㎓: 위성통신1.7㎓~ 1.87㎓: 개인휴대통신(PCS)1.88㎓ ~ 2.2㎓: IMT-20002.3㎓ ~ 2.4㎓: 무선전화가입자망(WLL)2.4㎓ ~ 14㎓: 무선랜, 블루투스, 전자레인지(SM밴드), 위성라디오방송, 위성용 주파수24㎓ ~ 27㎓: 광대역무선접속서비스31㎓ ~ 275㎓: 고정·이동통신, 위성, 우주연구

정보(데이터)의 일종인 음성의 전달을 예로 들어보면, 사람의 음성은 전기적인 신호로 바꾸어도 고작 300hz~3khz밖에 되지 않기 때문에 원격지로 보내기 위해서는 반송파(반(싣다) 송(보내다) 파)를 사용한다. 이때 반송파는 실어 보내는 주파수보다 충분히 높은 주파수를 사용해야 한다. 흔히 변조라는 말은 그 반송파에 음성신호를 싣는 과정을 의미하고 복조라는 말은 받은 반송파에서 소리 신호를 풀어 내리는 과정을 말한다.

송신하는 측에서는 발진(반송파를 만드는 작업), 변조(반송파에 신호(정보)를 싣는 작업), 증폭(반송파에 힘을 보태는 작업)이 일어난다. 수신하는 측에서는 동조(송신측과 주파수를 맞추는 작업), 검파(반송파에서 싣고 온 신호를 분리), 증폭(신호를 증폭)이 일어난다.

수신 측의 동조는 우리가 라디오 방송을 듣기 위해 해당 방송국의 주파수에 맞추는 과정(다이얼을 돌리면서)을 떠올리면 된다. 휴대폰의 경우에는 가입 시, 대리점에서 전화번호를 입력해 주는 작업을 하는데 그 작업이 휴대폰을 고정된 주파수로 맞추는 것이다. 즉 휴대폰의 주파수는 그 휴대폰의 전화번호인 것이다.

무선통신 시스템에 영향을 주는 것은 다음과 같다.

- 송신기 전력: 배터리의 성능과 사용자에게 전해지는 전자파의 생물학적 영향 등을 고려
- 수신기주파수: 신호의 전달특성에 따라 주파수마다 용도가 달라짐
- 수신기의 감도: AM, FM라디오와 같이 필요한 수신 안테나의 값은 미리 정해져 있음
- 대역폭: 대역폭이 증가하면 사용전력도 높아짐
- 안테나크기, 위치제한: 안테나 크기, 수신 전력의 양은 비례관계
- 전송거리: 멀리 가는 것이 좋겠지만 관할구역이 있는 경찰무전기나 자동차 극장처럼 제한되는 것이 좋을 경우도 있음.

4. 위성 및 원거리 통신

통신위성은 최초로 원거리, 광대역 통신서비스를 제공했다. 통신위성의 출현 이전에는 지구 저편의 생방송은 불가능했다. 이유는 두 가지이다. 가능한 기술적 방법은 두 가지인데 앞서 살펴봤던 것처럼 전통적인 무선과 케이블방식이다.

전통적인 무선: TV방송의 주파수는 5Mhz이다. 이를 실어 보낼 반송파는 충분히 큰 100Mhz 정도는 되어야 한다. 이 주파수는 직선으로만 가능하기 때문에 6~7Km마다 중계국을 설치해야 하는데 대양을 가로지르는 대륙 간 방송은 불가능했다.

케이블: 동축케이블 시스템은 대양을 건널 수 있지만 감쇠가 크기 때문에 잦은 신호의 증폭이 요구되어 Mhz 이하의 매우 낮은 대역폭을 사용할 수밖에 없었다.

통신위성의 등장에 따라 높은 주파수를 사용할 수 있게 되었다. 최초의 상업용 위성은 Telstar I이었다. 지구국은 위성으로의 에너지를

집중시키기 위해 커다란 접시형 안테나를 사용하고 위성은 그 신호를 받아서 다시 자신의 접시안테나를 거쳐 지구로 그 신호를 보낸다.

[그림 8-5] 위성방송 수신 안테나

저궤도위성(550~10,000Km 고도)은 약 몇 시간마다 궤도를 한 바퀴 돌게 된다. 지구국 입장에서는 상공에 위성이 존재해야만 통신이 가능하므로 수십에서 수백 개의 위성이 필요로 하게 되어 매우 많은 비용이 들게 된다. 해결책은 궤도 반경을 매우 크게(36,000Km) 하는 것이며 이 위성은 궤도 주기가 24시간, 즉 지구의 자전속도와 같아서 늘 같은 위치에 머물게 된다. 이 위성은 지구입장에서 보면 정지해 있는 듯 보이기 때문에 정지위성이라고 한다. 정지위성은 지구국으로부터 출발한 전파가 위성을 거쳐 상대편 지구국까지 전달되는 거리가 무려 70,000Km나 되므로 약 0.5초 정도의 시간지연이 발생한다. 지연시간은 데이터 전달과 같은 목적에는 중요하지 않지만 전화통신에는 심각한 장애요인이 되므로 전화통신에서는 저궤도위성을 주로 사용한다.

[그림 8-6] 인공위성과 지구국

5. GPS(Global Positioning System)

GPS(광역지국측위방식)는 최신 무선 및 위성을 기반으로 한 정보
시스템의 우수한 사례로서 얼마 전까지만 해도 생각할 수 없었던 기
술과 능력을 보여주고 있다. 이 시스템은 다양한 형태의 정보기술을
포함하고 있으며 표적을 찾는 미사일을 안내하는 것으로부터 시작해
서 자동차의 네비게이션에 이를 정도로 놀랄 만큼 넓은 분야의 용도
에 응용되고 있다.

1) GPS의 원리

지구 위에서 GPS수신기를 갖춘 기기가 위도, 경도, 해수면 위의 고도를 최소 3곳 이상의 GPS위성에서 수신한 위치정보를 갖고 처리장치가 사용자가 확인할 수 있도록 하며 4개의 위성으로부터의 신호에 의해서는 고도 또한 알 수 있어서 3차원 공간에서의 위치를 결정할 수 있게 된다.

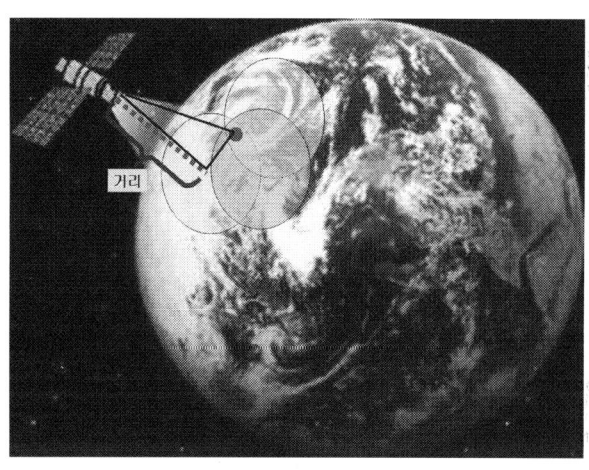

[그림 8-7] 위성에 의한 지표면의
거리계산(삼각측량법)

24개의 GPS 위성들은 일정한 궤도 위에 정렬하여 특정한 시간에 그 위성들은 지구 위에 고르게 분포하면서 지구상 어느 위치에서나 4개 또는 그 이상이 항상 수신기와 마주치게 하고 있다. 최소의 위성보다 많은 위성을 사용함으로써 계산의 정확성은 향상된다. 이러한 위성들은 약 20,200Km의 궤도를 도는데 궤도 주기는 12시간이다. 각 위성은 약 10년의 수명을 가지며, 대체 위성이 정기적으로 발사된다. 미국방성에서 개발에 나선 최초의 위성은 1987년 발사되었고 94년까지

24기의 위성을 발사하는 데 무려 190억 달러의 비용이 들었다. 군사적인 목적으로만 사용되다 1995년부터 민간에서 사용되도록 법률로 제정되어 위성 사용이 가능해졌다.

3) GPS의 이용

GPS를 운용하는 시스템은 세 가지이다. 다수의 위성, 다수의 수신기, 위성시스템 제어센터이다. GPS시스템은 매우 유용하지만 수신기를 구입하는 비용을 제외하고는 사용자에게 무료이다. 그럼 누가 많은 위성시스템과 시스템 모니터링과 제어 등등의 운용비용을 대는 것일까?

 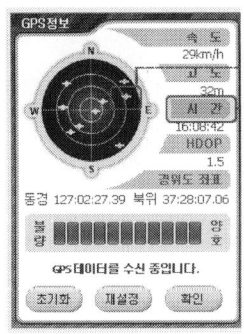

바로 미국 정부이다. 미국 정부에 세금을 내는 사람들이 국방성을 통하여 지불하는 것이다. GPS시스템은 순수하게 미국국방을 위하여 개발되었고 현재도 중요한 사용자는 미군이다.

[그림 8-8] GPS수신기

그러나 이러한 GPS시스템이 미국의 적들에게 유용할 수 있기 때문에 그 정확성을 떨어뜨리는 '선택적 유용성'이 적용되고 있다. 더 나아가 미군의 필요성에 의해 완전히 그 시스템을 꺼버리거나 민간에게 사용료를 징수할 가능성도 배제할 수 없다. 궁극적인 제어권이 미 정부에 있다는 사실은 그래서 매우 중요하다.

'선택적 유용성'이란 미국 정부에서 수신기의 성능을 제한하여 판매 허용하는 것이다. 일반적인 민간용 GPS수신기의 정확성은 3m이고 때

때로 30m까지 오차를 가진다. 일반 사용자들에게 이러한 정확성은 비교적 우수한 정밀도이다. 그러나 항공기 착륙, 탐사 발굴 등의 비즈니스 사용자나 군사적인 목적에서는 많은 오차를 허용할 수 없다. 이러한 정밀도를 요구하는 곳에서는 100Km에서 1m의 오차를 갖는 수신기의 판매가 제한적으로 허용된다.

- GPS를 이용한 비즈니스
- 항공기 항법
- 배의 항법
- 도보여행, 등산 등과 같은 야외 활동
- 운전
- 탐사
- 건설
- 농업

주의: GPS는 항법시스템이 아니고 위치시스템이다. 항법시스템은 원하는 위치에 도달하기 위해서 어떤 방향으로 가야 하는지 알려준다. 위치시스템은 단지 현재 사용자가 가진 수신기(본인)가 어디에 있는지를 알려주는 것이다. 적절한 예로 나침반이 있다. 나침반은 북극에 도달하기 위한 방향을 알려준다. 그러나 현재 위치를 알려주지는 않는다.

갈릴레오 프로젝트: GPS가 인류에게 현존하는 유일한 위치정보시스템이라는 것은 단순히 기술적인 문제(위성의 오작동 등)가 아니라 정보의 의존이라는 정치적인 문제도 걸려 있다. 유럽에서 GPS에 대항하기 위한 민간용도의 '갈릴레오 프로젝트'를 추진하고 2008년을 목표로 본격 가동 예정에 있다. 우리나라도 2006년 1월 한－EU 간에 갈릴레오 기본협정을 체결하여 참여하고 있다.

점검 및 연습

1. GPS는 항법시스템이다. (   )

2. 최초로 전파를 통신에 이용한 사람은 독일의 과학자 하인리히 헤르츠이다. (   )

3. GPS를 이용하기 위해 필요한 최소의 위성 숫자는?

    ① 1개   ② 2개

    ③ 3개   ④ 4개

4. 다음 중 잘못 설명한 것은?

    ① 사람의 음성은 3hz.~3khz 정도의 주파수를 갖는다.

    ② 반송파라는 것은 실어 보낼 신호보다 높은 주파수를 갖는다.

    ③ 발진은 반송파에 신호를 싣는 작업을 의미한다.

    ④ 검파라는 것은 수신 측에서 받은 반송파에서 원래의 신호를 분리해 내는 작업을 의미한다.

정리하기

1. 주파수는 무선통신을 이해하는 가장 중요한 요소이다. 서두에 소개한 주파수에 대한 특징과 원리를 통해 무선통신에 대한 이해도를 높일 수 있다.

2. 갈릴레오 프로젝트가 필요한 이유가 무엇인지 생각해 보자.

점검 및 연습 정답

    1-X : GPS는 위치시스템이다. 항법시스템은 목적지로의 방향을 알려주는 역할을 하지만 GPS는 위치만을 알려준다.

    2-X : 최초로 전파를 발견한 사람이 하인리히 헤르츠이다. 통신에 처음 사용한 사람은 이탈리아의 굴리엘모 마르코니다.

    3-3 : 최소 3개 이상의 위성이 필요하며, 4개 이상부터는 3차원 고도측정이 가능하다.

    4-3 : 발진은 반송파를 만드는 작업이며, 반송파에 신호를 싣는 작업을 변조라고 한다.

8-2장 대용량 저장장치

- 학습목표
  1. 테이프나 디스크와 같은 마그네틱 저장시스템
  2. 광학적으로 디지털데이터를 저장하고 데이터와
     음악의 저장에 널리 사용되고 있는 컴팩트
     디스크
  3. CD기술을 확장시키고 향상시킨 DVD

- 학습내용
  1. 자기디스크와 테이프
  2. 컴팩트 디스크
  3. DVD(Digital Video Disk 또는 Digital Versatile
     Disk)
  4. 미래의 디지털데이터 저장매체

이번 장에서는 많은 양의 데이터를 저장하기 위한 방법에 대해서 이야기하고자 한다. 컴퓨터나 정보세계에서의 '대용량'의 정의는 항상 바뀌어 왔다. 10여 년 전까지만 해도 1Mbyte의 데이터 크기가 큰 것으로 생각되었지만 지금은 1000배의 Gbyte 영역으로 그 영역이 옮겨가고 있으며 끝이 보이지 않게 증가하고 있다. 이러한 변화는 인간의 거대한 정보처리 능력을 반영하고 있으며, 이러한 인간의 정보처리 능력을 따라잡기 위해서 컴퓨터나 정보세계가 노력하고 있다.

다양한 저장매체와 이러한 매체의 형태 및 저장 능력을 설명하고자 한다. 또한 대용량 데이터 저장 기술의 미래의 발전방향에 대해서도 살펴보고자 한다. 본 8-2장에서는 컴퓨터 개론에 대한 교재가 아니므로 정보기술을 뒷받침해주는 영구 또는 반영구적인 정보저장을 위해 고안된 장치에 대해서만 이야기하며 컴퓨터의 내부 메모리에 대한 언급은 배제한다.

1. 자기디스크와 테이프

자기디스크와 테이프 저장장치는 거의 컴퓨터 그 자체만큼이나 오래되었다. 자기저장방법은 12세기 중반에 이미 개발되었는데, 처음에는 인간의 음성을 저장하기 위한 수단으로써 개발되었다. 자기 기록의 기본적인 이론은 아주 단순하다. 플라스틱 테이프와 같은 표면 위에 얇은 자기성 물질을 도포하여 전자석으로 전류의 크기에 비례하여 자화

[그림 8-9] 자기저장장치

시키고 읽을 때도 같은 방식으로 읽혀진다. 단, 디지털 데이터는 자화의 정도가 전류의 크기에 비례하지 않고 1과 0의 두 가지 레벨이 기록되는 것이 차이이다.

2. 컴팩트 디스크

컴팩트 디스크(CD)는 디지털데이터 저장매체로서 표준화된 매체이다. 하나의 컴퓨터데이터를 포함하고 있는CD-ROM은 12cm의 직경에 1.2mm의 두께를 가지는 디스크는 650MB~700MB까지의 데이터를 수용할 수 있으며, 이는 전형적인 플로피디스크(1.44MB) 능력의 450배를 넘는다. 오디오 CD기술은 거의 모든 부문에서 아날로그 축음기 기술을 대체하고 있다. 이러한 디지털 표현방식은 일찍이 없었던 검색, 편집, 저장 및 전달기능을 가능하게 하였고 CD-ROM은 컴퓨터 접근성을 용이하게 디스크에 데이터를 정렬하는 표준이 다른 것을 제외하고는 오디오CD와 동일하다.

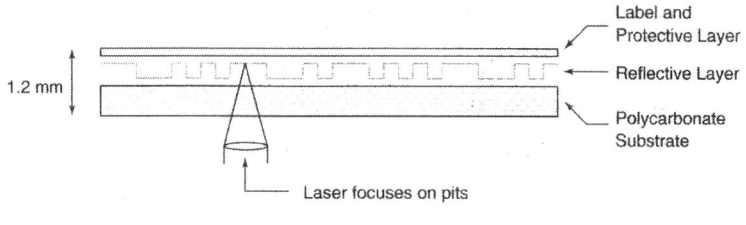

[그림 8-10] CD의 물리적인구조

물리적으로 CD는 두 개의 폴리카보네이트 플라스틱 디스크 사이에 알루미늄 박막이 끼워진 형태를 취하고 있다. 정보는 알루미늄 필름에 연속적인 나선형 트랙을 따라서 미세한 홈으로 내서 기록된다. 이러한

선을 길게 직선으로 놓으면 5Km에 이른다. 저전력 레이저(780nm*)의 파장으로 레이저가 트랙을 횡단하면서 반사된 빛의 강도를 측정하는 광 감지센서로 데이터를 재생할 수 있다. 컴퓨터데이터는 단순한 비트(0 or 1)이므로 CD에 저장될 수 있다.

*nm 은 nanometer의 약자이며, 0.000000001m와 같다.

1980년대 초반 필립스와 소니가 CD기술의 시리즈로는 처음으로 '컴팩트 디스크 디지털 오디오 표준'을 발표하였다. 이 표준은 'Red Book'으로 알려져 있으며 정확히 74분 동안 재생할 수 있다. 이 표준에 따라 컴퓨터데이터 저장을 위한 CD사용의 가능성을 인식하고 1984년 'Yellow Book' 표준을 발표하였다. 이 표준으로 컴퓨터에서 CD-ROM을 사용할 수 있게 되었으며 적당한 소프트웨어를 사용한다면 오디오 CD를 동작할 수 있게 하였다. 1986년에는 필립스에서 'Green Book'이라는 표준을 발표하여 오디오, 비디오 및 데이터가 CD의 하나의 트랙에 상호 존재할 수 있게 하였다. 이를 CD-I라고 부르기도 한다.

이후 1989년, 필립스, 소니와 마이크로소프트사에 의해서 'Orange Book'이라는 표준이 만들어졌는데 이 표준이 현재 우리가 사용하고 있는 컴퓨터용 CD이다. 몇 개의 표준이 더 있으나 현재 일반적으로 사용되고 있는 것만 정리하면 다음과 같다.

[표 8-1]일반적인 CD기술의 표준

매체	규격	특징
Audio-CD	Red Book	CD 기술의 기본 파라미터 정의
CD-Rom	Yellow Book Iso 9660	CD 컴퓨터 저장장치를 표준화시키고 여러 업체 간 상호 운용성 확보
CD-Rom×A	Yellow Book	CD-1 및 CD-ROM 기능 제공
CD-I	Green Book	대화형 오디오 및 비디오 규격, 데이터 인터리빙 제공
CD-Photo	Orange Book	단일 쓰기 기능, 정지사진 표준, 다양한 해상도 지원
CD-R	Orange Book	단일 쓰기 기능
CD-RW	Orange Book	여러 번 지우고 쓰기 기능

3. DVD(Digital Video Disk 또는 Digital Versatile Disk)

1995년 DVD라고 불리는 고기능 디스크 기술에 대한 표준을 제정하기 위해 10개 회사에 의해 DVD 컨소시엄이 설립되었다. 이 컨소시엄은 현재 1997년 4월 DVD포럼으로 바뀌었으며 100개 이상의 회사가 회원으로 가입되어 있다. DVD는 CD기술과 동일하게 나선형 트랙에 보다 짧은 파장(625/650nm)을 사용하는 기술에 의해 저장능력을 증가시킬 수 있었다. 데이터는 2층까지 앞 뒷면 4층에 기록될 수 있다. 하나의 면에는 약 47억 byte의 데이터가 저장될 수 있는데 이는 CD 기술에 의한 데이터의 저장량의 약 7배에 달한다.

한쪽 면에 두 개의 반사면을 갖게 되는데 두 번째 면은 낮은 반사도에 의해 완전 반사면이 47억 byte인 데 비해서 38억 byte의 저장능력만을 갖는다. 따라서 DVD 한쪽은 85억 Byte를 저장할 수 있다. 양면을 모두 사용하는 DVD는 최대 170억 byte를 저장할 수 있다.

[표 8-2] 표준화된 DVD의 저장능력

DVD-ROM	용량(10억 바이트)
단면, 단층	4.7
단면, 2층	8.5
양면, 면당 단층	9.4
양면, 면당 2층	17

전체 디스크 저장능력이 85억 byte인 2층의 한쪽 면 DVD디스크의 물리적인 구조를 설명하는 그림은 아래와 같다. 다른 쪽 면은 0.6mm의 폴리카보네이트층이며, 전체 디스크의 두께는 1.2mm가 된다.

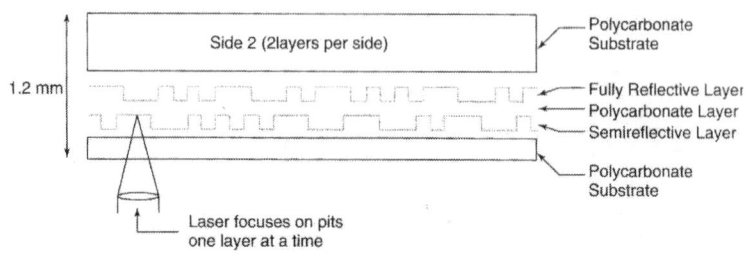

[그림 8-11] 2층 구조의 단일면 DVD디스크의 구조

[표 8-3] DVD와 CD의 비교

Characteristic	DVD	CD
디스크 직경	120mm	120mm
디스크 두께	1.2mm	1.2mm
레이저 기술	적색(635/650nm)	적외선(780nm)
최소 홈 크기	0.40㎛	0.83㎛
트랙 간격	0.74㎛	1.60㎛
층	1, 2 또는 4	1
층당 용량	4.38GB	0.64GB
최대 용량	4.38-15.90GB	0.64GB

　　실제 DVD에 대해서 좀 더 알아보면 표준이 여러 가지인 것을 알
수 있다. DVD-R, DVD-ROM, DVD-RW, DVD-RAM 등 다양하며,
컴퓨터용으로 분류하면 DVD+R, DVD+ROM, DVD+RW도 볼 수 있
다. 이 같은 다양한 종류의 DVD는 기업 간의 눈에 보이지 않는 표준
화 전쟁으로 시장을 장악하려는 의도가 있다. 실제로 전 세계 컴퓨터
용 광학저장장치(ODD)의 점유율 1, 2위를 차지하고 있는 LG전자와
삼성전자는 원천기술을 갖고 있지 않고 있기 때문에 제조원가의 무려
20%라는 로열티 지불을 요구받은 적도 있었다. DVD포럼의 표준에
대항하는 DVD+RW는Dell Computer, Hewlett-Packard, Mitsubishi

Chemical, Philips, Ricoh, Sony, Thomson Multimedia, Yamaha 등 8개의 기업들이 주축이 되어 설립한 「DVD+RW Alliance」가 제안하는 새로운 저장 규격이며, 주축을 이루는 8개 社 외에 40여 개의 협력 업체들이 이 규격의 지원에 나서고 있다. +와 −의 저장방식에 따라서 하드웨어를 달리해야 하지만 모두 DVD-ROM에서 읽혀지는 것은 동일하며, 기록방식만 다르다. 현재는 두 표준을 모두 사용할 수 있는 Multi ODD가 개발되어 표준 간의 차이는 별 의미가 없어졌다.

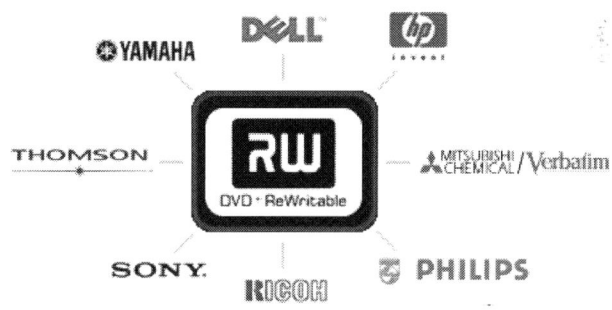

[그림 8-12] HP, Dell 등이 이끄는 DVD+ 의 동맹진영

4. 미래의 디지털데이터 저장매체

DVD가 170억 byte까지의 디지털데이터를 저장할 수 있게 되었지만 더 큰 용량을 가진 저장 매체를 향한 연구는 계속되고 있다.

이 차세대 DVD도 기업 간의 표준전쟁이 벌어지고 있다. 초기 DVD 표준은 파이어니어사를 중심으로 하는 − 진영과 필립스, 리코, HP, 델컴퓨터가 주도하는+진영, 그리고 히타치, 마쓰시타, 도시바, 삼성 등이 지원하는 DVD-RAM 진영으로 삼국지를 연상하게 했다. 그러나 DVD-RAM이 경쟁에서 밀리고 +와 −의 미디어를 모두 사용할 수 있는 multi ODD의 등장으로 정리되는 듯했으나 차세대 DVD를 향한 새로운 소리없는 전쟁이 벌어졌었다.

각각 전쟁의 선봉에 서 있었던 기업은 소니(블루레이)와 도시바 (HD-DVD)였다. 20여 년 전의 베타맥스와 VHS 전쟁의 2차전이라고 할 수 있는 이번 표준화는 아직 막이 오르지는 않았으나 블루레이와 HD-DVD를 살펴보면 차세대 DVD를 이해할 수 있는 기회가 된다.

[표 8-4] HD-DVD와 Blue-Ray

고화질 DVD 표준경쟁		
	도시바의 'HD DVD'	소니의 '블루레이'
DVD플레이어 가격	499달러 혹은 799달러	1000~1800달러
저장용량	15GB	25GB
전자업체	*산요, 도시바	히타치, 파나소닉, 삼성전자, 필립스, 샤프, 소니, *산요
정보기술업체	마이크로소프트, 인텔, *HP, NEC	델, *HP, 애플
영화사	*파라마운트, 유니버설, *워너브러더스	디즈니, *파라마운트, 소니,MGM, 20세기폭스, *워너브러더스
*표시 회사는 두 가지 표준 동시 참여 업체. 자료: 뉴욕타임스		

소니의 블루레이 디스크는 HD DVD에 비해 좀 더 복잡한 형식을 갖고 있으며 데이터 저장 용량이 25기가바이트로 HD DVD의 저장 용량 15기가바이트를 크게 앞선다. 하지만 블루레이는 생산 비용이 좀 더 많이 든다는 단점을 안고 있다. 하드웨어뿐만 아니라 소프트웨어 (콘텐츠)를 공급하는 미국 영화사들 역시 팽팽히 맞서고 있었다. 월트 디즈니, 20세기 폭스 등이 블루레이 지원을 선언한 반면, 워너 브러더 스, 유니버설 픽처스 등은 도시바의 HD DVD 편에 서 있었다. 양 진 영은 자신들의 차세대 DVD 형식을 지원하는 제품을 각각 개발해 나 갔으나 마이크로소프트가 중간에 손을 떼고, 결국 2008년 초

HD-DVD 진영을 이끌던 도시바가 생산 중단이라는 백기투항으로 소니의 승리로 전쟁은 막을 내렸다. 소니는 2006년 하반기 출시한 플레이스테이션3에 블루레이 디스크를 장착하여 커다란 반응을 일으키며 현재 차세대 DVD의 표준으로 자리를 잡았다.

[그림 8-13] Blue-Ray용으로 출시된 고화질 영화

유명한 표준전쟁(소니의 베타맥스와 마쓰시타의 VHS)

현재 비디오샵에서 빌릴 수 있는 비디오테이프는 마쓰시타에서 개발한 하나의 규격이다. 본래 SONY에서 만든 베타맥스 방식이 더 작고 기술적으로 우위에 있었으며 실제로 비디오테이프의 표준이 정해지지 않은 초기에는 가장 인기가 있었다. 그러나 소니는 오만한 자세로 기술을 독점하려 하였고 이 기술을 사용하려는 기업들에게 많은 제재를 가했다. 예를 들어, 베타맥스 방식의 테이프로는 포르노를 출시할 수 없게 하였다. 그에 비해 VHS방식의 마쓰시타는 포르노영화를 권장 내지 방관하였고 기업들에게 기술의 사용을 제한하지도 않았다. 결국 소니의 베타맥스 방식은 표준화에서 패배하여 시장에서 퇴출되었을 뿐만 아니라, 소니의 표준을 따르던 관련 기업과 소비자들은 엄청난 개종(?)의 대가를 치러야 했다.

점검 및 연습

1. 차세대 DVD의 블루레이는 최대 50GB까지 저장 가능하다. (   )

2. 하드디스크는 자기저장장치가 아니다. (   )

3. 다음 중 기록할 수 있는 용량이 잘못 표기된 것은?   4

    ① DVD- 4.7GB   ② DVD- 9.4GB

    ③ DVD- 17GB   ④ CD- 1.7GB

4. 다음 중 잘못 설명한 것은?   3

    ① 블루레이는 소니에서 주도하는 차세대 DVD표준이다.

    ② 블루레이는 최대 50GB까지 저장이 가능하다.

    ③ 블루레이는 HD-DVD보다 가격이 절반가량 저렴하다.

    ④ 블루레이는 플레이스테이션3에 적용할 예정이며, 할리우드 많은 영화사들이 콘텐츠 지원약속을 하고 있다.

정리하기

1. 차세대 DVD의 표준전쟁을 주의 깊게 지켜봐야만 하는 이유가 무엇인지 생각해 보자.

2. 대용량 저장매체로서 CD와 DVD, 그리고 차세대 DVD의 용량이 점차 커진 것은 어떤 이유인지 생각해 보자.

점검 및 연습 정답

    1-O : 소니가 주도하고 있는 블루레이 DVD는 25GB이지만 DVD 특징인 양면을 모두 사용할 경우 50GB까지 저장 가능하다.

    2-X : 하드디스크는 '플래터'라고 불리는 철판 위에 자기물기를 도포하여 사용하는 자기저장장치이다.

    3-4 : CD는 직경 120mm이며 레이저의 파장이 DVD보다 넓은 780mm라서 GB 단위로 저장할 수 없다.

    4-3 : 블루레이는 HD-DVD에 비하여 가격이 두 배가량 비싼 것이 약점이다.

8-3장 PDA

- 학습목표
  1. '성공하는 사람들의 7가지 습관'이라는 책을 읽어
     본 사람이라면 그 습관 중에 늘 메모하는 습관이
     있다. 성공하는 사람들은 차곡차곡 자신만의 데
     이터베이스를 만들어가게 마련이다. 21세기에는
     성공하는 사람들에게 수첩이 아닌 PDA가 들려
     있게 된다. 성공한 비즈니스맨이나 CEO들에게는
     충실한 조력자가 되는 것이다. 이번 장에서는 그
     디지털화된 습관을 만들어주는 PDA에 대해서 알
     아보자.

- 학습내용
  1. PDA란 무엇인가?
  2. PDA의 특징
  3. PDA로 무슨 일을 하는가?
  4. 주요 기능

1. PDA란 무엇인가?

현재까지 PDA에 대한 일반인들의 인식은 굉장히 낮다. TV나 신문에서 PDA라고 이상한 조그마한 것이 나오긴 하는데, 그게 뭐 하는 물건인지, 또 왜 비싼 돈을 들여 사는지 전혀 이해가 가지 않는 사람이 더 많을 것이다. PDA의 등장은 PC의 단점에서 비롯되었다. 노트북 PC는 드넓은 하드디스크와 큰 화면, 그리고 높은 성능의 CPU나 많은 양의 메모리 등 전원소모량이 큰 부품을 쓰므로 배터리 사용 시긴 사용시간을 가질 수 없다. 또 노트북 컴퓨터는 사용시간을 길게 하려면 배터리 용량을 늘려야 하는데, 배터리 용량이 늘어날수록 굉장히 부피가 커지고 무게가 무거워진다. 이것은 모바일 컴퓨팅 환경으로서는 굉장히 큰 단점으로 작용한다. 이러한 배경에서 PDA가 등장하게 되었다. PDA는 PC와는 다르게 성능보다는 작은 크기와 긴 배터리시간을 중시하여 만들어진 컴퓨터인 것이다. 즉, PDA(Personal Digital Assistant)는 손에 들고 다닐 수 있는 크기의(Hand Held Size) 일종의 초소형 컴퓨터이다. 들고 다닐 수 있는 것은 노트북 컴퓨터나 전자수첩도 마찬가지인데 이들이 PDA와 다른 점은 노트북 컴퓨터는 보통 공책 크기(Notebook Size)에 실제 데스크탑 컴퓨터와 동일한 기능을 가지고 있고 문서를 작성하고 보고서를 만들고 인터넷을 하는 실제의 컴퓨터지만 PDA는 주로 일정을 관리하고 간단한 메모를 작성하며 개인정보를 관리하는 전문 용도로 사용된다는 점이 일단 다르고 전자수첩은 주로 개인정보의 관리 용도로 사용되지만 PDA는 거기에 실제적인 일정 관리부터 모바일 인터넷 같은 분야까지 사용할 수 있다는 것이 다른 점이다. 결론적으로 말하자면 PDA는 노트북 컴퓨터의 다양한 관리 기능과 인터넷 접속 기능을, 전자수첩의 작은 크기를 합친 전용 장비라 볼 수 있는 것이다.

PDA라는 용어를 처음 사용한 것은 1990년대 초에 등장한 Apple의 Newton이다. 그 이전에도 PDA라는 말은 없었지만 PDA의 개념을 가진 기종이 몇 가지 존재했다(1984년의 Psion의 Organizer). 하지만 Newton이 등장하면서부터 진정한 PDA의 시대가 열렸다고 볼 수 있다. 이후 Palm사의 출현과 Windows CE의 등장, 컬러 액정 PDA의 등장과 같은 일련

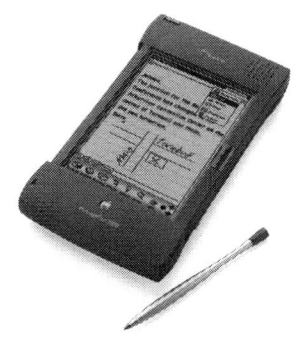

[그림 8-14] 뉴튼 PDA

의 사건이 일어났고 그러면서 PDA는 더욱 소형화, 고성능화되어 갔다.

2. PDA의 특징

PDA는 컴퓨터의 범주에 포함되지만 그 작은 크기를 유지하고 일정 및 개인정보 관리라는 용도에 맞도록 하기 위해 노트북 컴퓨터나 전자수첩과는 다른 점을 가지고 있다.

1) CPU

PDA는 전자수첩보다 훨씬 강력한 기능을 가져야 하기 때문에 고성능 프로세서를 요구하게 된다. 그렇지만 노트북용 모바일 프로세서는 너무 크고 전력 소비량도 크기 때문에 적합하지는 않다. 따라서 PDA에는 PDA를 위한 전용 CPU가 포함되는데 유명한 것으로는 모토롤라(Motorola)의 드래곤볼(Dragonball) 시리즈, 히타치(Hitachi)의 SH 시리즈, NEC(일본 전기)의 VR 시리즈, 인텔(Intel)의 스트롱암(StrongARM) 시리즈가 주로 사용되지만 최근에는 거의 인텔의 CPU

가 사용된다.

2) 운영체제

일반적으로 한국에서 사용되는 PDA의 운영체제는 크게 3가지였다. 하나는 팜(Palm)사에서 만든 팜 OS(Palm OS)와 마이크로소프트사에서 만든 윈도우 CE(Windows CE), 제이텔(Jtel)의 셀빅OS(Celvic OS)가 사용된다. 현재는 제이텔은 시장에서 사라졌으며, 팜 OS를 사용하는 사람들도 점차 줄어들고 컴퓨터의 운영체제와 비슷하며 멀티미디어기능이 뛰어난 마이크로소프트사의 윈도우 CE(포켓PC)를 주로 사용한다.

3) 입/출력 방식

PDA는 작은 크기에 문자의 입력과 출력을 모두 해야 하기 때문에 일반적인 컴퓨터나 전자수첩과 다른 입력 방식을 가진다. 일반적으로는 스타일러스(Stylus)라 불리는 전자펜을 이용하여 작은 TFT-LCD 화면에 글을 직접 쓰거나(필기 인식 기능) 표시되는 자판을 스타일러스로 찍어 글을 입력하는 방식을 사용한다. 물론 쉽게 익숙해질 수 있는 방법은 아니지만 한 손에 들어가는 크기로 만들기 위해서는 이러한 입력 방법을 사용할 수밖에 없다. 물론 PDA 전용의 키보드를 옵션으로 사용할 수도 있다. 이러한 키보드는 주로 접어 다닐 수 있도록 되어 있어 상대적으로 휴대하기 편한 장점을 가지고 있다.

4) 저장장치

일반적으로 PDA에는 HDD와 같은 저장장치가 아닌 메모리가 저장 공간으로 사용되는데 기본적인 운영체제와 기본 소프트웨어가 들어

있는 ROM 부분과 사용자 파일을 저장하는 RAM 부분으로 나뉜다
(RAM 부분에 저장된 파일은 PDA의 모든 전원이 떨어지면 지워지게
된다). 팜이나 셸빅과 같은 기종의 PDA는 상대적으로 작은 메모리를
가지지만(상대적으로 소프트웨어의 크기가 작다). 윈도우 CE 기반의
PDA들은 사용자가 저장 가능한 RAM 부분이 16MB~128MB까지 장
착되어 출시된다. 물론 기본 메모리를 제외한 보조 저장장치를 장착할
수 있도록 하고 있는데 보통 CF(Compact Flash)나 SMC(Smart
Memory Card), MMC (MultiMedia Card)와 같은 외장 메모리를 사
용하거나 IBM의 Micro Drive와 같은 초소형 HDD를 장착할 수 있다.

3. PDA로 어떤 일을 하는가?

1) 국내/해외 영업을 하는 영업부 A씨 - PDA를 이용하면 국내/해
외에 있는 바이어의 신상명세나 연락처를 쉽게 검색하고 찾을 수 있
으며 바쁜 일과에서 잊기 쉬운 미팅(Meeting)이나 상담 시간을 잊지
않을 수 있게 된다. 또한 PDA의 인터넷 기능을 이용하면 해외 출장
중에도 상담에 필요한 정보를 구하거나 한국에 있는 본사와 E-Mail을
쉽게 주고받을 수 있다.

2) 개인 투자자 B씨 - PDA의 무선인터넷기능을 이용하면 실시간
으로 주식의 시가와 거래 동향 파악, 주식 매매가 가능해진다. 객장에
서 무료하게 기다릴 필요도, 담배 연기로 가득 찬 PC방에서 투자할
필요가 없이 이동 중에도 즉시 주식 투자를 할 수 있게 된다.

3) Z전자 서비스 기사 C씨 - PDA를 이용하면 고객의 A/S 기록을
본사의 컴퓨터에서 무선인터넷으로 다운로드받아 가전제품의 내력과

이전 고장 내역을 쉽게 알 수 있으며 또한 A/S의 내용을 곧바로 본사로 보낼 수 있게 된다. 이미 한국의 일부 가전제품 제조사에서 서비스 요원에게 PDA를 제공하여 사용하고 있으며 우체국의 집배원들에게도 PDA가 지급되고 있다.

4) 주차 단속 요원 D씨 - 주차 단속과 같은 용도로 PDA를 사용할 경우 즉시 차량의 범칙금 스티커 발부가 가능해지고 이러한 발부 현황은 즉시 경찰청의 주 컴퓨터로 보고되어 저장된다. 주차 단속 이외에도 수도나 가스/전기 검침도 PDA로 가능하며 한국의 경우에는 많은 공공기관이나 자치단체에서 PDA의 도입을 검토 중이거나 도입하고 있다.

4. 주요 기능

1) PIMS(Personal Information Management System)

PDA는 기능이 굉장히 뛰어난 충실한 개인비서이다. 기존의 종이 다이어리나 전자수첩의 기능을 모두 커버할 뿐 아니라 다양한 연동을 통해 보다 편리한 환경을 제공해 준다. 예를 들면, 주소록에 연락처를 적으면 PC를 통하거나 PDA에서 직접 메일을 보낼 수 있고, 약속을 설정하면 약속시간 이전에 연락처와 같이 알려줄 수 있다. PDA(Personal Digital Assistant)라는 말의 뜻이 '개인휴대 조력자(비서)'이니 당연한 기능이기도 하다. 개인정보를 관리하고, PC와 연동시키는 것은 PDA의 기본적인 기능이다. 이 기능을 PIMS(Personal Information Management System)이라고 한다.

[그림 8-15] 개인 일정 및 정보 관리기능

2) 무선인터넷 장비

휴대폰은 화면의 특성상, WAP 이상의 서비스가 힘들고 문자서비스 이상의 환경을 제공해 주지 못한다. 따라서 인터넷을 사용한다고 해도 보기가 힘들다. 또, 무선인터넷을 사용하기 위해 노트북 컴퓨터를 들고 다니는 것은 너무 불편할 뿐만 아니라 짧은 배터리시간이라는 큰 제약이 뒤따른다. PDA는 이동성도 좋고 E-MAIL 송/수신부터 웹 브라우징 등 거의 모든 종류의 웹서비스를 이용할 수 있다는 점에서 휴대폰과 노트북의 단점을 완벽하게 소화해낼 수 있다.

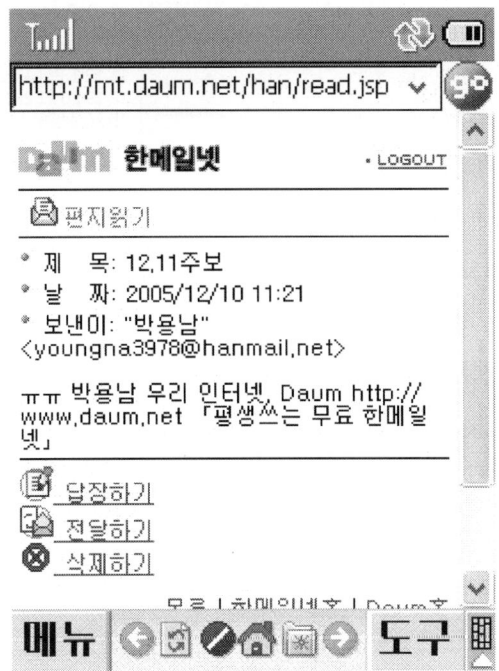

[8-16] PDA를 통한 무선인터넷 접속화면

3) 기업용 정보화 솔루션 장비

PDA는 기업용 정보화 솔루션 장비로서 최적이다. 이미 다양한 기업환경에 맞게 최적화된 각종 PDA기기들이 선보이고 있으며, 현재 출시된 PDA에 기업의 환경에 맞는 프로그램을 제작하여 주는 SP(Solution Provider)도 점점 많아지고 있다. PDA가 기업용 솔루션 장비로 환영받고 있는 이유는 첫째로 이동성이 좋으며, 둘째로 PC와의 완벽한 연동이 가능하기 때문이다. 게다가 핸드폰 등 무선통신모듈에 연결함으로써 사내 네트워크와 데이터를 실시간으로 주고받으며 작업할 수도 있다. 따라서 많은 이동이 필요한 컴퓨팅환경에 최적으로 평가받고 있으며 또한, 저렴한 PDA기종을 기준으로 하면 노트북의 1/20도 안 되는 가격이므로 비용절감효과도 얻을 수 있다. 더구나 굉장히 작은 크기의 기기로 PC로 처리하던 일을 모두 처리할 수 있으므로 이동이 잦은 직종은 효율성이 증대된다. 따라서 많은 기업들이 사원 지급용 장비에 PDA의 적용이 가능한 분야인 경우, 노트북 컴퓨터보다는 PDA를 선호하는 편이며, 이에 따라 기업의 환경에 맞춘 PDA를 제공하는 SP(Solution Provider)시장은 급속도로 커지고 있다.

크기: 201*79.9*53mm
무게: 350g

[그림 8-17] 신용카드 조회용 PDA

[표 8-5] 다양한 PDA의 산업용도

영업 관리 자동화	데이터 집적, 교환, 청구서발송, 이동추적, 고객 데이터관리, 발주, 작업할당, 메인 데이터베이스 액세스 등을 유/무선으로 처리할 수 있다. 특히, 데이터 응집 소프트웨어를 이용하여 유/무선으로 사내 DB와의 자유로운 연동이 가능하다. 이미 수많은 기업들이 PDA를 이용한 물류 관리를 통하여 비용절감효과를 얻고 있다.
물류 이동 및 재고품 관리	급변하는 사업환경하에서는 필요한 시간에 정확한 정보에 접근하여 처리하는 것이 성공의 핵심요소이다. 재고품 관리부터 효율적인 작업/공정배치 등의 모든 분야에 응용이 가능하다.
비용절감과 효율증대	대부분의 기업들은 같은 서비스를 유지하면서 비용절감을 꾀하여야 하는 문제에 봉착하고 있으며 이 경우, 효율증대는 필수불가결한 조건이다. 각종 현장보고, 현장서비스에서 그 진가가 발휘된다.
금융업	최근에 PDA를 이용한 주식거래나 보험/상호기금 영업대리점에서의 PDA를 이용한 데이터입력이 보편화되고 있다. 본사와의 무선통신을 통하여 즉석에서 처리하여 결과물을 고객에게 넘길 수 있다는 점에서 굉장히 유용하다.

4) 각종 어플리케이션의 설치

각종 프로그램의 설치 및 실행이 가능하다. 이는 PDA와 전자수첩을 가장 명확하게 구분시켜 주는 특징 중 하나일 것이다. 프로그램을 추가적으로 설치할 수 있음으로 해서 PDA는 그 기능과 활용 영역을 무한히 확장해 나갈 수 있는 특색이 있다. 가장 대표적인 예가 일반인들에게 PDA의 존재를 알리게 된 네비게이션(차량 항법장치)일 것이다. GPS위성수신기를 PDA와 연결하면 항법장치의 필수요소인 고속 CPU와 데이터베이스(저장장치), 디스플레이가 준비된 더 좋을 수 없는 차량항법장치가 완성된다. 이외에도 PDA를 통해 MP3를 듣거나 책을 읽으며, 영화를 볼 수 있는 어플리케이션들이 무료 또는 유료로 제공되고 있다.

[그림8-18]차량항법장치로 사용되는 모습

[그림 8-19] PDA로 영화를 보는 모습

점검 및 연습

1. PDA는 이동을 목적으로 만든 작은 컴퓨터이다. (   )

2. 기업들이 외근 종업원에게 지급하기에는 너무 비싸다. (   )

3. 다음 중 PDA의 기능과 거리가 먼 것은?

   ① 기본 입력도구로서 키보드의 사용   ② PIMS
   ③ 무선인터넷의 사용   ④ 자동항법장치의 이용

4. 다음 중 PIMS를 제대로 설명한 것은?

   ① Palm International Management System
   ② Palm Internet Management System
   ③ Personal Information Management System
   ④ Personal Internet Management System

정리하기

1. PDA가 일반인들보다 기업에게 더 필요한 이유가 무엇인지 생각해 보자.

2. PDA와 무선인터넷이 만날 경우 가능한 비즈니스 모델은 어떠한 것이 있는지 생각해 보자.

점검 및 연습 정답

   1-O : 이동하면서 컴퓨팅 활동이 가능하도록 만든 도구이다.
   2-X : 외근 종업원에게 지급하여 사용될 경우, 효율성과 효과성에서 비용을 상쇄한다.
   3-1 : PDA의 기본 입력도구는 스타일러스라고 불리는 전자펜이다.
   4-3 : 개인정보관리기능의 약자이다.

○ ○ ○ ○ ○ ○ ○ ○ ○ ○ ○ **제9장**

9-1장 WiBro(와이브로) I

- 학습목표
  1. 인터넷이 보급된 지 몇 년이 지나지 않아 사회, 경제, 문화적 많은 변화가 나타났고 신문, 텔레비전과 같은 생활의 필수품으로 자리 잡았다. 이와 함께 정보접근에 대한 욕구는 점차 늘어나서 무선인터넷의 수요는 꾸준히 확대되고 있다. 그러나 현재 이동 중에 인터넷에 접속할 수 있는 서비스는 비용이나 활용 면에서도 제한적이다. 이러한 요구를 모두 만족시키는 새로운 기술인 와이브로에 대한 개요를 살펴보도록 하자.

- 학습내용
  1. 와이브로란 도대체 무엇인가?
  2. 와이브로의 탄생배경
  3. 와이브로의 시장규모
  4. KT와 SKT의 오월동주(吳越同舟)

1. WiBro란 무엇인가?

인터넷 접속서비스는 크게 유선 초고속인터넷, 이동전화 무선인터넷, 무선랜 초고속인터넷으로 구분된다. 그러나 아래와 같은 장단점이 존재한다. 와이브로는 세 인터넷서비스의 단점을 보완해서 등장한 서비스이다. 유선 초고속인터넷 및 무선랜의 이동성을 보완하여 도심지 내에서 1Mbps 이상의 무선인터넷서비스를 제공하고, 이동전화처럼 기지국 간에 이동 중에도 끊김 없는 초고속인터넷서비스가 구현된다.

- 유선 초고속인터넷: 접속장소의 고정성
- 이동전화 무선인터넷: 느린 속도와 비싼 요금과 단말기의 한계
- 무선랜 초고속인터넷: 이용할 수 있는 공간의 제약

와이브로 휴대인터넷		이동통신 휴대인터넷
경제적인 요금		고가의 이용요금
다양한 인터넷 컨텐츠 제공		간단한 정보 서비스 제공
주요 도시내 전역	VS	광격 커버리지
중저속 이동성		고속 이동성
Download 1–3Mbops		Download 0.3–0.7Mbops

[그림 9–1] 와이브로와 이동전화 무선인터넷

WiBro란 언제 어디서나 이동 중에도 다양한 단말기를 이용해서 높은 전송속도로 무선인터넷 접속이 가능토록 하는 서비스이다.

- 이동 중에도 자유롭게 초고속 인터넷 이용
- 저렴한 요금(월 1~1.9만 원)
- 빠른 전송속도(가입자당 최대 3Mbps) (60km/h 이상)

> * WiBro(와이브로) 단어의 뜻
> 무선랜(Wi-Fi)과 같이 무선 환경에서 제공되고, 초고속 인터넷서비스처럼 광대역 인
> 터넷 접속이 가능하게 한다는 의미에서 'Wireless'와 'Broadband'의 합성어인
> Wireless Broadband Internet의 줄임말이다. 즉, '무선' 과 '광대역'의 합성어로 볼
> 수 있다.

2. WiBro의 탄생배경

최근 통신서비스 산업의 대내외적 환경은 급격하게 변화하고 있다. 인터넷을 매개로 한 디지털혁명은 경제 및 사회전반의 정보화를 가속시키는 가운데 통신서비스도 음성보다 데이터통신 중심으로 확대되고 있다. 이용자들은 시간과 장소의 제약을 극복한 커뮤니케이션과 정보 접근을 요구하고 있으며, 편의성 및 개인화 추구, 속도 향상의 수요가 꾸준하게 나타나고 있다.

와이브로의 도입배경은 사용자, 통신사업자, 정부정책의 세 가지 측면에서 살펴볼 수 있다.

1) 사용자 측면

휴대전화 무선인터넷과 무선랜(Wi-Fi)으로는 이용욕구의 충족이 대단히 부족하다. 이동전화 기반의 무선인터넷은 느린 속도와 비싼 요금으로 보편적 이용이 불가능하고, 무선랜은 이동성에 제약 및 사용가능한 지역이 한정되어 있다.

2) 통신사용자 측면

유선 초고속인터넷과 이동통신서비스 시장의 성숙으로 통신시장에서의 수익구조가 한계에 봉착했다. 사업 영역 확대를 통한 수익성 제

고와 성장성 확보를 추구하고 음성통신 시장의 축소와 대조적으로 확대되는 무선데이터 시장의 선점이 필요했다.

3) 정부정책 측면

국제적 경쟁력이 생긴 IT 분야를 미래 성장 동력으로 삼기 위해 DMB, WiBro 등 8대 신규서비스를 발굴하는 IT산업 육성책을 마련하였다. 2003년 한 해에만 1조 2천억 원에 이르는 핵심 칩을 수입하여 퀄컴사에 기술료로 5천억 원을 지불한 CDMA와 달리, 한국이 주도하는 국제표준화를 추진하여 기술독립을 수립하는 아이템으로 판단하였다.

3. WiBro의 시장규모

와이브로 사업의 가치 사슬은 와이브로 사업자, CP, 포탈사업자, 단말기, 제조사, 이용자 등으로 구성된다.

- 와이브로 사업자: KT, SKT(정보통신부로부터 와이브로 서비스에 이용되는 주파수를 할당받음)
- CP, 포탈사업자: 네이트(SKT), 파란(Paran) 등 직접 운영 포탈과 기타 포탈 등
- 단말기 제조사: 이동전화, 노트북, PDA 등 다양한 형태가 가능하기 때문에 몇 개에 의해 점유된 이동통신시장보다 많은 업체

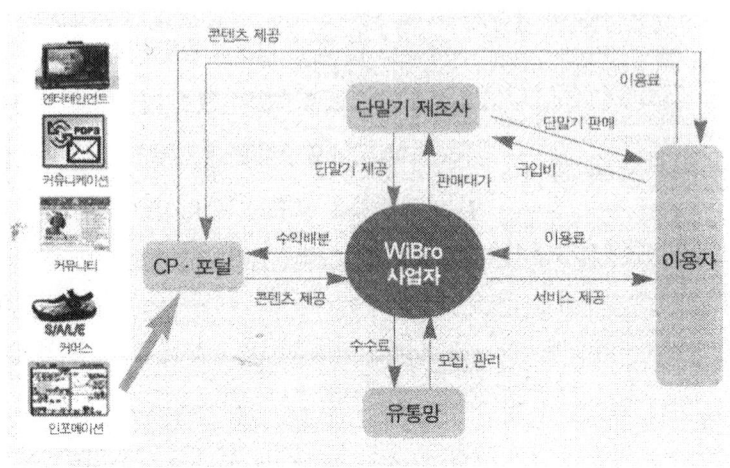

[그림 9-2] WiBro의 가치사슬

　가치사슬을 통해서 발생하는 수익은 단말기, 장비의 매출과 통신서
비스료, 콘텐츠 이용료(정보 이용료)로 구성된다. 와이브로 서비스는
2006년부터 2011년까지 누적매출이 17조 4,000억 원으로 추정되며, 와
이브로 사업자들의 수익은 평균 매출액을 3만 원으로 잡았을 때 약 10
조 5,000억 원으로 예상된다. 이와 함께 장비시장은 4조 3,000억 원으로
추정된다. 그중에서 단말기의 경우에는 휴대폰형(1조 4,500억 원), 노트
북형(3,500억 원)을 합쳐서 약 1조 8,000억 원(내수 기준)의 관련 시장
이 형성될 전망이다.(신규 단말기 제외, 장착형 모듈만) 통신장비 시장
은 무선장비 시장 2조 원, 유선장비 시장 5,000억 원의 약 2조 5,000억
원과 콘텐츠(CP)에서는 약 2조 6,000억 원의 매출이 전망된다.

4. KT와 SKT의 오월동주(吳越同舟)

　KT는 와이브로를 핵심 성장 동력으로 삼고 있으나 SKT는 차세대 이동통신서비스(HSPDA)의 보완재 정도로 평가하고 있다. KT와 SKT의 입장이 서로 다른 이유는 무엇일까? 정보통신부로부터 2.3Ghz 의 주파수를 할당받은 두 기업의 입장을 짚어보자.

KT KT는 이미 유무선 초고속인터넷 시장 및 유선 음성통신 시장에서 시장점유율 1위를 차지하고 있는 독보적인 기업이다. 더불어 와이브로를 축으로 한 유선에서의 데이터시장 주도권을 무선 시장으로 확장하고, 무선 TPS(Triple Play Service: 음성＋데이터＋미디어)의 정착을 통해 컨버전스시장을 선전하는 것이다. 즉, 단순히 인터넷 접속서비스를 하나 더 추가하는 것이 아닌 궁극적으로 유무선 통합 네트워킹 환경을 완성하여 종합통신서비스 기업으로 나아가는 데 중요한 역할을 하기 때문에 핵심 성장 엔진으로 바라보고 있다.

SKT SKT는 이동통신시장에서는 독점적 지위를 감시받기도 하는 절대적인 위치를 차지하고 있는 기업이다. 통신환경이 음성에서 데이터로 변화되어 가는 시점에서 SKT는 와이브로뿐만 아니라 WCDMA, HSDPA, 위성 DMB 등 상호 보완과 잠식효과가 있는 서비스들을 한꺼번에 시작하고 있다. 주력 상품인 음성통신서비스와 관계는 대단히 복잡하다. 예를 들면, 위성DMB는 SKT의 멀티미디어 서비스인 June을 바로 잠식했다. 또한 위성 DMB는 와이브로나 HSDPA의 스트리밍 방송서비스와 충돌이 예상된다. SMS가 음성통화량의 축소를 가져오듯이 와이브로의 MMS는 음성통화량을 줄일 수 있다. 따라서 SKT는 와이브로가 병행하려는 다른 서비스들과의 충돌로 인해 와이브로보다는 HSDPA에 집중하려고 한다.

이동성 보장

*HSDPA?
High Speed Downlink Packet Access의 머리글자를 딴 명칭으로서 '하향 고속화 패킷 접속방식'이라는 뜻이다. 비동기식 3.5세대(G)의 이동통신서비스로서 3세대 서비스인 W-CDMA가 진화된 방식이라 할 수 있다. 이론상 1초당 최대 14Mb를 전송받을 수 있고(14Mbps), 실제로 2~3Mbps의 속도로 데이터를 전송받을 수 있다. 10-3장에서 다시 자세하게 다루게 된다.

점검 및 연습

1. 와이브로(WiBro)는 유선인터넷의 차세대 서비스이다. (   )

2. 와이브로는 KT와 KTF를 통해서 서비스된다. (   ) X

3. 다음 중 와이브로에 대해 잘못 설명한 것은? 4

   ① 저렴한 요금(월 3~3.5만 원)
   ② 빠른 전송속도(가입자당 최대 3Mbps)
   ③ 이동성 보장(60km/h 이상)
   ④ 상향 하향 속도의 동일

4. SKT에서는 다음 서비스의 보완재로서 와이브로를 바라보고 있다. 그 서비스는?

   ① June   ② HSDPA
   ③ DMB   ④ W-CDMA

정리하기

1. 무선인터넷 접속을 위한 새로운 대안으로 나타난 와이브로(WiBro)는 IT정보통신 강국을 꿈꾸는 대한민국에서 주도하는 기술이다. 엄청난 국가적 수익을 가져다줄 수 있는 기술이며 또한 신규 비즈니스 아이템을 잡을 수 있다. 관심 있게 지켜보며 향후 변화될 인터넷 환경을 대비하자.

점검 및 연습 정답

      1-X : 와이브로는 이동형 무선인터넷의 차세대 서비스이다.
      2-X : 정보통신부로부터 주파수 사용허가를 받은 기업은 KT와 SKT이다.
      3-4 : 상향 하향 속도가 동일하지는 않다.
      4-2 : HSDPA 외의 다른 서비스들은 서로 상충적인 잠식효과를 가지고 있다.

9-2장 WiBro(와이브로) II

- 학습목표
  1. 앞서 9-1장에서는 새로운 기술인 와이브로에 대한 개요를 살펴보았다. 2장에서는 와이브로를 통한 비즈니스의 기회와 변화하는 환경에 대해서 알아보도록 하자.

- 학습내용
  1. WiBro 비즈니스의 아이템
  2. WiBro에 의한 비즈니스 환경 변화
  3. WiBro의 사용자
  4. WiBro 서비스의 단말기
  5. WiBro의 콘텐츠 및 요금

1. WiBro 비즈니스의 아이템

와이브로 사업과 관련해서 구체적인 비즈니스 모델을 내놓고 있는
사업자는 KT이다. 우선 사업협력 및 제안을 전담하는 인터넷사이트를
방문해 보도록 하자.

[그림 9-3] KT 와이브로 전담 웹사이트

KT에서는 다른 사업자들이 참여할 수 있는 분야를 크게 서비스, 콘
텐츠, 유통망, 마케팅, 시스템, 솔루션, 단말기, 네트워크 그리고 기타
분야로 분류하고 있다. 이 중에서 일반 사업자들에게까지 기회가 열려
있는 분야는 서비스, 콘텐츠 분야라고 할 수 있다.

  - 엔터테인먼트형: 고화질 방송, 다운로드/스트리밍 방송, 라이브
    방송 등의 MOD나 VOD 관련 콘텐츠, 게임, 만화 등
  - 정보, 생활형: 실시간/멀티미디어/맞춤형 뉴스, 교통, 여행, 증권,

금융, 쇼핑, 예약 등 생활 관련 서비스, 위치정보 관련 콘텐츠

- 커뮤니케이션형: 메일, 채팅, 메신저, SMS 또는 MMS, 개인 홈페
  이지, 블로그, 웹디스크 등
- 기업맞춤형: 방문교육 시장, 위치추적 및 화물관리, 유통/물류시장

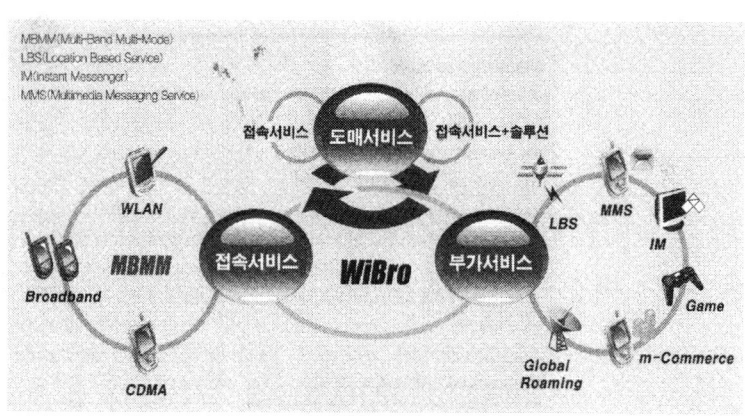

[그림 9-4] 와이브로의 비즈니스 아이템

와이브로 서비스는 이전의 인터넷서비스들과 달리 노트북, 이동전화, PDA를 비롯한 다양한 단말기를 매개로 구현될 것이고, 인터넷 접속장소나 시간대도 세분될 것이며, 더 나아가서 인터넷서비스도 '가구' 단위에서 '개인' 단위로 광범위하게 바뀌는 계기를 만들 것이다. 즉, 종래의 인터넷 환경과는 달리 똑같은 콘텐츠라 하더라도 단말기별, 속도별로 디자인과 세부 내용 등이 달라질 필요가 있기 때문에 서비스 및 콘텐츠 분야에서 새로운 비즈니스가 많이 생길 것으로 예상된다.

2. WiBro에 의한 비즈니스 환경 변화

와이브로 서비스는 유선 초고속인터넷 중심의 기존 온라인 환경과

는 근본적으로 다른 모바일 환경을 만들어낸다. 그것은 이동성
(Mobility)을 바탕으로, 편재성(Ubiquity), 개인식별성(User Identity),
위치확인성(Localization) 등의 특징을 지니게 되면서 비즈니스의 거대
한 변화를 초래하게 된다.

1) 이동성

이동성은 휴대성(Portability)이 내포되어 있다. 고정된 자리에서 인
터넷에 접속하는 것이 아닌 단말기를 어느 곳이든 가지고 다니면서
정보자원과 도구를 실시간으로 완벽하게 이용할 수 있게 된다는 것을
의미한다.

2) 편재성

시간이나 장소에 상관없이 언제 어디서나 실시간으로 정보 획득이
나 커뮤니케이션이 가능한 특성을 의미한다. 무선통신 네트워크를 기
반으로 이동 단말기를 통해 시간과 장소에 구애받지 않고 마케팅 교
환 활동을 수행할 수 있는 환경이다.

3) 개인식별성

개개인이 자신의 전용 단말기를 지니고 있으며, 이것은 개인별로 일
대 일 마케팅을 실현할 수 있는 중요한 토대가 된다. 또한 신원확인과
인증목적으로 와이브로 단말기를 사용할 수도 있게 된다.

4) 위치확인성

와이브로로 사용자가 있는 위치를 알아낼 수 있는 특성이다. 모바일

환경에서는 휴대전화의 특징처럼 위치를 기반으로 하는 다양한 서비스가 가능해진다.

[표 9-1] 모바일 환경의 커뮤니케이션 특성

		온라인 환경	교환 환경모바일 환경
교환 환경	이동성(Mobility)	낮다	높다
	편재성(Ubiquity)	낮다	높다
	위치확인성(Localization)	낮다	높다
	접촉점	PC 기반	모바일 기기 기반
	시간 · 공간 제약	약간 존재	거의 없음
	상호작용의 연속성	불연속적	연속적
마케팅 특성	마케팅 활동개시 시점	고객접근이 전제	능동적 접촉
	시장 특성	개별화 온라인 커뮤니티	개인화 위치 커뮤니티
	마케팅 전략	정적	동적
소비자 행동 특성	이용자 특성	가격 민감	시간, 편의성 중시
	고려상표군	넓다	좁다
커뮤니케 이션 특성	촉진활동 반응률	낮다	높다
	피드백	다소 제한적	즉시성
	교환정보 특성	마케팅 과정	마케팅 과정+위치정보
	정보량	풍부(멀티미디어)	제약(텍스트 위주)
	광고주목성	낮다	높다
전략수립 방향	초점	콘텐츠	컨텍스트
	관계기반	테스티네이션 웹사이트 구축, 개인화된 웹 페이지 구축	정보 및 상호작용성 기능이 강화된 모바일 기기 개발. 고객과 같이 움직이는 유비쿼터스 에이전트 구축
	전략 특성	고객이 나타날 때까지 대기	고객의 구매시점과 장소에 항상 존재

3. WiBro의 사용자

와이브로 서비스는 옥내외, 개인, 기업, 공공기간을 축으로 해서 아래 그림과 같이 구분할 수 있다.

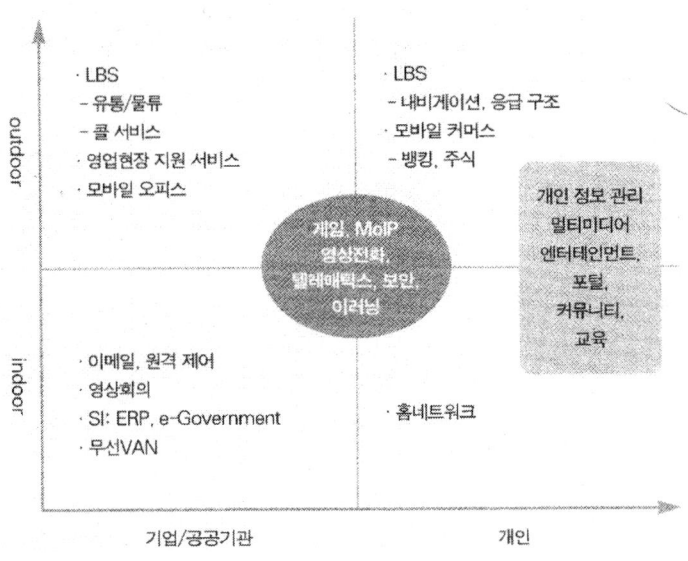

[그림 9-5] 와이브로 서비스 매트릭스

와이브로 사업자의 비즈니스 모델은 WiBro의 이용목적, 이용행태 및 서비스 선호도에 따라 세분화될 수 있다.

1) 개인고객

- 10~20대 그룹: 엔터테인먼트나 커뮤니케이션 등 멀티미디어 추구
- 30~40대 그룹: 상거래를 비롯한 인터넷 비즈니스를 추구

2) 비즈니스 고객

- 영업중심 그룹: 보험이나 자동차 판매 등
- 오피스 그룹: 공공기관이나 언론사 등

[표 9-2] 와이브로 사용자 구분

구분		서비스		단말기
개인	멀티미디어 추구 그룹	무선인터넷 접속 서비스	인터넷 접속, 이메일, IM, MMS 등	PDA, 스마트폰
		멀티미디어 서비스	MoIP, VOD·AOD, 게임, 방송(TV) 등	
	인터넷 비즈니스 추구 그룹	커머스 서비스	금융, e-뱅킹, 쇼핑 등	노트북, PDA, 스마트폰
		비즈니스 서비스	텔레매틱스 등	
기업	유통 중심 고객 그룹	현장영업 지원 서비스(SFA: 자동차, 보험 등) 물류·유통 서비스(주문, 배송, 재고관리 등)		PDA, 노트북
	모바일 오피스 고객 그룹	모바일 시큐어 오피스(VPN)		

4. WiBro 서비스의 단말기

휴대전화는 삼성전자, LG전자, 팬택앤큐리텔 등 몇몇 업체에 의해서 독점되어 있으나 WiBro는 여러 단말기 형태가 등장할 것으로 보여 '단말기 전쟁'이 벌어질 것으로 보인다. 사용자 단말기는 카드형, 전용 단말기, 특화 단말기로 분류할 수 있다.

[표 9-3] 와이브로 서비스 단말기

카드형	– 노트북PDA 대상 – 무선랜 듀얼모드 – 무선인터넷 접속	특화 단말기	– 멀티미디어 단말기 – 네트워크 게임 – 동영상 채팅 – 디지털 카메라 – 증권정보 거래 – 전자상거래, 3D 쇼핑
전용 단말기	– WiBro 무선모뎀 내장 – 무선랜 듀얼모드 – 무선인터넷 접속		

휴대폰을 통한 이동통신업체의 서비스가 이뤄지는 통로인 것처럼 그 통로의 입구가 작으면 작게 맞춰지듯 와이브로 단말기도 세부 시장을 구분하는 요인으로 작용하게 된다. 따라서 사업자들은 목표고객별로 단말기 전략을 다르게 가지고 가게 된다. 2004년에 실시한 ETRI의 단말기 선호도 조사결과, '휴대폰형 소형단말기와 PDA'를 합한 비율이 66.2%를 차지하고 있다. 가격은 41~50만 원에서 가입의향자의 절반 정도가 수용의사를 나타냈다. 요금이나 전송속도 등도 영향을 받겠으나 단말기 형태, 단말기 가격도 중요한 변수가 되고 있다.

[표 9-4] 이용자의 단말기 선호도 및 경합시장 추정규모

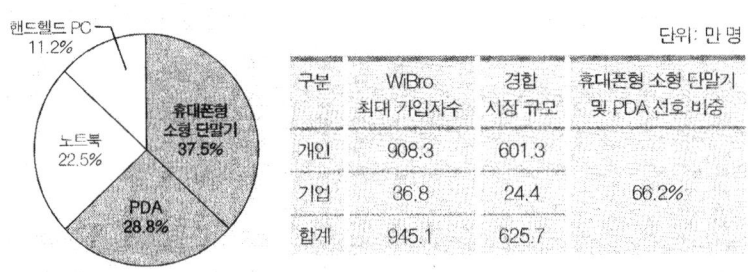

단위: 만 명

핸드헬드 PC 11.2%
노트북 22.5%
PDA 28.8%
휴대폰형 소형 단말기 37.5%

구분	WiBro 최대 가입자수	경합 시장 규모	휴대폰형 소형 단말기 및 PDA 선호 비중
개인	908.3	601.3	
기업	36.8	24.4	66.2%
합계	945.1	625.7	

경합 시장 규모 = WiBro 최대 가입자수 × 휴대폰형 소형 단말기(PDA 포함) 선호 비중

[표 9-5] 단말기 형태와 목표 고객

구분	카드형 단말기	WiBro 전용 단말기	결합형 단말기	외장형 단말기
단말기 형태		PDA형 노트북형	스마트폰 PDA형	
설명	노트북 및 PDA에 장착하여 접속 서비스를 제공받을 수 있는 카드 단말기	WiBro 서비스를 이용할 수 있는 휴대 단말기. 멀티미디어 기능(카메라, MP3 등)의 내장 또는 확장 팩을 통해 제공	WiBro+이종망(무선랜 또는 이동전화) 기능이 내장된 휴대 단말기	데크스톱 노트북에 외장형 접속 모뎀으로 연결 후 접속 서비스 이용
목표 고객	노트북 또는 PDA 보유자로서 서비스 초기 가입 고객	핸드폰과 별도로 데이터 전용 단말기를 휴대하고자 하는 혁신 고객층 고객	데이터와 이동전화 서비스를 결합형 단말기를 통해 이용하고자 하는 고객	소형 기업 또는 임시 사무실에서 단기적으로 사용하는 고객

5. WiBro의 콘텐츠 및 요금

휴대전화를 이용한 무선인터넷 이용자들의 가장 큰 불만은 이용요금이 비싸고 속도가 느리다는 것 외에도 무선인터넷망이 제대로 개방되지 않아서 해당 이동통신사가 편성한 콘텐츠를 반강제적으로 이용할 수밖에 없다는 것이다. 이와 달리 와이브로는 단말기 유형에 따라 다소 차이가 있겠지만 콘텐츠에 제한을 받지 않고 기존의 유선 초고속인터넷서비스와 똑같은 콘텐츠들을 자유롭게 이용할 수 있게 된다. 다만 단말기별로 다양한 형식이 존재하기 때문에 단말기별 특화된 콘텐츠가 필요하게 된다. 콘텐츠를 제공하는 사업자들은 개방형 구조로 인해 시장진입이 자유로워질 것이지만 과금을 자체적으로 해야 하므로 부담은 늘어날 것이다. 와이브로는 유선인터넷의 인기 콘텐츠인 게

임, 이메일뿐만 아니라 동영상, 파일 전송 및 다운로드와 같은 콘텐츠
도 가능하다. 더구나 이동전화와 같은 위치기반 정보서비스와 전자상
거래, 방송 등 멀티미디어 서비스에 이동성이 가미된 특징을 최대한
활용한 부가가치가 높은 차별적 콘텐츠가 가능하다.

　요금체계는 와이브로 사업의 성공 여부를 가르는 전략적 핵심요소
이다. KT에서 서비스 전에 실시한 자료에 따르면, 사용자들은 월 2만
원까지는 수용 변화폭이 적으나, 3만 원부터는 민감하게 반응하는 것
으로 나타났다. 프로모션방식으로 한시적인 이동통신사업자의 CDMA
무선인터넷 접속의 무제한요금제(24,000원 ~ 26,000원)보다는 높게 책
정하였으나 정액제가 아닌 종량제일 경우에는 고객 반발에 사업 초기
부터 좌초하게 될 위험이 있었다. 또한 와이브로와 함께 지상파DMB,
위성DMB, HSDPA 등 서로 경쟁적인 서비스들이 동시에 선보였기 때
문에 대체 및 보완 서비스 간에 치열한 경쟁은 높은 요금을 받기 힘
든 요인이 되었다. 이에 따라 2008년 12월 현재, 종량제 요금제로서
한 달 1만원(부가세 별도)에 1GByte 한도 사용량과 정액제 요금제로
서 한 달 1,9000원에 무제한 한도 사용량을 갖는 두 가지 요금체계로
정착되었다. 더구나 정액제 요금제를 선택하면 기존의 네스팟 무선랜
(Wi-fi) 서비스를 무료로 이용할 수 있게 하였고, 초고속 유선인터넷
가입자의 경우 결합상품의 할인율을 적용하여 더 낮은 가격으로 이용
할 수 있는 공격적인 가입전략을 펼치고 있다.

점검 및 연습

1. 와이브로는 초고속인터넷의 사용을 '개인'에서 '가구'단위로 바꿀 것이다.(   )

2. 와이브로는 주로 개인용, 즉 엔터테인먼트형 서비스이다. (   )

3. 와이브로 서비스의 특징으로 잘못된 것은?

   ① 이동성   ② 익명성
   ③ 위치확인성   ④ 편재성

4. 다음 중 ETRI에서 분류한 와이브로 사용자 그룹으로 적절하지 않은 것은?

   ① 멀티미디어 추구그룹
   ② 인터넷 비즈니스 추구그룹
   ③ 방송 중심 고객그룹
   ④ 모바일 오피스 고객그룹

정리하기

1. 무선인터넷 접속을 위한 새로운 대안으로 나타난 와이브로(WiBro)는 IT정보통신 강국을 꿈꾸는 대한민국에서 주도하는 기술이다. 엄청난 국가적 수익을 가져다줄 수 있는 기술이며 또한 신규 비즈니스 아이템을 잡을 수 있다. 관심 있게 지켜보며 향후 변화될 인터넷 환경을 대비하자.

점검 및 연습 정답

   1-X : 와이브로는 이동성, 편재성, 위치기반 등의 특징으로 초고속 인터넷 접속을 '가구'에서 '개인' 단위로 바꾸게 된다.
   2-X : 개인이 사용할 수도 있으나 기업용 서비스에서 더 전략적인 활용이 기대되는 서비스이다.
   3-4 : 개인별 단말기의 사용이 가능하므로 이동통신무선인터넷에서와 같이 개인식별성을 갖는다.
   4-3 : 방송 중심 고객그룹은 멀티미디어 추구그룹에 속하게 된다. 유통 중심 고객그룹이 추가된다.

9-3장 HSDPA와 WiBro

• 학습목표
  1. WiBro 서비스의 경쟁 또는 보완재로서 9-1, 9-2 장에서 언급했던 HSDPA 는 기존의 CDMA 이동 통신망을 활용하는 무선인터넷 접속서비스이다. 어떠한 점에서 비교가 되고 있는지 그 공통점과 차이점을 살펴보도록 하자.

• 학습내용
  1. HSDPA
  2. HSDPA의 파급효과
  3. WiBro와 HSDPA 등의 보완/대체 관계
  4. 와이브로의 발전가능성

1. HSDPA

우리는 5장에서 배운대로 June이나 Fimm 서비스는 3세대로 가기 전에 나온 2.5세대 이동통신서비스라는 것은 이미 알고 있다. 따라서 우리들은 3세대 서비스가 음성통신보다는 멀티미디어 데이터통신을 중심으로 할 것이라는 점은 충분히 예측 가능할 것이다. 바로 3세대인 WCDMA가 채 대중화되기도 전에 3.5세대로 불리는 서비스가 곧바로 상용화되었다. 바로 HSDPA가 3.5세대 이동통신서비스이다.

HSDPA는 WCDMA(3세대)의 진화 형태로, 하향 고속화 패킷 접속 방식(High Speed Downlink Packet Access)이라는 이름의 약자이다. 이름에서 알 수 있듯이 하향 다운로드 속도가 WCDMA에 비해서 7배나 빨라진 차세대 통신기술이다.

1) HSDPA의 조기상용화

2003년 기준으로 전 세계 WCDMA 가입자 수는 268만 명에 불과했다. 그만큼 WCDMA의 보급이 늦어져서 HSDPA는 2007년 이후에나 가능할 것으로 예상했다. 그러나 WCDMA의 급격한 성장세와 함께 전 세계 이동통신사업자들의 투자를 통해 예상보다 1년이나 빠른 2006년에 상용화가 이뤄졌다.

2) 기술의 특징

HSDPA는 기존의 이동통신망을 활용한다. 따라서 전국 서비스가 가능하다. 무엇보다 특징은 하향 다운로드 속도가 WCDMA에 비해 7배 이상 빠르다. 이론상 최대 14Mbps(초당 14Mb 전송)이며 실제로는 2~3Mbps의 속도로 데이터를 전송받을 수 있다. 최대 속도 2Mbps,

실제 속도가 300~400Kbps에 불과한 WCDMA를 압도한다. 현재 유선
통신상의 ADSL이나 케이블 모뎀과 대등한 수준이다.

[표 9-6] HSDPA의 기술적인 특징

	EV-DO (CDMA 3G)	WCDMA (GSM 3G)	HSPDA (GSM 3.5G)
도입 시기(지역)	2002(한국) 2003(일본) 2004(미국)	2001(일본) 2003(유럽)	2006 (일본, 한국, 미국)
이론 속도 (다운로드)	2.4Mbps	2Mbps	14Mbps
실제 속도 (다운로드)	0.3~0.5 Mbps	0.3~0.4 Mbps	2~3Mbps
4MB MP3파일 다운로드 소요 시간	64초 (0.5Mbps 기준)	80초 (0.4Mbps)	11초 (3Mbps 기준)
망 용량 (1 Cell당)	약 40명	약 130명	약 130명
다운로드	◑	◑	●
주문형 비디오	◑	◑	●
영상 통화	○	◑	●
동영상 스트리밍	◑	◑	●

● 서비스 품질 우수　◑ 서비스 지원은 되나 낮은 만족도　○ 서비스 지원 미흡

자료 : LG경제연구원

2. HSDPA의 파급효과

본격적으로 HSDPA가 보급되면 3세대 기술경쟁구도, 이동통신패러
다임, 이동통신킬러 어플리케이션, DMB/와이브로 등 경합 기술과의
역학관계, 휴대폰의 기본 개념 등에 걸쳐 중대한 변화를 촉발시킬 것
으로 예상된다.

1) 3세대 경쟁구도 종식

3세대 이동통신기술구도가 3세대에서 곧바로 3.5세대로 옮겨감에 따라 3세대 기술경쟁은 HSDPA(비동기식)로 통일될 전망이다.

2) 진정한 모바일 멀티미디어 시대의 도래

3세대 이동통신서비스로 진화했어도 여전히 음성통화 중심으로 이루어졌으나 HSDPA는 유선통신 수준으로 전송속도가 빨라지고 서비스의 안정성이 크게 향상되기 때문에 모바일 방송 및 주문형 비디오(VOD), 화상통신 등 다양한 멀티미디어 서비스가 매끄럽게 구현될 전망이다. 음성통신 중심의 패러다임은 급속하게 변화될 것이다. 과거 천리안, 나우누리 같은 PC통신에서 월드와이드웹의 인터넷으로 옮겨가는 것에 비유할 수 있다.

3) 모바일 TPS의 부상

이동통신시장의 킬러 어플리케이션을 변화시킬 것으로 보인다. 과거 이동통신시장에서는 문자메시지, 벨소리, 모바일 게임, 사진 전송이 중심이었으나 HSDPA는 이들을 한데 묶는 모바일 TPS(Mobile Triple Play Service)가 될 것이다. 음성통화, 무선인터넷, 모바일 방송의 3대 서비스가 패키지로 제공되는 것이다. 이러한 TPS는 고객을 묶어두는 효과(Lock-In)가 있기 때문에 매력적인 가격이 등장할 가능성이 있다.

4) 기존 이동통신과 DMB/WiBro와의 관계

DBM 및 WiBro는 기존 이동통신의 고속화가 이루어지기 전에 취약부문인 모바일 방송과 모바일 인터넷을 지원하는 보완재 개념으로 인식된다. 그러나 HSDPA는 모바일 방송과 모바일 인터넷이 충분히 구현될 수 있다는 전제로 대체재와 보완재의 관계로 서로 변모할 가능성이 높다. 다른 서비스에 비해 TPS를 모두 제공할 수 있는 HSDPA가 가장 유리한 위치에 있으나 음성통화 부분, 적절한 요금제와 VoIP의 도입 여부 등 고려해야 할 점 등이 있음으로 서로 공생관계를 유지해 나갈 것으로 판단된다.

5) 포스트 휴대폰의 등장

HSDPA와 모바일 TPS의 등장은 휴대폰의 개념을 변모시킬 것이다. 휴대폰은 그 본질상 통화기기의 측면이 중요했으나 점차 MP3, 카메라 등의 부가기능이 추가되면서 개인용 디지털 컨버전스 기기로 변모되어 왔다. 아울러 HSDPA의 등장으로 통화기능은 부수적인 기능으로 전락하고, 휴대형 멀티미디어기기 측면이 더욱 강조될 것으로 예상된다. 따라서 기존의 고정관념을 뛰어넘는 새로운 휴대폰으로서 키보드의 내장, 음성입력, 블루투스와 같은 기능이 더해질 것이다. 그러나 이동통신사업자들은 새로운 시장을 형성하기 위해서 PC카드형의 노트북, PDA, 차량용 텔레메틱스 형태로 수요를 진작시키려는 노력도 추가될 것이다.

3. WiBro와 HSDPA 등의 보완/대체 관계

와이브로를 중심으로 관련이 있는 다양한 통신서비스들을 내용, 사용범위, 전송속도, 이동성, 요금, 콘텐츠, 단말기 그리고 사용화 시기 등의 관점으로 비교 정리해 보면 아래와 같다.

[표 9-7] WiBro와 관련 서비스 비교

	초고속인터넷	무선인터넷	무선랜	WiBro	WCDMA (HSDPA)	위성DMB
서비스 내용	고정 위치의 인터넷 접속	이동전화이용 무선인터넷 접속	무선 초고속인터넷	이동 중 인터넷 접속	고속 이동 중 무선인터넷 접속	이동 중 방송 수신(TV, 동영상, 음악)
사용범위	실내	실내외, 전국	실내 Hot Spot	실내외 84개 시 Hot Zone	전국	전국
전송속도	초고속 (8~20Mbps)	중저속(200~ 300kbps)	초고속 (11Mbps)	고속 1Mbps	중고속(384~ 512kbps)	고속 (1.7Mbps)
이동성	없음	매우 높음	낮음	높음	매우 높음	높음
요금	3만 원 대 정액제	고가의 종량제 (부분정액제)	저가의 정액제 (유선+1만 원)	중저가의 정액 또는 부분정액제(예정)	고가의 종량제 (정액제 가능)	저가의 정액제 (1만 원 대)
콘텐츠	인터넷 콘텐츠	무선인터넷 콘텐츠	인터넷 콘텐츠	인터넷 콘텐츠	무선인터넷 콘텐츠	방송 서비스
이용 단말기	PC	휴대폰, PDA	노트북, PDA	노트북, PDA, 스마트폰	휴대폰, PDA	PDA, 스마트 폰, 차량형
상용화 시기	서비스 중	서비스 중	서비스 중	2006년 및 2006년 초	2006년경	2004년 말

서비스 영역이 실내로 제한되는 초고속인터넷에 비해 이동성이 높다는 점과 가구형 서비스가 아닌 개인형 서비스라는 점에서 유선 초고속인터넷과 차별화된 서비스이지만, 동일한 인터넷 콘텐츠와 어플리케이션을 사용할 수 있다는 공통점도 있다. 그러나 와이브로의 실내 커버리지 정도에 따라 두 서비스의 관계는 상호 보완적일 수도 있고 대체적일 수도 있다.

이동전화 무선인터넷의 경우에는 휴대형 단말기를 통해 이동 중에 데이터와 멀티미디어 서비스를 이용할 수 있다는 점에서 와이브로와 유사하지만, 콘텐츠 이용요금, 전송속도 측면에서는 와이브로가 차별화된 경쟁력을 가지고 있다.

HSDPA는 음성통화가 가능한 휴대폰에서 서비스 이용이 가능하고 전국 어디서나 고속주행 시에도 서비스를 이용할 수 있다는 점에서 가장 강력한 와이브로의 경쟁상대로 볼 수 있다.

무선랜은 와이브로와 동일한 콘텐츠를 이용할 수 있지만 중계기 (AP)가 설치되지 않은 지역에서는 서비스 이용이 불가능하다는 점에서 제약이 커서 와이브로와 차이를 갖는다. 서비스 속성상 와이브로와 가장 유사한 서비스이지만 와이브로가 이동성에서 앞서기 때문에 이론적으로는 와이브로가 대체할 가능성이 가장 높은 서비스이다.

위성/지상파DMB와 와이브로는 각각 방송중심형과 인터넷 통신서비스라는 점에서 큰 차이점이 있다. 멀티미디어 콘텐츠를 제공한다는 점에서는 대체 가능성도 있으나 DMB는 와이브로의 보완재의 성격이 짙다. 결합된 서비스로 진화할 것으로 예측된다.

4. 와이브로의 발전 가능성

향후 도래할 유비쿼터스 시장은 단일 시장이 아니다. 다양한 세부시장으로 구성될 것이다. 그 세부시장별로 경쟁력 있는 통신서비스 역시 다르게 나타날 것이다. 그러나 월드와이드웹이 개별 인터넷서비스를 모두 통합하듯이 모바일 서비스 중에서도 전체 유비쿼터스 시장을 통합할 대상이 나타나게 될 것으로 예측해 볼 수 있다. 지상파DMB나 위성DMB의 경우, 콘텐츠가 제한될 것으로 보이지만 와이브로는 기존의 인터넷 콘텐츠를 그대로 제공하므로 DMB보다는 강점을 지녔다. 그러나 HSDPA의 등장, 무선랜과의 경쟁은 고객의 요구에 의해 와이브로의 존폐를 결정짓게 된다. 과거 CT2(시티폰)가 PCS의 등장으로 시장에서 퇴출됐듯이 와이브로도 차별화된 서비스나 가격을 갖추지 못하면 몰락할 가능성도 배제할 수 없다. 그러나 시장의 성숙기를 2010년 전후로 판단하면 향후 전개될 기술의 발전을 즐거운 마음으로 바라볼 수 있을 것이다.

[표 9-8] 와이브로의 시장환경

구분	도입기(2006~2007년)	성장기(2008~2009년)	성숙기(2010년 이후)
주이용층	20대 후반, 30대 초반 직장인, 학생, 전문영업직	10대~20대 중반, 30대 초반 학생, 직장인, 자영업자	30대 후반 및 주부로 확대
단말기	노트북, 범용단말기	PDA, 스마트폰, 전용단말기	PDA, 노트북, 스마트폰, 기능별 전용단말기
주요 서비스	메신저, MMS, 커뮤니티, 교육, 금융, 쇼핑, 게임, 위치기반 서비스	UMS, 광고, VOD, 텔레매틱스	PTT, MoIP

점검 및 연습

1. HSDPA는 주요 시내에서만 사용할 수 있다. (   )

2. HSDPA는 음성통화를 목적으로 한 이동통신서비스의 한 형태이다.(   )

3. 다음 중 각 서비스의 특징으로 잘못된 것은?

    ① 와이브로 내용 - 이동 중 인터넷 접속
    ② HSDPA 사용범위 - 전국
    ③ 유선인터넷 전송속도 - 200~300kbps
    ④ 위성DMB 콘텐츠 - 방송서비스

4. 다음 중 이론적으로 가장 와이브로가 대체하기에 적합한 서비스는?

    ① DMB   ② 유선 초고속인터넷
    ③ 무선랜   ④ HSDPA

정리하기

1. 지금까지 살펴본 와이브로(WiBro)의 강력한 경쟁자는 3.5세대 이동통신서비스로 불리는 HSDPA이다. 서로 간의 공통점과 차이점이 존재하면 대체재 또는 보완재의 개념으로 사용될 예정이지만 CT2(시티폰)와 같이 시장퇴출의 가능성도 배제할 수 없으며 공생하게 될 경우에는 자연스럽게 시장이 갈라질 수도 있다. 향후 전개될 무선인터넷서비스의 미래를 주의 깊게 살펴보도록 하자.

점검 및 연습 정답

    1-X : HSDPA는 이동통신처럼 전국에서 사용 가능하다.
    2-X : HSDPA는 음성통신은 기본적으로 제공하고 멀티미디어 데이터통신을 목적으로 한다.
    3-3 : 유선인터넷의 전송속도는 안정적으로 8~100Mbps까지 가장 높은 속도를 제공한다.
    4-3 : 똑같은 콘텐츠 서비스를 제공하지만 지역제한이 있는 무선랜 서비스를 대체하는 개념으로 적합하다.

 제10장

10-1장 WiBro(와이브로) III

- 학습목표
  1. 와이브로는 유무선 통합의 이상적인 환경제공을 목표로 하고 있는 가장 주목받는 차세대 무선서비스이다. 빠른 전송속도로 대용량 데이터를 이용할 수 있고 이동 중에도 인터넷에 접속할 수 있다는 특징은 기존의 인터넷 접속서비스의 단점을 보완하여 기대를 모으고 있다. 그러나 시장의 현실은 냉혹하며 CT-2(시티폰)의 실패 사례에서도 볼 수 있듯이 새로운 기술에 대한 시장분석은 필수적이다. 본 강에서는 KT와 ETRI, 정보통신정책연구원의 자료를 근거로 신규 통신서비스에 대한 분석의 틀을 배워보도록 한다.

- 학습내용
  1. 무선인터넷의 수용자들
  2. 무선데이터 서비스의 니즈(needs)
  3. 와이브로의 잠재 사용자
  4. WiBro의 콘텐츠와 서비스

1. 무선인터넷의 수용자들

이동하면서 인터넷을 한다는 것은 우리에게 더 이상 낯선 개념은 아니다. 휴대폰을 이용한 June, Fimm 등 인터넷서비스가 제공되고, Nespot과 같은 무선랜 서비스를 통해 핫스팟(Hotspot) 지역에서 빠른 전송속도의 인터넷을 사용할 수도 있다. 그러면 과연 사람들은 외부에서 또는 이동 중에 인터넷을 이용하고자 하는 욕구와 필요성은 얼마나 가지고 있을까?

- 조사방법
  - 와이브로가 상용화되기 전인 2003~2005년에 KT와 ETRI, 그리고 정보통신 정책연구원에서 와이브로 관련 시장조사를 실시하였다. 1차 조사에서는 시장평가와 정량조사의 기초 자료를 활용하는 목적으로 무선데이터 서비스의 선도적 사용자를 대상으로 심층 집단면접(Focus Group Interview)을 실시하였다. 2차 정량조사에서는 유선과 무선인터넷 이용자를 대상으로 일반화된 니즈와 성향을 조사했다(2003년 1,000명, 2004년 상반기 500명, 2004년 하반기 1,000명).
  - 혁신적인 정보통신 제품이나 서비스는 일반 제품과는 다른 시장 특성을 가진다. 급격한 기술변화와 시장 불확실성이 크게 존재하는 상품에 관한 마케팅 개념을 정립한 것이 하이테크 마케팅이다. Everette Rogers는 혁신제품이나 서비스를 구매하는 시기와 성향에 따라 아래와 같이 시장을 크게 5가지로 구분한다. 이를 기술 수용주기라고 하는데, 좌우대칭의 정규분포 형태로서 하이테크 혁신제품의 수용을 잘 설명해주고 있다.

- 혁신적 신제품일 경우 일반적인 제품과는 달리 제품 수명주기에서 신제품을 수용하는 다섯 가지 고객 유형이 존재하고 진화가 정체되는 현상도 발생한다. 미국의 하이테크 마케팅 전문가인 Geoffery Moore는 수용과정의 정체현상을 간극(Chasm)이라는 단절현상으로 개념화시켰다. 간극은 조기수용자, 즉 선견자(Visionaries)와 조기 다수인 실용주의자(Pragmatists) 사이의 원활한 의사소통이 이루어지지 않고 그 결과 혁신제품의 확산이 정체되는 상태를 말한다.

- 혁신자(Innovator) : 초기 단계에 가장 먼저 구매하는 집단, 전체 소비자의 2~3%로서 마케팅 활동이 필요 없는 적극적인 수용자들이다.
- 조기 수용자(Early Adopters) : 경제적 이익과 전략적 가치를 최우선시하는 고객군으로 13~14%를 차지한다.
- 조기 다수(Early Majority) : 기술 자체에는 관심이 없고 실질적인 문제에 집중하며 검증된 성과를 요구한다. 34%를 차지하고 비교 가능한 여러 대안 중에서 가장 실용적이고 다수가 구매하는 쪽으로 구매경향이 기울어진다.
- 후기 다수(Lately Majority) : 절반 이상의 고객이 구매한 후에야 혁신제품의 채택을 고려하는 보수주의적 구매집단, 낮은 가격과 표준화, 단순화가 수용 기준이다. 34%를 차지한다.
- 지각 수용자(Lagged) : 신기술이나 혁신제품에 대해 매우 부정적인 입장을 취하는 집단, 이들에 대한 마케팅 활동은 낭비이다.

- 조기수용 집단은 직관적이고 혁명적인 변화를 지지하며 남들과 차별화하는 데 관심이 많은 반면, 조기다수 집단은 분석적이고 혁신보다는 무리와 함께 가기를 원하는 특성을 가진다. 따라서 새로운 기술

이 혁신층에서만 사용하다 시장에서 사라지지 않으려면 간극(Chasm)을 뛰어넘어야 한다.

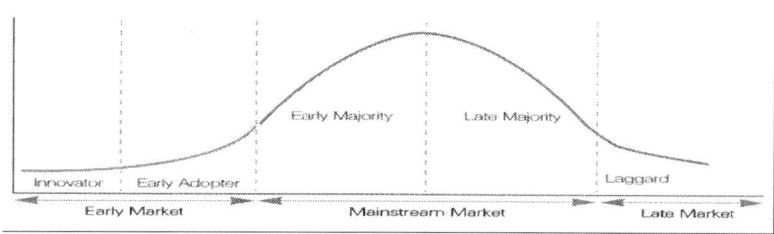

[그림 10-1] 기술 수용주기

* 신규 서비스의 확산속도를 결정짓는 요인

Rosers는 혁신제품의 확산(Diffusion of Innovation) 속도에 영향을 주는 요인 중의 하나로 혁신제품 자체의 특성을 들었다. 즉 혁신제품이 성공할 수 있는 특성에는 다음과 같은 요인들이 크게 작용한다는 것이다.

- 제품의 상대적 우위 (Relative Advantage): 성능이나 편리성 등의 개념, 즉 노트북은 데스크탑에 비해 작고 가벼워서 장점을 가진다.
- 호환성(Compatibility): 기존의 지식이나 경험과 일치되는 정도, 즉 컴퓨터 사용법과 노트북의 사용법은 거의 똑같다.
- 단순성(Simplicity): 신제품을 이해하고 사용하는 것이 쉬운 정도
- 사용가능성(Trialability): 고객이 직접 시험적으로 사용해볼 수 있는 정도
- 관찰가능성(Observability): 직접 혁신의 내용을 확인할 수 있는 정도, 예를 들어 공기방울 세탁기는 내부가 보이도록 전시해놓았다.

2. 무선데이터 서비스의 니즈(needs)

과연 사람들이 이동 중이나 외부에서 인터넷을 이용하고자 하는 욕구와 필요성을 얼마나 가지고 있을까?

조사결과에 따르면, 우선 외부에서 초고속 인터넷을 이용하고자 하는 의향을 가진 사람들은 전체의 41.5%, 이동 중에 이용하고자 하는 비율은 24.5%로 나타났다. 두 가지 의향을 하나라도 가진 사람의 비율은 44%로 외부에서 무선인터넷 사용 필요성이 이동 중 인터넷 사용 필요성을 거의 포함하는 개념으로 볼 수 있다.

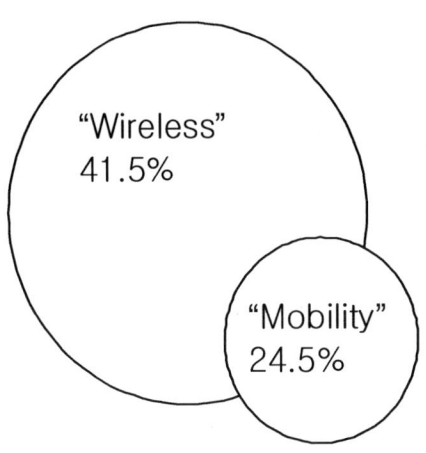

[그림 10-2] 무선인터넷 사용의향

- 거의 절반에 가까운 사람들이 무선데이터 서비스를 사용할 필요성과 욕구를 가지고 있으나, 서비스 비용 및 단말기 구입비나 기타 장애 요인으로 인해 현재 사용하지 않는 것으로 판단할 수 있다. 전문기관의 분석에 따르면 통신서비스 시장에서 음성서비스 시장의 규모는 점차 감소할 것으로 예상하고 있는 반면, 데이터서비스 시장은 지속적

으로 성장할 것으로 예측하고 있다. 그중에서 무선데이터 시장은 성장
률을 20% 이상 기대하고 있다.

3. 와이브로의 잠재 사용자

이들 기관의 조사결과에 따르면 와이브로 서비스는 응답자의 33%
가 사용의향을 보였다. 37%는 부정적인 반응을 나타냈으며 30%는 중
립적인 반응을 보였다. 성별로는 남성이 여성보다 높으며, 연령이 낮
을수록 사용의향이 높았다. 직업별로는 중고생, 전문자유직, 자영업,
대학생, 판매영업직 순으로 나타났다. 사용의향이 높은 사람은 낮은
사람보다 초고속인터넷 평균이용 시간이 많고 커뮤니티나 음악, 동영
상 등 다양한 서비스를 인터넷을 통해 활용하고 있는 것으로 조사되
었다. 이들의 무선랜 이용률은 7배 정도 높으며, 이동전화 무선인터넷
이용률도 50% 정도 더 높은 것으로 나타났다. 따라서 와이브로의 잠
재사용자는 대부분 유무선을 통해 인터넷을 많이 활용하고 있는 젊은
층인 것으로 파악된다.

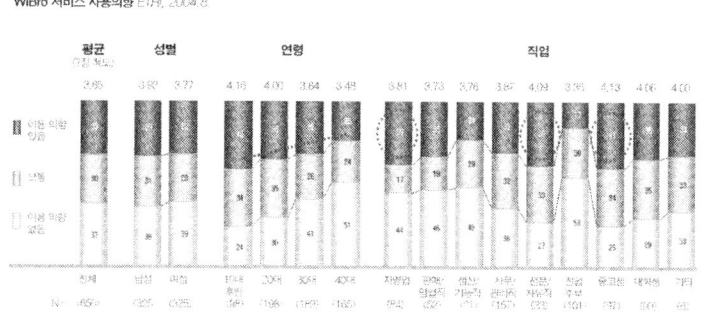

[그림 10-3] 와이브로 서비스 사용의향(2005년 설문결과)

* 망 외부성 효과와 서비스의 니즈

통신서비스는 일반적인 재화와는 달리 그 수요가 가입자 간의 상호 종속성에 의존한다. 이를 망 외부성이라고 하는데 예를 들어, 전화가입자가 가입하게 되면 신규가입자가 증가할수록 기존의 가입자는 통화할 수 있는 대상이 넓어진다. 추가요금의 지불 없이도 효용이 증가하는 것이다. 또한 자신이 통화를 유발하지 않더라도 타인으로부터 걸려온 통화를 수신함으로써 효용을 얻을 수도 있게 된다.

인터넷은 서비스 자체가 상대방이 없어도 단독으로 존재할 수 있어 상호종속성이 절대적이지 않다. 하지만 커뮤니케이션 서비스(메신저, 커뮤니티 등)가 증가하면 급속한 탄력을 받게 된다. 예를 들어, 싸이월드의 열성적인 '싸이질'이나 '리플달기' 등은 인터넷 접속 상태를 유지하고 싶은 욕구를 증대시킨다.

와이브로의 사용이유

조사결과에 의하면 와이브로의 사용이유는 이동 중 사용가능성(62%), 빠른 전송속도(15%), 다양한 콘텐츠 사용가능성(8%) 순으로 나타났다. 연령이 높을수록 이동성을 중시하는 한편, 연령이 낮을수록 빠른 전송속도와 다양한 콘텐츠 사용가능성을 중시하는 것으로 분석되었다.

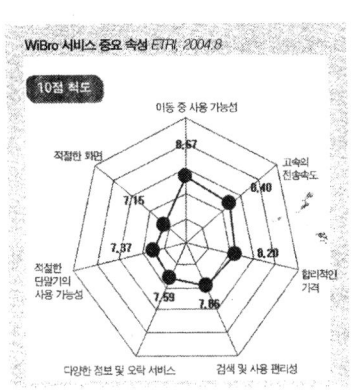

[그림 10-4] 와이브로 서비스 중요 속성

4. WiBro의 콘텐츠와 서비스

18개의 인터넷서비스를 금융 및 거래, 엔터테인먼트, 정보, 커뮤니케이션의 4가지 영역으로 묶어 일반 인터넷 이용 의향과 무선 또는 이동 시 이용 의향을 조사한 결과는 다음과 같다.

[표 10-1] 4가지 영역의 인터넷서비스

분류	서비스
금융 및 거래	인터넷 뱅킹, 인터넷 쇼핑, 증권거래, 티켓 예약
엔터테인먼트	인터넷 게임, TV 시청, MMS(사진 및 동영상 전송)
정보	뉴스, 정보검색, 파일 송수신, 온라인교육, 회사나 학교 시스템 접속, 교통정보, 전자책
커뮤니케이션	이메일, 메신저 또는 채팅, 홈페이지 및 블로그 관리, 화상 서비스

- 일반적인 인터넷 이용 의향과 비교할 때, 무선이나 이동 중 인터넷 이용의향은 조금씩 낮으나 비슷한 패턴으로 나타나는 것으로 볼 수 있다. 따라서 기존의 초고속인터넷에서 사용하는 서비스를 그대로 무선이나 이동 중에도 사용하고자 하는 의향은 존재하고 와이브로의 특성과 같은 방향성을 보여주고 있는 것이다. 즉, 정보검색, 이메일, 인터넷 게임, 인터넷 뱅킹, 티켓 예약, 파일 송수신, MMS 등은 와이브로 서비스 초기에 우선적으로 제공되어야 할 서비스로 판단할 수 있다. 상대적으로 인터넷뱅킹, 티켓예약, 증권거래 등 금융 및 거래와 관련된 서비스나 교통정보 등은 어디서나 즉각적으로 서비스를 받기 원하는 것을 알 수 있다.

이동 중에도 인터넷을 이용할 수 있는 서비스는 와이브로 이전에는 휴대폰 인터넷 무선인터넷과 무선랜서비스가 있다. 이 서비스들의 실제 활용 행태를 비교해 보면 와이브로의 콘텐츠의 이용목적도 알 수 있다. 무선랜과 휴대폰 무선인터넷은 활용 용도가 확연하게 구분된다. 휴대폰 무선인터넷은 주로 엔터테인먼트 용도로 활용되며, 무선랜은 업무용이나 커뮤니케이션 용도, 뉴스정보, 금융거래 등으로 사용되지 만 엔터테인먼트 용도로의 사용비율은 저조하다.

따라서 와이브로는 이 두 서비스의 중간적인 인포테인먼트(인포메 이션+엔터테인먼트)의 서비스 성격을 가지고 있다고 할 수 있다.

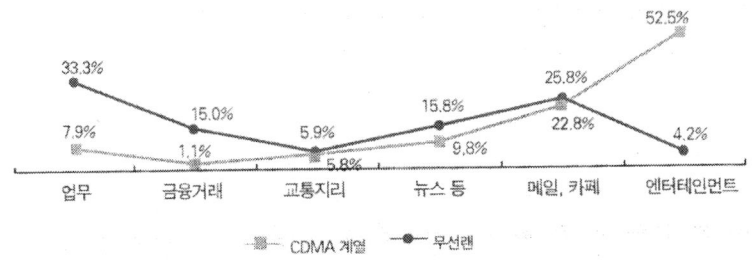

[그림 10-5] 무선랜과 휴대폰 무선인터넷의 이용 콘텐츠 비교

* 성인 콘텐츠와 선호도

무선인터넷서비스나 휴대폰 무선인터넷은 가구단위 접속서비스가 아니라 개인단위 접속서비스이므로 연예인 누드 등과 같은 '은밀한' 서비스를 이용하려는 수요가 존재하며 콘텐츠 매출액의 적지 않은 비 중(약 15~20%)을 차지한다. 더구나 휴대폰 무선인터넷서비스와 비교 하여 다양한 형태의 단말기에 의해 휴대폰 단말기의 좁은 디스플레이 에서 벗어나기 때문에 '성인콘텐츠'는 중요한 킬러 애플리케이션이 될 수 있다.

점검 및 연습

1. 혁신자(Innovator)들에게는 하이테크 기술을 처음 도입하는 계층이기 때문에 더욱 많은 마케팅 활동이 필요하다. ( )

2. 조기수용자(Early Adopter)들과 조기다수(Early Majority)는 많은 상호 의사소통으로 하이테크 기술의 수용을 주도한다. ( )

3. 다음 중 신규 제품 또는 서비스를 도입하는 데 영향을 미치는 것으로 잘못 설명한 것은?

    ① 제품의 상대적 우위 (Relative Advantage)
    ② 관찰가능성(Observability)
    ③ 호환성(Compatibility)
    ④ 복잡성(Complexity)

4. 다음 중 조사결과, 휴대폰 무선인터넷서비스를 통해서 사용자들이 가장 많이 사용하는 서비스는?

    ① 메일, 카페   ② 엔터테인먼트
    ③ 금융거래   ④ 교통정보

정리하기

1. 새로운 하이테크 서비스 및 상품을 도입하는 과정에서 고객의 반응을 살피는 것은 성공 여부를 가늠하는 중요한 요인이 되며, 고객의 니즈를 파악하지 않은 서비스와 상품은 시장에서 외면 받거나 간극(Chasm)으로 인해 마니아들만의 장난감으로 전락해버리기도 한다.

점검 및 연습 정답

    1-X : 혁신자 계층은 하이테크 기술에 대한 관심과 지식이 충분하며 경제적 비용 등을 고려하지 않기 때문에 혁신자들에게 기업의 마케팅 활동은 오히려 낭비적인 측면이 강하다.
    2-X : 조기수용자와 조기다수는 성향이 다른 계층으로서 서로 간의 부족한 의사소통이 간극(Chasm)을 일으켜 기술수용을 더디게 한다.
    3-④ : 신제품을 이해하고 사용하는 것이 쉬워야 성공적으로 도입이 된다.
    4-② : 휴대폰 무선인터넷서비스는 엔터테인먼트 용도로 주로 사용하며, 무선랜 서비스는 업무용으로 주로 사용한다.

10-2장 WiBro(와이브로) Ⅳ

- 학습목표
  1. 이번 장에서는 10-1장에서의 KT와 ETRI, 정보통신정책연구원의 자료를 근거로 한 신규 통신서비스에 대한 분석의 결과를 논의해 보고 등장하게 될 새로운 비즈니스 기회들을 살펴보고자 한다.

- 학습내용
  1. WiBro 단말기와 Overview
  2. 다른 무선데이터 서비스와 와이브로의 관계
  3. 와이브로 비즈니스

1. WiBro 단말기와 Overview

현재 와이브로의 사용가능 단말기는 USB단자에 꽂아서 사용할 수 있는 노트북이나 PDA에서부터 음성통화가 가능한 이동전화형, 기능별 전용 단말기에 이르기까지 다양한 형태로 제공되고 있다. 어떤 형태의 단말기가 주류가 될 것인가 하는 문제는 서비스의 콘텐츠와 성격을 규정할 수 있는 매우 중요한 이슈엿다. 상용화 되기 이전의 조사 결과에 따르면 와이브로 단말기로 주로 선호되는 것은 이동전화형, PDA폰형, 노트북, PDA, 헨드헬드(Handheld) PC 순으로 나타났다. 주류는 이동전화형이나 PDA폰형이 될 것으로 판단했으나 나타난 결과는 가입 시기는 PDA와 노트북 선호자들이 가입의향이나 사용욕구가 휴대형 단말기 사용자들에 비해서 앞서고 있었다.

기술수용 주기상으로 보면 PDA 및 노트북의 데이터 전용 단말기는 혁신자나 조기 수용자 등으로 초기시장을 형성하고, 휴대단말기 선호자는 대체로 조기 다수층이기 때문이다.

[그림 10-6] 모바일 이동기기들

일반적으로 노트북 가격은 2007년까지도 휴대폰 가격의 2배 내외의 가격대를 유지해 왔다. 하지만 2008년 상반기부터는 격차가 줄어들어 가고 있으며 2008년부터 넷북(Netbook)이라는 형태의 휴대성을 강화한 고성능 저가형 노트북이 시장에 등장하여 와이브로의 사용빈도를 높여주고 있다. 결론적으로 이것은 어떠한 형태로든 휴대인터넷이라는 와이브로의 필요성을 더욱 알리는 계기가 되고 있다.

[그림 10-7] 초소형 넷북으로 어디서든
인터넷을 즐기는 모습

조사결과, 와이브로 휴대단말기의 기능으로서 선호되는 것은 카메라, MP3, 무선인터넷, 캠코더, 모바일 뱅킹의 순서로 나타났다. 실제로 휴대폰을 이용한 무선인터넷은 모든 단말기에 내장되어 있으나 사용률이나 선호도는 높지 않다. 실제로 단말기에 따른 와이브로 사용자는 데이터 단말기를 통해 초고속인터넷의 다양한 콘텐츠를 여러 목적으로 활용하는 헤비유저(heavy user)와 음성이 지원되는 휴대 단말기를 통해 엔터테인먼트 위주의 콘텐츠를 사용하는 라이트유저(light user)로 크게 구분된다.

WiBro 사용자와 비용

조사결과, 가입자는 주로 25~45세의 직장인으로서 정보검색, 금융, 업무처리 등의 인포메이션 중심의 인터넷 이용자이며, 또 다른 시장은 18~14세의 학생 중심의 젊은 층으로서 정보뿐 아니라 오락, 커뮤니티 등 정보와 엔터테인먼트를 겸하는 인포테인먼트(Infortainment) 인터넷 사용자이다. 10대 중 고등학생의 경우, 가입의향은 높으나 활동범위가 좁고 실외나 이동 중 인터넷을 이용할 필요성은 상대적으로 낮고 지불능력이 부족한 점 때문에 별도의 시장으로 분류하기는 어렵다.

[표 10-2] 와이브로 잠재사용자와 특성

	1차 잠재 사용자	2차 잠재 사용자
	무관심 많은 일개미 (Utilitarian User)	테크노 보헤미안 (TEBOS)
	25~45세의 직장인으로 정보, 금융, 업무 처리 목적 위주의 인터넷 사용자	18~24세의 학생 및 정보, 커뮤니티, 오락 목적 위주의 인터넷 사용자
사용 용도	정보 검색 > 금융서비스 > 업무용 > 이메일	정보 검색 > 온라인 게임 > 이메일 > 카페/블로그 > 금융
소득 수준	400만 원 이상 고소득자 많음	200만원 이하 또는 250~350만원의 중간 수준
WiBro 가입 의향	매우 높음	높은 편
WiBro 중요 속성	단말기, 이용장소, 서비스 구성	전송속도, 이동속도

와이브로 서비스의 상용화 전의 요금 지불의향(WTP: Willingness to Pay)에 대한 설문조사에서 월 서비스 요금 2만 원까지는 수요변화의 폭이 적으나 3만 원부터는 민감하게 반응하는 것으로 조사결과 나타났다. 주로 정액제를 선호하며 3만 원 내외에서 수용의사를 보였다. 2008년 현재, 와이브로의 요금은 종량제 1만원과 정액제 1만 9천원으로 구분되어 있다.

2. 다른 무선데이터 서비스와 와이브로의 관계

2006년에는 휴대 단말기를 기반으로 하는 무선데이터 시장에 개인용 방송서비스인 위성/지상파DMB와 이동통신계열의 무선인터넷서비스인 HSDPA가 와이브로와 함께 등장하였다. 이들 서비스들은 모두 휴대 단말기를 통해 이용 가능한 서비스로서 보완 또는 경쟁관계를 이루었는데 그 특징들을 보면 다음과 같다.

[표 10-3] Wibro와 HSDPA의 기술적 특성 비교

구분	WiBro	HSDPA
서비스 컨셉	무선 초고속인터넷 접속	무선 고속인터넷 접속
FA당 전송용량(평균)	18.4Mbps	10.5Mbps
커버리지	~1km	~4km
이동성	중, 저속 이동(60km/h 이하)	고속 이동(250km/h 이하)
서비스 지역	84개 도심 지역	전국(음성)+ 84개 도심(HSDPA)
기지국 장비 가격*	대당 1.3억 원	대당 2.1억 원
단말기	노트북, PDA, HPC,** 스마트폰	PDA, 스마트폰

* HSDPA의 기지국 장비 가격은 빠른 속도로 낮아지고 있음.
** Handheld PC

[표 10-4] HSDPA와 WiBro의 서비스 연관성 비교

구분	유사성	차별성
서비스 특성	Wireless Broadband를 추구하면서 인터넷 접속과 멀티미디어 서비스 제공	WiBro: IP망을 기반으로 무선랜 확장 HSDPA: 이동통신무선인터넷의 원활한 제공
기술 특성	인터넷, 데이터서비스에 적합한 기술	전송속도, 이동성, 커버리지에 차이가 존재
고객 니즈	이동상황에서 인터넷 및 멀티미디어 접속	WiBro: 유선 및 무선랜의 공간성 확보 니즈 HSDPA: 이동통신에 근접한 서비스 니즈

구분	유사성	차별성
주고객군	스마트폰 계열 단말기 이용의 20~30대 청년 고객군	WiBro: 20~30대 회사원, 대학생 HSDPA: 10~20대 학생층
단말기	스마트폰, PDA	WiBro: HPC, 노트북 HSDPA: 이동전화
콘텐츠	인터넷 접속과 멀티미디어	WiBro: 유선인터넷 콘텐츠, 대용량 멀티미디어 HSDPA: 음성+소용량 멀티미디어

3. 와이브로 비즈니스

와이브로는 무선 이동성(Mobile Wireless)+광대역(Broadband)+IP (Internet Protocol) 3박자가 변화의 동인이다. xDSL이나 케이블 (FTTH))로 제공되는 초고속인터넷은 광대역+IP의 2박자였고, 이동 전화 무선인터넷도 무선 이동성+IP의 2박자였다. 정보통신서비스 패 러다임의 이동핵심 키워드인 3박자를 동시에 갖췄다는 점에서 비즈니 스와 라이프스타일의 전환점을 만들어 낼 것이라는 기대를 하는 것이다.

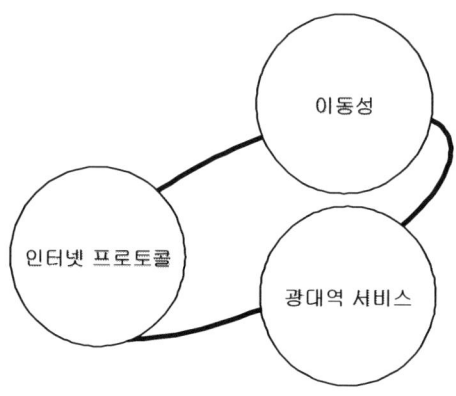

[그림 10-8] Wibro의 3박자

1) 와이브로 정부서비스

정부에서는 모바일 행정서비스를 기획하여 준비하면서 강남구에 시범적으로 휴대폰 전용 포탈과 PDA전용 포탈을 마련하여 모바일 서비스를 제공하였다. 공공부문의 업무효율성을 강화하는 데 목적이 있으나 우편업무, 주차단속, 소방업무 등 현장성을 중요시하는 곳에서는 생산성을 높여주는 역할도 하고 있다. 향후에는 부처별 맞춤서비스로 발전할 계획이다. 인천 자유경제구역 U송도프로젝트, 제주 텔레매틱스 시범도시, 서울 상암동디지털 미디어 타운조성, 창원U도시구축, 용인 정보화도시, 기흥 디지털도시 등 지능화한 도시 인프라를 의미하는 U시티에서 와이브로는 핵심적인 역할을 할 것이다. 도시 내 재난 방송, 민원 접수처리에도 이용할 수 있다.

(1) 와이브로 산업

- 모바일 오피스: 기업랜의 접속, 팩스송수신, 사내 정보망 이용, 이동은행 창구개설, 보험 및 신용상품 조회 등 모바일 영업
- 모바일 AS업무관리: PDA로 직접 회사 서버에 접속하여 일지 작성하고 부품을 주문하여 실시간 재고현황 파악 등 신속업무 가능
- 모바일 영상회의: 차량 내, 실외 장소 등 도심 내 어디서나 사무실의 대면 커뮤니케이션을 제공해준다.
- 위치기반 서비스(LBS): 애드머스(ad-merce)의 등장. 모바일 엘로우페이지 서비스, 위치추적 서비스, 텔레매틱스(telematics)

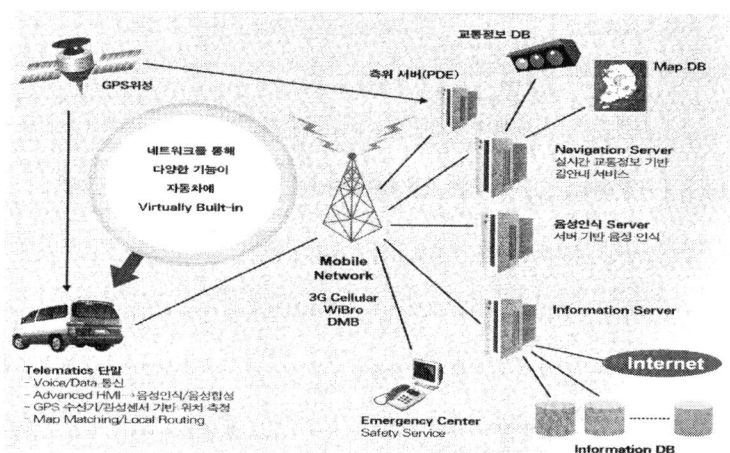

[그림 10-9] 텔레매틱스 구성도

- 모바일 상거래: 금융IC칩을 이용한 모바일 상거래는 이동전화 단
  말기뿐 아니라 와이브로를 이용하면 오프라인과 적절히 결합할 수
  있다.
- VoIP 방송: VoIP방송은 인터넷망이 연결된 자체가 송출범위가
  되기 때문에 구성이 손쉽고 대상을 자유롭게 변경할 수 있다.

(2) 생활, 가정, 환경

- 메시지 기반 서비스: 기존의 글자 위주의 SMS가 사진과 동영
  상으로 구성된 MMS로 진화되며 아울러 인스턴트메신저(MSN,
  네이트온 등)를 함께 이용하는 모델로 변경될 것이다.
- 인터넷전화(VoIP): 지금까지의 유선전화망(PSTN)과 달리 인
  터넷망을 이용한 음성통화가 가능해지고 휴대전화요금보다 저
  렴한 이동전화가 생겨나게 된다.

[그림 10-10] 무선랜 기반의 인터넷 전화

- 푸시투토크(PTT: Push to Talk): 일 대 일 통화방식의 전화와 달리 일 대 다 통화를 하는 일종의 무전기 통화 서비스이다. PTT는 요금에 대한 부담이 없이 단말기만 들고 있으면 언제든 그룹 내 이용자가 전달한 음성신호를 들을 수 있고, 여러 사람이 서로 대화할 수 있게 된다. 최근에는 음성뿐 아니라 화상도 여러 명에게 보내는 푸시투비디오, 이른바 푸시투올(Push to All) 서비스로 등장할 것이다.

- 화상전화: 비싼 요금으로 사용이 많지 않지만 3세대 이동통신(WCDMA)이 보편화되어 가격이 저렴해지면 직접 얼굴을 보면서 통화하려는 수요도 늘어날 것이다. 와이브로간의 화상통화, 휴대폰과 와이브로 간의 화상통화 등도 가능할 것이다.

- 홈네트워킹 서비스: 집안의 정보가전을 와이브로 웹패드로 조정하고 가스, 난방 등을 제어하는 장면을 연상할 수 있다.

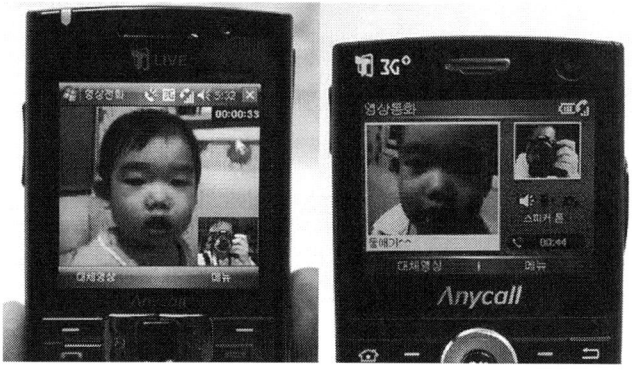

[그림 10-11] 3세대 이동통신으로 화상통화를 하는 예

(3) 문화와 라이프스타일

- 방송포탈 서비스: 드라마 다시 보기 등의 수익모델을 통해 주문형 방송의 산업이 확대될 것이다.
- 디지털 음악 서비스: 이미 MP3라는 음악시장은 전통적인 음반시장을 추월했다. 와이브로는 음악, 영상 다운로드에 가장 적합한 네트워크이다.

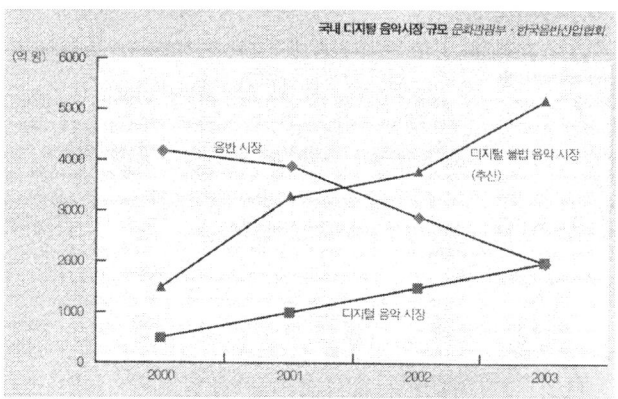

[그림 10-12] 국내 디지털 음악시장 규모

- WiBro 게임: 가정이나 PC방에서만 즐기던 온라인 게임을 실외 또는 이동 중에도 즐기게 되며 관련 산업은 확대될 것이다.

- 관광, 문화정보 안내 서비스: RFID 태그를 부착한 박물관 내 전시품 안내는 이미 시행되고 있다. 그러나 RFID를 활용한 서비스 모델은 간단한 형식의 데이터처리가 가능하지만 와이브로 단말기를 활용하면 대량의 데이터처리가 가능하다.

[그림 10-13] 와이브로전용 온라인 게임기

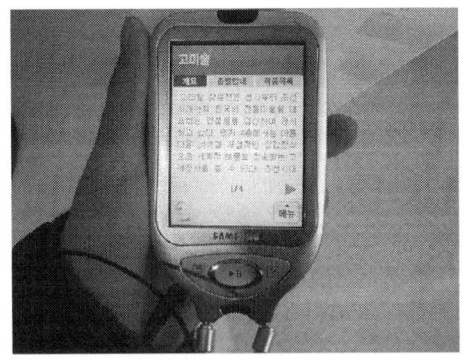

[그림 10-14] 국립중앙박물관에서
사용하고 있는 RFID방식의 관람도움 PDA

(4) 의료, 교육

만성질환자나 노약자의 경우 징후가 감지되었을 때 의료기간으로 정보를 자동으로 전송하는 기능 등으로 긴급 상황을 예방할 수 있다. 또한 모바일교육 콘텐츠의 제공이나, 모바일 학습지원 같은 사이버강의, e러닝을 위한 도구로도 충분히 활용 가능해진다.

[그림 10-15] 와이브로 단말기를
이용한 e-러닝(사이버학습)

점검 및 연습

1. 와이브로는 초기에 이동전화 및 PDA폰형 단말기가 먼저 보급될 것이다. (   )

2. 와이브로의 주된 시장은 25~40세의 직장인들과 10대 중 고등학생이 될 것이다.
   (   )

3. 와이브로 비즈니스를 위한 3박자로 어울리지 않는 것은?

   ① 무선 이동성(Mobile Wireless)   ② 웹(World Wide Web)
   ③ 광대역(Broadband)   ④ IP(Internet Protocol)

정리하기

1. 와이브로를 통한 비즈니스는 정부, 개인, 기업에게 엄청난 변화를 가져다줄 것으
   로 예측된다. 패러다임의 이동을 가져올 와이브로 기술을 통한 변화에서의 비즈니
   스 기회를 잘 살핀다면 분명 와이브로를 응용한 성공적인 비즈니스 모델을 개발해
   낼 수 있을 것이다.

점검 및 연습 정답

   1-X : 혁신자나 조기수용자 등은 PCMCIA형 노트북이나 PDA를 통해 사용하게 될 것으
        로 보며, 이동전화 및 PDA폰 형태는 그 뒤를 따른다.
   2-X : 활동범위가 좁고 상대적으로 실외나 이동 중에 이용할 필요성이 적은 10대는 주
        류 시장으로 분류되기 어려울 것이다.
   3- 2 : 와이브로는 무선 이동성(Mobile Wireless) + 광대역(Broadband) + IP(Internet
        Protocol) 3박자가 변화의 동인이다.

10-3장 WiBro(와이브로) V

- 학습목표
  1. 와이브로의 사업을 허가받은 SKT와 KT의 입장과 역할, 그리고 전략을 살펴보면서 경쟁관계에 있는 두 기업을 통해서 앞으로 진행될 시장을 예측해 보고 돋보기를 보듯이 세밀히 관찰해 볼 수 있다.

- 학습내용
  1. KT
  2. SKT

1. KT

1) WiBro는 유무선 종합통신사업자로 나가는 교두보

KT는 2010년의 와이브로 사업에서 가입자 수 311만 명, 가입자 1인당 평균매출액 3만 3천원, 당해 매출 1조 2,000억 원을 목표로 하고 있다. KT뿐 아니라 KTF와도 제휴하여 시장을 도모할 수 있다. KT는 국내 최대의 유무선 가입자망을 갖고 있기 때문에 SKT와는 달리 KT의 와이브로와 KTF의 HSDPA 모두에서 사업을 진행하고 있으나 상대적으로 와이브로에 집중하는 모습이다.

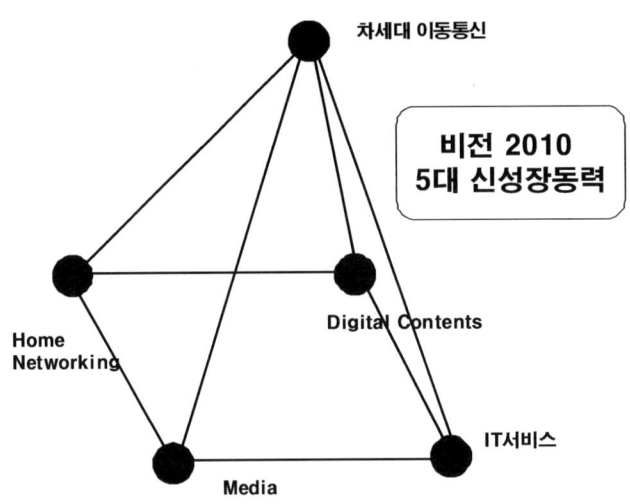

[그림 10-16] KT 사업전략 계획도

KT는 와이브로와 HSDPA를 '경쟁적 보완관계'로 보고 있다는 것이 핵심내용이다. 와이브로는 HSDPA보다 저렴한 요금으로 무선인터넷을 서비스할 수 있고 속도도 훨씬 빠르지만 HSDPA는 전국 서비스가

가능하고 소비자들에게 익숙해진 이동전화를 장악하고 있다. 때문에
와이브로는 큰 노트북이나 PDA이용자들이 타깃 고객이며, KTF가 중
심으로 HSDPA는 핸드폰 위주의 음성과 인터넷을 동시에 접근하게
될 것이다. KT는 와이브로를 대도시 중심으로, HSDPA는 데이터통신
량이 적은 중소도시나 농어촌을 중심으로 포지셔닝한다는 것이다.

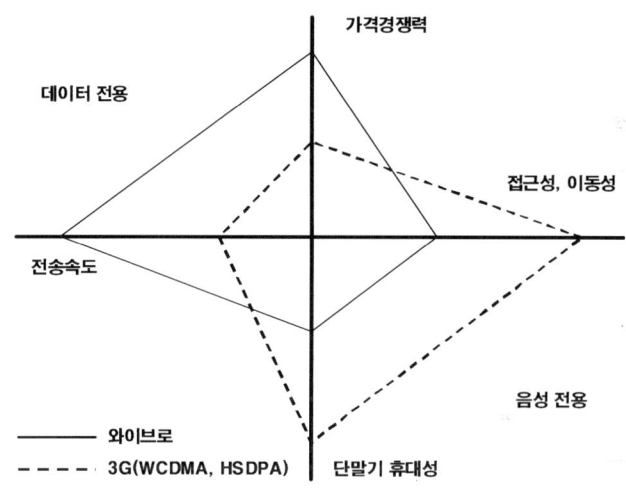

[그림 10-17] KT가 바라보는 와이브로와 HSDPA

　　KT는 와이브로를 17조 9천억 원의 산업유발효과와 약 27만 명의
신규 고용이 창출될 것으로 추정하고 있다. 그러나 추정 수요보다 훨
씬 커질 것으로 기대하고 있다. 그 이유는 1,000만 명을 넘을 수 없다
고 예측했던 이동전화 수요 전망이 완전한 오류였듯이 와이브로에 적
합한 킬러애플리케이션이 개발되고 '망 외부성' 효과가 증대하며 그
수요는 폭발적으로 늘어날 수 있기 때문이다.

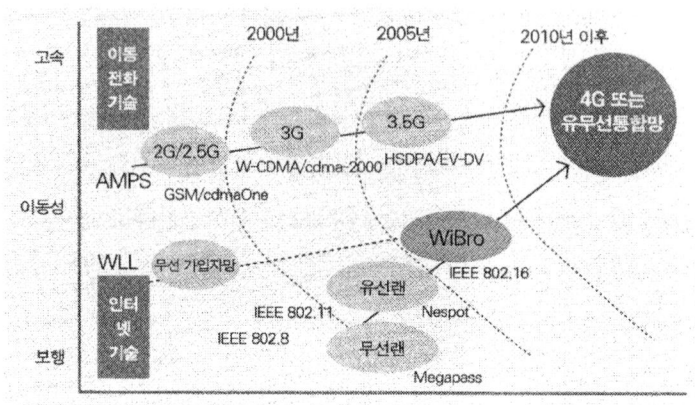

[그림 10-18] KT가 바라보는 와이브로 기술

KT는 2006년 하반기 서비스를 시작으로 서울 및 수도권, 광역시 등 20개 시에 2007년까지 18개 시를 추가하고 전체 인구의 80%를 커버하는 84개 시, 도에 와이브로를 서비스할 계획이다. 와이브로는 도시 지역을 중심, HSDPA는 음성서비스를 위한 넓은 커버리지를 확보하고, 네스팟(Wi-Fi)은 특정 지역을 서비스하게 되어 기존 서비스들과 연계하는 데 관심을 갖고 있다.

2) 비즈니스 구조

KT는 개방형 콘텐츠 전략과 함께 와이브로 특화포탈(파란)을 활용할 계획이다. SKT가 유무선 포탈사이트인 '네이트'를 갖고 있는 것과 비교된다. 네스팟(Wi-Fi)을 서비스하면서 축적된 노하우를 바탕으로 혁신수용자에게 도입기에 집중적인 마케팅을 수행한다.

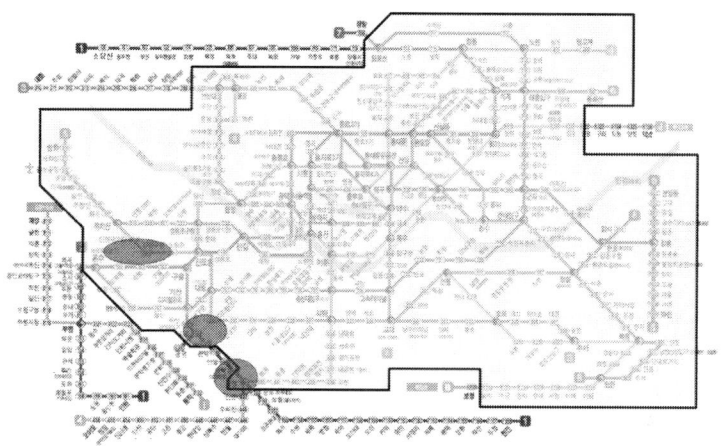

[그림 10-19] 와이브로의 수도권 지하철 역기준 커버리지

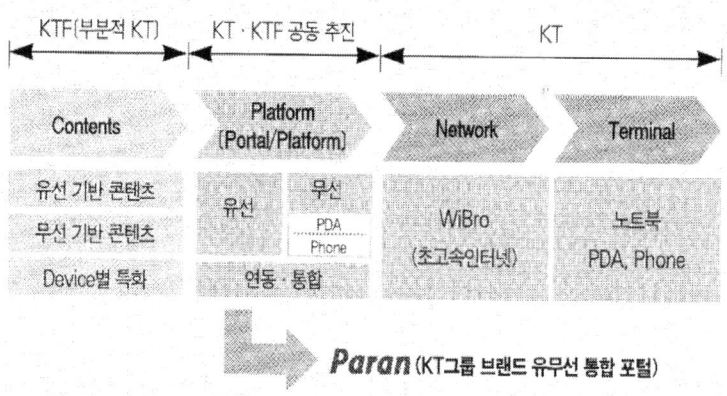

[그림 10-20] 와이브로 포탈 사업구도

KT가 바라보는 킬러애플리케이션은 영상 이메일이나 MMS 등 커뮤니케이션 서비스이다. 그룹 영상채팅 같은 푸시형 서비스 , IP기반의 네트워크 게임, 고화질 VOD, 실시간 방송, 영화도 혁심 서비스로 판단하고 있다. PC와 같은 초고속 전송속도를 가지지만 이동성을 확

보하려면 PDA폰이나 이동전화 같은 형태의 작은 화면을 갖는 단말기
가 요구되며 잠재고객들도 이러한 단말기를 선호하고 있는 것으로 조
사되었다. 따라서 KT에서는 기술특성에 적합한 서비스를 개발하고 다
양한 형태의 단말기를 선보이려고 하고 있다.

[그림 10-21] 와이브로 서비스가 내장된
PMP 단말기

와이브로 시대가 도래하면 개인당 1대로 발전했던 통신수요가 기계
대 기계 통신으로 발전하는 것도 고려해 볼 수 있다. 예를 들어, 자동
차와 이동전화, 노트북과 집안 냉난방기 간의 통신이 와이브로가 적용
된 기계들 간에 벌어질 수 있다는 것이다. 따라서 이에 필요한 IP(인
터넷 주소)를 거의 무한정 공급할 수 있는 IPv6(차세대 인터넷 주소
체계)을 와이브로 기간망에 도입하기로 했다.

[표 10-5] 킬러 애플리케이션과 KT 기존 서비스의 결합

구분	서비스 종류
핵심 서비스	MMS: 고화질 영상 메일·메시징 푸시형 서비스: 그룹 영상 채팅, Ad & 쿠폰 서비스 게임: IP 기반의 다양한 네트워크 게임 LBS: 위치 기반 응용 서비스 IP 멀티캐스팅 서비스: 고화질 VOD, 실시간 방송, 영화
결합 서비스	네스팟 결합 서비스 CDMA 결합 서비스 DMB 결합 서비스

[표10-6] KT가 전망하는 단말기와 서비스 종류

단말기 유형	서비스 종류
노트북형	화상 채팅, 과외, 웹서핑, 커뮤니티, 블로그, 미니홈피, e메일, 뉴스그룹, 네트워크 게임 등
PDA형	텔레매틱스, 영상 콘퍼런스, IM, 팽, DTV, IP TV, 원격 교육, FTP, MMS, UMS, 홈네트워킹, LBS, RFID, P2P, 전자상거래
이동전화형	벨소리, 노래방, SMS, VoIP, PTT, 긴급메시지, M커머스, AOD

2. SKT

1) HSDPA는 메인 메뉴, WiBro는 사이드 메뉴

SKT의 장점은 이동성과 휴대단말기를 사용하는 와이브로는 이동전화와 유사한 기술 및 서비스 특성을 지니기 때문에 유리하고 기존 네트워크 인프라를 활용하여 투자비를 절감할 수 있다. 또한 기존의 사업과 연계하여 시너지효과를 거둘 수 있는 대단히 좋은 조건을 가지고 있다.

그러나 SKT는 와이브로에 대해서 소극적인 자세를 갖고 있다.

그 이유는 주력사업인 HSDPA와 와이브로와의 관계가 간단하지 않

기 때문이다.

SKT는 WCDMA(또는 HSDPA)를 먼저 깔고, 그 위에 와이브로망을 구축하려고 하고 있다. 그래서 사업의 위상이나 비중 등 적극성이 KT와 확연하게 차이가 나며 와이브로와 HSDPA는 별개의 시장으로 판단하고 있다. 이 두 개의 시장에서 상호 시너지 효과를 높이는 데 주력하고 있는 것이다. HSDPA 서비스가 시작되면 그동안 전국 통화 범위와 고속이동성은 보장하지만 전송효율이 낮았던 휴대폰 무선인터넷의 부자연스러움이 해결될 수 있기 때문이다.

SKT에서도 KT에서처럼 와이브로는 고속 대용량 데이터 수요가 많은 도심 위주로 서비스를 제공하고, 와이브로 커버지리 밖은 이동전화망과 핫스팟(hotspot)에서는 무선랜과 연동한다는 계획이다. 기존의 무선인터넷에서의 지배력을 충분히 활용하겠다는 전략이다.

[그림 10-22] SKT의 와이브로 서비스 개념도

2) 콘텐츠 및 사업구조

SKT는 와이브로와 DMB를 결합하지 않고 와이브로에서 자체적으로 방송서비스를 제공하는 것은 무리라고 평가한다. 따라서 주로 와이브로 단말기에 위성DMB 기능을 결합해 오락적 기능을 추가하는 데 집중하고 있다. 또한 와이브로의 보조적 역할인 무선랜서비스가 취약한 점이 약점으로 작용하는 것을 막기 위해서 2008년 인수한 유선통신기업인 하나로텔레콤과 결합을 시도하고 있다.

결론적으로 와이브로+이동전화, 와이브로+위성DMB, 와이브로+유선통신, 또는 와이브로+무선랜의 결합상품을 내놓아 시장에서 KT와 경쟁할 것으로 보인다.

- SKT가 HSDPA에 집중하는 이유는?
  - WCDMA(3세대)가 기술개발이 늦어져서 시장성이 훼손되었다고 판단
  - 3.5세대 서비스인 HSDPA가 이론적인 속도는 14Mbps로 실제 2~3Mbps의 초고속 전송이 가능
  - 장비 가격의 급감으로 투자 경제성이 좋아짐(추가비용이 들지 않고 기존 장비를 업그레이드)
  - 대응 휴대폰 단말기를 적시에 공급할 수 있음
  - 차세대 이동통신의 킬러애플리케이션인 TPS(음성통화, 무선인터넷, 모바일 방송)이 제공되는데 HSDPA가 유리(DMB는 방송용으로 제한, 와이브로는 음성통화가 취약−실제로 KT에서는 와이브로의 VoIP를 강제로 막아 놓음)
  - 음성통화가 가능한 휴대단말기는 고착성(Lock-in)이 있기 때문에 KT의 와이브로에 타격을 가할 수 있음
- SKT의 사업전략
  - 이동전화+와이브로
  - 위성DMB+와이브로
  - 초고속인터넷+와이브로

SKT는 이동전화 무선인터넷에서 불가능했던 고속 대용량 서비스를 와이브로의 킬러애플리케이션으로 판단하고 있다. 고속 이메일, MMS, 네트워크 게임 등이다. 현재 이동전화망으로 1MB를 기준으로 한 사진 이메일을 전송하는 데 40초가 걸리지만 와이브로를 통하면 8초면 되기 때문에 킬러애플리케이션으로 삼을 수 있다. 또한 집에서 즐기던 온라인 게임을 외부에서도 즐기려는 시장이 클 것으로 보고 있다. 따라서 온라인 게임업체와의 제휴도 충분히 가능하다. 그리고 기존의 유무선 통합서비스인 네이트의 포탈기능을 결합하여 다양한 콘텐츠를 제공하는 데 주력하고 고속, 대용량의 장점을 살려서 고품질 방송, 실시간 위치정보 등의 와이브로의 특징들을 살릴 수 있다.

점검 및 연습

1. KT는 중소도시나 농어촌에서는 와이브로를 사용하고, 대도시 등에서는 무선랜을 주력으로 삼을 계획이다. (   )

2. SKT는 HSDPA가 주력이고, 와이브로는 지원군으로 판단하고 있다.(   )

3. SKT가 결합상품으로 선호하지 않는 것은?

    ① 이동전화 + 와이브로   ② 위성DMB + 와이브로
    ③ 지상파DMB + 와이브로   ④ 초고속인터넷 + 와이브로

4. 다음 중 SKT가 와이브로에 주력하지 않고 HSDPA에 주력하는 이유는?

    ① WCDMA(3세대)가 기술개발이 늦어져서 시장성이 훼손되었다고 판단
    ② 3.5세대 서비스인 HSDPA가 이론적인 속도는 14Mbps로 실제 2~3 Mbps의 초고속 전송이 가능
    ③ 장비 가격의 급감으로 투자 경제성이 좋아짐(추가비용이 들지 않고 기존 장비를 업그레이드)
    ④ 와이브로를 HSDPA의 대체재로 바라보고 있기 때문

정리하기

1. 와이브로 사업을 운영하는 두 기업의 입장 차이를 통해서 정보통신 시장의 구조와 신규 서비스의 도입에 따른 각각의 이해관계를 잘 살펴보는 기회가 된다. 또한 기존의 통신서비스의 차이점과 특징들을 추가적으로 조사해 보면 향후 전개될 와이브로와 HSDPA의 경쟁관계가 왜 벌어지게 되었는지 이해하기 쉽다.

점검 및 연습 정답

    1-X : 무선랜은 지역적인 한계로 인해 사용에 제한이 있어서 와이브로의 보완재 역할을 할 것이다. 대도시에서 먼저 와이브로를 사용하게 된다.
    2-O : SKT는 기존의 이동통신무선인터넷을 업그레이드하는 형태인 HSDPA에 주력할 수밖에 없다. 따라서 와이브로는 별개의 시장으로 판단하고 있다.
    3-3 : 무료방송인 지상파DMB는 SKT에게 수익에 별 도움이 되지 않음으로 관심 밖이다.
    4-4 : SKT에서는 와이브로를 HSDPA의 보완재로 바라보고 있다.

 제11장

11-1장 DMB에 대해 알고 싶은 몇 가지

- 학습목표
  1. 오늘날 DMB(Digital Multimedia Broadcasting)가 각광받는 모바일 뉴미디어로 등장했으나 많은 사람들은 DMB의 실체를 제대로 이해하지 못하고 있다. 이동전화로 TV방송을 볼 수 있다는 사실에 그저 신기해할 뿐이다. 새로운 DMB의 방송 형태는 이동전화로 인해 공중전화가 사라지듯 방송시청의 개념을 바꿔버리는 파괴적인 뉴미디어라고 할 수 있다. 직간접적으로 사회문화적인 변화를 가져오고 모바일 비즈니스 형태 또한 변화시킬 것으로 예측되고 있다. 이러한 DMB의 기초적인 상식을 기술적인 배경보다는 현상적인 접근으로 이해해보자 .

- 학습내용
  1. 무선인터넷의 수용자들
  2. 무선데이터 서비스의 니즈(needs)
  3. 와이브로의 잠재 사용자
  4. WiBro의 콘텐츠와 서비스

DMB에 대한 기초적인 상식을 전달하기 위해서 누구나 이해가 쉬운 문답형식으로 이야기 해보자.

Q. DMB란?

A. DMB는 '디지털 멀티미디어 방송'이다. 장소와 시간에 구애받지 않고 맑은 소리와 끊기지 않는 동영상을 즐길 수 있다. 이동전화, PDA, 차량장착용 수신기 등의 휴대형 또는 이동형 단말기로 보는 방송이어서 '이동/휴대 방송'이라고도 한다. FM라디오보다 뛰어난 CD수준의 고음질로 이뤄지는 오디오방송이기도 하다.

Q. DMB로 할 수 있는 일은?

A. 방송뿐만 아니라 앞으로는 다양한 일들을 DMB를 통해 할 수 있게 된다.
- 차를 타고 가든, 걷고 있든 언제 어디서나 방송을 즐길 수 있다.
- 지금 들리는 음악의 제목이나 가사 같은 것을 자막이나 사진으로 보여주기도 한다.
- 뉴스, 날씨, 주식, 교통상황 같은 정보를 언제든지 받아볼 수 있다.
- 이동통신망과 연결하면 물품구매나 식당예약도 가능하다.
- 마음에 드는 방송프로그램을 내 수신기에 저장하고, 원하는 방송 프로그램을 예약해 시청할 수도 있다.
- 타인의 간섭을 받지 않고 혼자서 볼 수 있다.

Q. DMB를 방송, 통신 융합 미디어로 보는 이유는?

A. 여러 가지 형태의 DMB수신기 가운데 이동전화 겸용은 '전화도 걸고 방송도 즐기는' 복합단말기여서 그 자체로 방송/통신 융합

형 단말기라고 할 수 있다. 앞으로는 방송사에서 시청자까지는 DMB방송망을 통해 프로그램이 송출되고, 반대로 시청자로부터 방송사까지는 통신망으로 연결됨으로써 방송과 통신이 결합된 양방향 서비스로 볼 수 있다. DMB는 MP3플레이어, 카메라, 이동전화, PDA 등과도 결합함으로써 하나의 복합 단말기로 다양한 기능을 구현하고 있다.

Q. DMB는 지상파DMB와 위성DMB로 나뉜다?

A. 방송은 방송망의 구성과 기술방식에 따라 '지상파 방송', '위성방송', '케이블 방송'이 있다. 지상파 방송은 땅 위에 설치된 송신탑에서 방송 전파를 발사해 수신토록 하는 것이고, 위성방송은 하늘에 떠 있는 인공위성에서 방송 수신기를 향해 전파를 발사하는 방식이다. 케이블 방송은 유선의 케이블을 통해 방송 프로그램을 실어 보내는 것이다. DMB의 경우 땅 위의 송신탑을 이용하는 '지상파DMB'와 인공위성을 사용하는 '위성DMB'의 두 가지가 있다. 지상파DMB는 KBS, MBC, SBS 등의 지상파 3사 이외에 YTN컨소시엄, KMMB컨소시엄, 한국 DMB컨소시엄 등 모두 6개 사업자가 있다. 위성DMB는 SK텔레콤이 최대 주주인 TU미디어가 단독사업자이다.

Q. 지상파DMB와 위성DMB의 자세한 차이점

A. 지상파DMB와 위성DMB는 기술방식, 서비스범위 수익모델 등에 있어서 많은 차이점이 있다. 지상파DMB는 KBS, MBC, SBS 등의 공중파 TV처럼 무료이지만, 위성DMB는 위성방송인 스카이라이프처럼 유료 방송이다. 지상파DMB는 방송의 보편적 무료서비스 개념에 입각해 방송 광고를 수익모델로 하지만, 위성

DMB는 가입자가 내는 월정액의 수신료를 수익으로 삼는다. 지상파DMB는 주파수 여건으로 인해 1차적으로 서울과 수도권 지역에 한해 방송서비스가 이뤄졌고 2008년 부터는 전국 모든 지역에서 시청이 가능하게 되었다. 위성DMB 또한 전국을 커버하는 위성을 사용함으로써 전국방송이 가능하다.

[표 11-1] 위성DMB와 지상파DMB

	위성DMB	지상파DMB
도입시기	2005년 5월 본방송 개시	2006년 상반기
사용 주파수 폭	25MHz(2630~2655MHz)	12MHz (채널12번: 204~210MHz, 채널8번: 180~186MHz)
데이터전송용량	7.68Mbps	6.912Mbps(사업자당 1.152Mbps)
서비스 범위	전국	전국
제공 채널 수	비디오: 최소 12개 오디오: 25개 데이터: 1개	사업자당 비디오 최대 2개, 오디오 최대 6개, 데이터 1개
요금	유료(월정액)	무료(광고수익)
투자비용	7000억~1조 원	150억~500억 원
사업자 수	단일 사업자	6개 사업자

Q. DMB는 다른 나라에서도 하는가

A. 오디오, 비디오, 데이터의 멀티미디어 이동 방송인 지상파DMB는 우리나라가 세계 최초로 사용화하는 것이다. 유럽에서도 시행되고 있기는 하지만 오디오와 간단한 문자정보만 디지털로 서비스하는 DAB(Digital Audio Broadcasting)가 1995년 영국에서 시작되었다. 이후 독일, 스웨덴, 스페인 등의 유럽 지역과 캐나다 등지에서 DAB서비스는 이뤄지고 있으며 2005년 초 전 세계적으로 600개를 넘어섰고 약 3억 명이 DAB를 수신하고 있다.

미국(DAB)과 일본(DMB)에서도 서비스가 이루어지고 있다. 미국은 1997년 XM라디오와 시리우스가 위성을 이용한 오디오서비스인 '위성라디오' 사업권을 확보하여 2001년(XM라디오)과 2002년(시리우스)에 전국 방송서비스를 시작했다. 일본도 NHK를 중심으로 지상파TV를 휴대단말기로 볼 수 있도록 하는 서비스를 진행하고 있다. 그러나 차량용수신기에 의한 이동방송은 한국처럼 이동전화 겸용단말기를 지향하는 것과 비교하여 뒤늦게 시작하였다.

Q. DMB 동영상은 TV보다 좋은가

A. DMB는 최대 7인치 크기의 화면에 최적화되어 있다. 때문에 7인치 이상의 TV로 보기에는 적합하지 않다. 해상도는 320*240의 QVGA급이어서 이동전화, 차량용 모니터 PDA 등의 화면에 더 잘 어울린다. 화면이 작은 대신 아날로그 TV보다 화면은 깨끗하다. 디지털방송이므로 노이즈나 이중화면 등은 없다. 더구나 DMB는 이동속도에 구애받지 않는다. 시속 150km 이상으로 이동 중에도 수신이 되며 항공기에서도 수신이 가능하다.

Q. DMB의 프로그램 수신의 특징

A. DMB에는 전자프로그램가이드(EPG: Electronic Program Guide)라는 게 있다. 신문 연예면에 TV방송프로그램의 리스트를 통해서 각 시간대의 방송 프로그램의 내용을 알 수 있듯이 EPG를 통해 각 채널의 현재 프로그램을 알 수 있다. 미리 EPG에서 원하는 프로그램을 선택해두면, 해당 시간에 원하는 프로그램으로 이동하거나 녹화할 수 있다.

Q. TV와 라디오 이외의 다양한 데이터서비스

A. DMB는 동영상과 오디오 이외에 정지그림이나 텍스트 등을 활용한 데이터서비스가 가능하다. 따라서 새로운 차원의 데이터방송이 가능하다. 예를 들어, 신곡을 발표한 가수의 노래가사를 텍스트 형태로 전송 받을 수 있고 교통정보, 증권정보를 제공할 수도 있다.

1. DMB를 이해하기 위한 2가지 접근방식

현재 DMB방송은 지상파DMB와 위성DMB로 나뉘어져 있다. 두 방송을 비유하자면, 똑같이 DMB라는 용어를 사용하지만 인종과 출생 및 체질이 전혀 다른 것이라고 할 수 있다. 동일한 시장과 동일한 소비자(휴대 및 이동, 방송청취)를 대상으로 경쟁한다는 것은 운명적인 일이다.

- 공통점: 일방향적 방송, 방송용으로 할당된 주파수 사용
- 차이점
    - 무료방송(지상파DMB의 B2B)과 유료방송(위성DMB의 B2C)의 비즈니스 모델
    - 기존 방송의 확장모델(지상파 사업자)과 이동전화 부가서비스(이동통신사업자)
    - 전통적인 방송의 개념(지상파DMB)과 통신의 개념(위성DMB)
    - 불특정 다수 대상 공공서비스(지상파DMB 사업자)와 사적 커뮤니케이션을 통한 이윤창출(위성DMB 사업자)

2. DMB의 성격

1) 방송의 확장모델

DMB는 '고정시청' 또는 '고정수신'이라는 개념에서 '이동시청' 또는 '휴대수신'을 위한 방송으로의 이동을 말한다. 방송소비의 공간적, 시간적 제약을 없애 방송의 영향권을 확대하려는 노력이기도 하다. 유럽의 디지털 TV 표준인 DVB-T(Digital Video Broadcasting-Terrestrial)에서 DVB-H(Hdandheld)가 도출됐고, 미국과 한국의 지상파 디지털 TV 기술규격(ATSC-8VSB)으로는 이동 및 휴대방송을 구현할 수 없자 지상파DMB(T-DMB)라는 새로운 확장기술을 만들어낸 것이다.

2) 이동통신의 확장모델

이동통신기술의 발전으로 인해 문자서비스, 무선인터넷, 동영상서비스를 구현했다. 단순 음성통화에 그치지 않고 다양한 부가서비스를 창출했으며, 실시간 동영상서비스를 향해 진화하고 있다. 이동통신의 목적지는 시간과 장소에 구애받지 않고 원하는 콘텐츠서비스를 이용할 수 있는 '유비쿼터스 멀티미디어 서비스 환경'이다. 따라서 이동통신의 흡수대상은 방송이어야 하며 수익확대를 위한 필수적인 이유이다.

3. 방송의 확장 – 지상파DMB

- 한정된 주파수를 보다 효율적으로 사용할 수 없을까?
- 라디오로 듣기도 하고, 보기도 하면 어떨까?
- 텔레비전 수상기를 갖고 다니면 얼마나 좋을까?

1) 국가적인 자원(주파수)의 효율적인 사용

한국에서 방송용으로 사용되는 주파수는 VHF, UHF, S-밴드
(s-band)이다. 디지털로 바꾼 라디오는 동일 주파수에서 5~6개의 채널
 - VHF(Very High Frequency): 밴드 Ⅰ(TV 2~6번), 밴드 Ⅱ
   (FM라디오 방송), 밴드 Ⅲ(TV 7~13번)
 - UHF(Ultra High Frequency): 밴드 Ⅳ(지상파 DTV)
 - S-밴드: 2533~2655Mhz(이 중 2630~2655Mhz를 위성DMB가 사용)

[표 11-2] 한국의 주파수 분배현황

대역	VHF				UHF	S-Band
용도	TV (CH 2~4)	TV (CH 5~6)	FM 방송	TV (CH 7~13)	TV (CH 14~60)	위성 DAB
주파수	54~72 MHz	76~88 MHz	88~108 MHz	174~216 MHz	470~752 MHz	2535~2655 MHz

2) '보고 듣는 라디오'의 발상전환

아날로그 라디오의 디지털 전환을 논의하던 중 '듣는 미디어'의 개
념을 깨고 '보고 듣는 미디어'를 착안하여 멀티미디어형 라디오로 발
전하게 된다. 논의가 진행되던 2002년 당시의 동영상 압축기술은 소극
적이었던 기존 라디오 방송국들의 참여를 가능하게 했다.

[표 11-3] 지상파DMB와 FM의 기술비교

항목	지상파DMB	VHF/FM
다중경로 간섭 영향	작다(보호구간 영향)	크다
Shadowing 영향	작다	크다
잡음과 간섭 영향	작다(디지털 변조 특성)	크다
요구 CIR	5~10dB 이상	37~40dB 이상
전력 사용효율	높다	낮다
요구송신출력	수 KW 이상	수십 KW 이상
주파수 사용효율	높다(채널당 여러 서비스를 수용)	낮다(채널당 한 개의 서비스 수용)
지역별 서비스 가용도	95~99%	50%
시간별 서비스 가용도	99%	90%
서비스 품질	높다(비디오→VCD급, 오디오→CD급)	낮다
이동체 수신 품질	높다(시속(150km)	낮다

3) 언제 어디서나 볼 수 있는 TV

지상파TV의 디지털 전환은 라디오의 사례처럼 채널을 늘리거나 고화질TV를 즐기려는 의도에서 발생했다. TV에서 1개 채널의 주파수 폭은 6Mhz인데, 아날로그를 디지털로 전환하면 동일한 주파수 폭에서 5~6개의 디지털 채널을 가지거나 또는 1개의 고화질 TV채널로 풍부하게 사용할 수 있다. 한국은 다민족 다언어의 유럽과는 달리 다채널의 필요성이 낮기에 단일채널의 고화질 방식으로 채택되었다. 이때 고화질TV로의 전환과정에서 '이동수신'에 대한 요구는 미국식과 유럽식의 디지털 전환방식 채택이슈였다. 이동수신은 매우 매력적이지만 상대적으로 고화질은 불가능했다. 이러한 상황에서 지상파DMB는 미국식 디지털전환 방식을 채택하면서 나온 해결책이 되었다.

4. 통신의 확장, 위성DMB

1) 이동통신의 발전사

한국의 이동통신의 역사는 불과 20년 정도 남짓하다. 1984년 3월 29일 한국이동통신서비스주식회사(현 SKT)가 설립되어, 차량용 전화서비스를 시작한 것이 출발이다. 당시 단말기 가격을 포함하여 서비스를 이용하기 위한 비용은 400만 원 이상이었으며 차량 가격보다 비쌌다.

- 보급: 1987년부터 임대서비스를 시작하며 1만 명을 넘어서고 1988년 올림픽을 앞두고 휴대용 이동전화 서비스가 개시되어 매년 100% 가까운 성장률을 기록
- 도약: 1996년 코드분할다중접속(CDMA: Code Division Multiple Access) 방식의 디지털 이동전화 서비스와 PCS 이동통신사업자의 등장
- 성숙: 잠정규격(Intension Standard)이라는 뜻의 IS 명칭 아래 IS-95a, IS-95b의 단계를 거쳐 CDMA2000-1X와 EVDO로 발전하면서 전송속도가 1.44Mbps로 발전하고 3세대 이동통신에서는 2.4Mbps로 높아지며 멀티미디어 서비스 시대가 열림

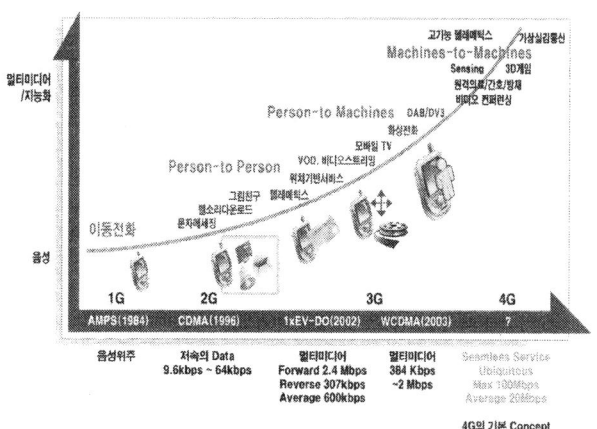

[그림 11-1] 이동통신망과 서비스진행 방향

2) 왜 DMB로 향하는가

과거 PC통신 시대의 전화 모뎀이 낼 수 있는 데이터 전송속도는 64kbps였다. 현재 xDSL이나 FTTH 사용자들에게 전화 모뎀으로 인터넷 접속을 하라고 한다면 모두 포기하고 말 것이다. 그만큼 오늘날의 유선은 수십 개의 TV채널을 수용할 수 있을 정도로 대역폭이 넓어졌다. 그러나 이동통신의 기술발전은 아무리 발전을 거듭해도 넘기 어려운 물리적인 한계가 있다. 모든 가입자에게 멀티미디어 소비욕구를 충족시켜 줄 수 없기 때문이다.

즉, 이동통신은 '대역폭 나누어 쓰기(Bandwidth Sharing)'의 기술적 원리에서 벗어날 수 없다는 것이다. 하나의 기지국이 수용할 수 있는 데이터 처리용량은 한정되어 있다. 가입자가 늘어나거나 대용량 데이터를 다운로드하는 등 보다 빠른 수준의 데이터 처리속도를 원하면 기지국을 증설해야만 한다.

- 대역폭 나누어 쓰기의 예

한 기지국에서 음성통화(9.6kbps)만으로는 1만 명의 동시접속 가입자를 수용할 수 있다고 가정하자.

이때 한 가입자가 상대적으로 고급기능의 이동전화로 1.44Mbps의 전송속도가 필요한 무선인터넷에 접속해 멀티미디어 정보를 내려받으면 이 가입자는 15명분의 대역폭(9.6kbps 15＝1.44Mbps)을 점유하고 있는 것이다.

기지국의 정해진 용량을 동시 접속 가입자들이 나누어 쓰고 있는 것이 이동통신의 기본 원리이지만, 점차 많은 가입자들이 높은 전송속도로 접속해 대용량 콘텐츠(June 또는 fimm 서비스)를 이용하면 기지국 용량을 늘리거나 기지국을 증설하는 시설투자를 끊임없이 계속해야 한다. 반면, 방송은 소비의 '경합성(rivalness)'과 '배제성(exclusiveness)'이 적용되지 않는 공공 서비스의 전형이다. 비경합성과 비배제성은 대역폭을 쪼개서 소비하는 이동통신과는 달리 송출되는 방송신호를 공평하게 받아서 사용하는 것이다. 따라서 이동통신사업자의 투자 부담을 줄여주고 공공재인 방송서비스를 보기 위해 소비자끼리 대역폭을 빼앗고 뺏는 경쟁을 하지 않아도 되는 것이다.

점검 및 연습

1. 혁신자(Innovator)들에게는 하이테크 기술을 처음 도입하는 계층이기 때문에 더욱 많은 마케팅 활동이 필요하다. (　　)

2. 조기수용자(Early Adopter)들과 조기다수(Early Majority)는 많은 상호 의사소통으로 하이테크 기술의 수용을 주도한다. (　　)

3. 다음 중 신규 제품 또는 서비스를 도입하는 데 영향을 미치는 것으로 잘못 설명한 것은?

　　① 제품의 상대적 우위 (Relative Advantage)
　　②관찰가능성(Observability)
　　③ 호환성(Compatibility)
　　④ 복잡성(Complexity)

4. 다음 중 조사결과, 휴대폰 무선인터넷서비스를 통해서 사용자들이 가장 많이 사용하는 서비스는?

　　① 메일, 카페　　　　　② 엔터테인먼트
　　③ 금융거래　　　　　　④ 교통정보

정리하기

1. 새로운 하이테크 서비스 및 상품을 도입하는 과정에서 고객의 반응을 살피는 것은 성공 여부를 가늠하는 중요한 요인이 되며, 고객의 니즈를 파악하지 않은 서비스와 상품은 시장에서 외면받거나 간극(Chasm)으로 인해 마니아들만의 장난감으로 전락해버리기도 한다.

점검 및 연습 정답

　　1-X : 혁신자 계층은 하이테크 기술에 대한 관심과 지식이 충분하며 경제적 비용 등을 고려하지 않기 때문에 혁신자들에게 기업의 마케팅 활동은 오히려 낭비적인 측면이 강하다.

　　2-X : 조기수용자와 조기다수는 성향이 다른 계층으로서 서로간의 부족한 의사소통이 간극(Chasm)을 일으켜 기술수용을 더디게 한다.

3-4 : 신제품을 이해하고 사용하는 것이 쉬워야 성공적으로 도입이 된다.

4-2 : 휴대폰 무선인터넷서비스는 엔터테인먼트 용도로 주로 사용하며, 무선랜 서비스는 업무용으로 주로 사용한다.

11-2장 족보 다른 두 DMB와 변화

- 학습목표
  1. 11-1장에서 살펴본 DMB의 기초적인 상식을 토대로 각기 다른 성격을 갖는 두 DMB의 속성을 살펴보고 DMB서비스로 인해 나타나게 될 사회문화적인 변화를 현상적인 접근으로 논의해본다.

- 학습내용
  1. 지상파DMB의 등장
  2. 위성DMB의 등장
  3. 개인형 방송수신
  4. DMB사업의 해결문제와 미래
  5. DMB와 시공간 변혁

DMB의 출발을 유럽의 DAB로 보는 경향도 있으나 한국에서의 DMB는 DAB가 진화된 형태가 아니다. 완전히 새로운 방송의 형태를 나타내고 있으며, 이동전화와 결합하여 세계 최초의 디지털 휴대방송의 면모를 갖추고 있다. 한국에서의 DMB 도입은 매우 상이한 두 가지 방향으로 이뤄졌다. 첫 번째가 지상파 방송으로서의 지상파DMB이고, 두 번째는 인공위성을 이용한 위성DMB이다. 전자는 정부가 주도해 추진한 국가적 프로젝트라면, 후자는 민간기업의 차원에서 자율적으로 이뤄진 신규 사업이다.

- 지상파DMB 아날로그 라디오 방송을 디지털로 전환하거나 디지털 TV의 이동수신 문제를 해결하기 위한 시도, 즉 방송의 효율화를 고민한 끝에 고안된 것이다.'방송의 확장'차원에서 도입된 미디어이다.
- 위성DMB 음성전화와 제한된 데이터서비스 이외에 TV 같은 대용량 멀티미디어서비스를 이동전화를 통해서도 구현하려는 시도에서 출발하였다. 즉, 이동전화 위에 위성DMB를 얹는 '이동통신의 확상'이라는 개념이다.

1. 지상파DMB의 등장

아날로그 라디오방송의 디지털 전환을 위해 도입하고자 했던 DAB를 DMB로 확대하게 된다. 또 DMB의 도입을 지상파 디지털TV 전송방식을 둘러싼 기술논쟁의 산물로 해석하기도 한다. 정보통신부는 1997년 11월 미국식 지상파 디지털TV 전송방식인 'ATSC-8VSB'를 국가표준으로 채택했으나 MBC와 방송기술인연합회 등이 미국방식의 문제점을 조목조목 지적하면서 이를 유럽방식인 DVB-T로 변경할 것을 주장하였다. 2001년부터 2002년 동안 진행된 기술표준 논쟁의 쟁점

중 하나가 이동수신에 강점이 있는 DVB-T를 국가표준으로 채택해야
한다는 점이었다. 때문에 미국의 디지털TV 방식을 채택했던 정부는
이동수신의 대안으로 자연스럽게 DMB를 제시하게 되었다.

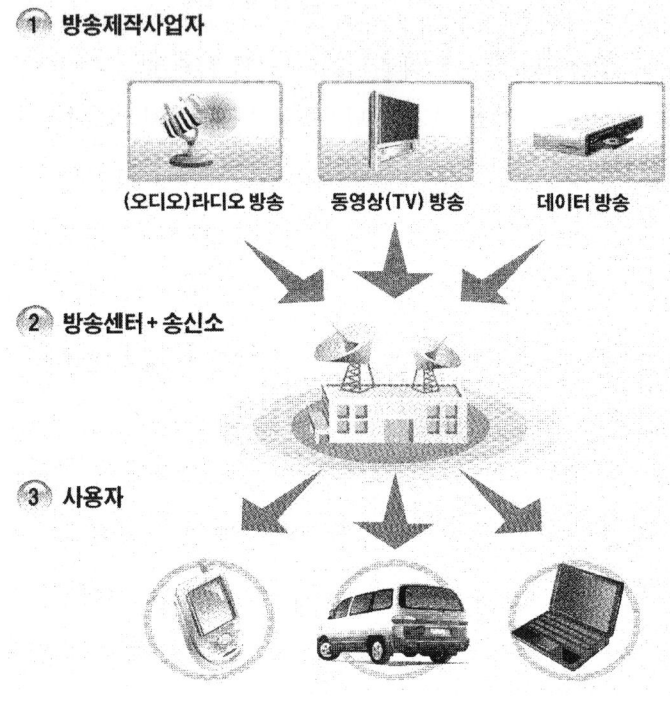

[그림 11-2] 지상파DMB의 서비스개념도

2. 위성DMB의 등장

위성DMB는 신규 수익모델을 고심하던 SKT가 2001년 위성DAB에
대한 관심을 가지면서 출발한다. 이에 앞서 ITU는 한국, 일본, 중국을
포함한 9개 국가에 방송위성용 특정 궤도를 사용하도록 하였다. 그러
나 일본의 MBCo사가 1997년 위성DMB 용도로 위성궤도를 먼저 신청

하여 SKT는 위성망 선점원칙에 따라 한국을 지나는 위성궤도를 일본이 점유하게 된다. 이에 따라 SKT는 MBCo사에 직접 12억 엔을 투자하고 총 주식의 5.9%를 보유한 2대 주주가 되고 이후 27억 엔을 추가로 투자하게 되었다. 따라서 위성DMB는 민간 이동통신사업자 SKT의 신규사업 진출을 통한 성장기반과 발전의 도약대를 마련하려는 시도의 노력이다.

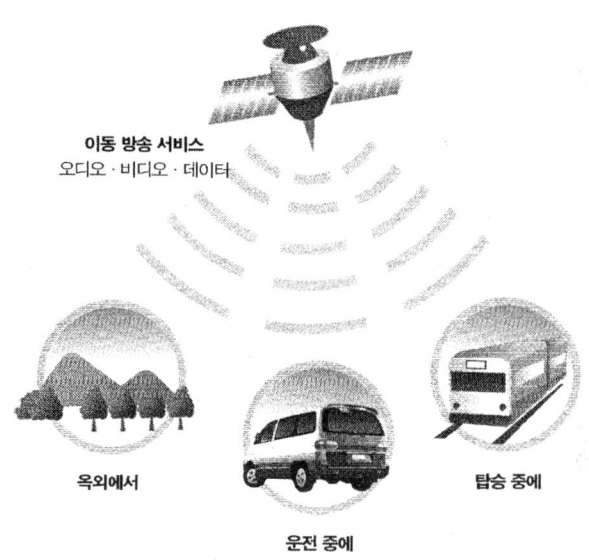

이동 방송 서비스
오디오 · 비디오 · 데이터

옥외에서

운전 중에

탑승 중에

[그림 11-3] 위성 DMB시스템

3. 개인형 방송 수신

DMB방송 이전의 기존 TV방송은 한 장소에서 공유하는 '공동/고정 시청'의 개념이었다. 그러나 DMB는 시청 및 청취행위 자체를 개인화하고 있다. 개인형 방송은 개인별로 다른 라이프스타일만큼 방송소비의 패턴도 다른 것을 전제로 한다. 수신기의 형태에 따라 쓰임과 기능에 차이가 있을 것이다.

- 이동전화 겸용
- 자동차에 달고 다니는 차량용
- 개인정보단말기(PDA)기능의 PDA형
- 휴대용 멀티미디어 플레이어(PMP) 또는 MP3 단말기와의 결합형
- 노트북 컴퓨터에 DMB 수신기를 탑재한 노트북형

이동전화 보급률이 인구대비 75%를 넘어서고 단말기 교체주기가 평균 2년이라는 점은 서비스확산을 위한 DMB와 이동전화의 결합에 이상적인 모델이 될 수 있었다. 차량용 단말기는 7인치 이상의 큰 화면을 장착할 수 있고 향후 텔레매틱스 기능과 결합하여 통신, 방송 융화형 서비스가 구현되어 상당한 시너지효과가 기대되었다. 휴대형 DMB는 주로 MP3 등의 멀티미디어 플레이어 등과 결합이 주류를 이루고 있다. 그러나 스크린이 없으므로 추가비용이 이동전화나 PDA 등에 비해서는 높을 것으로 예상되었으나 점진적인 LCD 패널의 가격 하락으로 보급에 대한 장애는 없었다. PC 또는 노트북용 단말기는 수신기능만 담당하고 영상처리에 필요한 장치는 컴퓨터에 설치한 프로그램을 이용하면 되므로 생산단가도 낮고 제조도 쉽기 때문에 가장 저렴하게 보급할 수 있었다. 현재는 가격하락 속도가 빨라서 2-3만원 정도의 저가격으로도 수신기를 구입할 수 있게 되었다.

오디오 기능만을 보유한 DAB 단말기도 출시될 것으로 예측되었지만 시장성에 없어서 대체로 오디오 기능으로 특화된 단말기는 나오지 않았다. 하지만 FM보다 음질이 좋고 제한적이지만 데이터서비스도 가능하기 때문에 이미 영국 등 유럽의 국가들에서는 독자적인 시장을 형성하고 있다.

4. DMB사업의 해결문제와 미래

1) 해결 문제

단말기 보급은 이동통신사업자, 제조업체의 협력관계가 긴밀하게 유지된다. 위성DMB는 수익모델이 구체적으로 형성된 반면, 지상파DMB는 광고수익이 전부이므로 수익모델 확보가 어렵기 때문에 이동통신사업자가 직접 나서 적극적인 보급을 할 이유가 없다. 그러나 2008년 하반기, 방송법 제8조의 소유제한 규정에 의해 자산 3조 이상의 대기업은 지분 참여를 할 수 없다는 조항이 수정되었기 때문에 대기업의 지분 참여를 통한 대량의 단말기 보급과 투자가 이루어질 것이다. 반면 지상파DMB는 공익적 무료방송의 원칙을 깨지 않는 이상 광고수익의 규모의 효과를 보기 어렵다. 대기업의 참여로 인하여 공익적 방송에 대한 침해가 예상된다.

- 위성DMB의 수익구조: B2C로서 서비스 이용자와 지불하는 주체가 같은 구조
- 지상파DMB의 수익구조: B2B로서 서비스 이용자와 지불하는 주체가 다른 구조

2) 이동전화의 미래

TV수신이 가능한 DMB이동전화는 그 자체로 이동통신 단말기라기보다는 휴대용 가전과 엔터테인먼트 기기로 볼 수 있다. 서비스 자체가 개인화되어 '내가 원하는 콘텐츠와 서비스를 언제든지 골라 볼 수 있다'는 점이 종합멀티미디어 기기로서의 이동전화가 가진 특징이다. 앞으로의 발전에 대한 힌트는 2008년 인텔은 세대 저전력 CPU인

ATOM을 내놓으면서 새로운 디지털 통합기기를 제시하며 내놓았다. 어디서나 인터넷 및 통신, 방송수신이 가능한 "멀티미디어 인터넷 단말기"(Multimedia Internet Device)는 향후 가까운 미래에 휴대폰, DMB단말기, MP3 플레이어, PMP 등을 통합 대체하게 되는 21세기 정보사회의 필수품이 될 것으로 예측된다.

- 과거 킬러 애플리케이션: 음성통화, 문자메시지(SMS)
- 미래 킬러 애플리케이션: '선택(Choice)' 자체 ; 이동전화, PDA, 게임기, 카메라, 방송, 정보미디어 등

즉, 가전의 다양한 기능이 손바닥 위의 휴대 단말기에 구현되고 작은 LCD가 세상과 자신을 연결하는 주요한 인터페이스가 된다.

[그림 11-4] 인텔의 아톰CPU를 채용한 MID

5. DMB와 시공간 변혁

1) 출근 시간이 '황금시간대'

DMB 미디어가 갖는 가장 중요한 속성은 '개인 시청형 미디어'와 '이동형 미디어'라는 것이다. 즉, 사적 미디어며, 탈시공간적 미디어다. 방송이라는 매체적 특성보다는 '이동성'이라는 측면이 더 우선적인 가치를 두고 있기 때문에 전혀 다른 TV시청 문화를 만들어 내고 있다. SKT의 DMB사업팀이 조사한 자료에 의하면, DMB의 가장 시청률이 높은 시간대는 다음과 같다.

오전 7~9시	낮 12~1시	저녁 6~8시

출근 및 등교시간인 오전 8시를 전후하여 가장 높은 시청률을 보이는 것으로 조사되어 고정형 TV가 장악하지 못한 시간/공간석 영역에 DMB가 진입하면서 방송시청 형태를 변화시키고 있다. DMB가 대중화되어 가정 내 거실에서 집단 시청하던 '가족 미디어'인 TV가 철저히 사적/개인적 영역으로 파고들어 '개인화'되는 경향이 심화되고 있다. 일상생활에 대한 TV방송의 지배력이 강화되고 가정 및 개인의 생활패턴에도 영향을 미치고 있는 것이다.

2) DMB와 개인적 공간의 확장

소니 워크맨의 탄생

라디오카세트와 카세트녹음기를 만들던 소니의 작업실 기사 한 사람이 헤드폰을 끼고 웃으면서 일을 하고 있었다. 공장장에게 적발된 그 물건은 입력 장치를 없애고 출력장치를 하나 더 끼어 만든 스테레오 재생 장치였다. 녹음이 안 되던 녹음기는 전혀 다른 상품으로 태어나게 되었다. 손바닥만 한 녹음 재생기인 그 이름은 워크맨으로서 전세계 젊은이를 강타했고 집단 공간 속에서도 나만의 밀실 공간을 확보했다. 현대인에게 고립은 주어지는 것이지만 고독은 스스로 선택하는 문화적인 것이다.

작고 가벼운 녹음 재생기인 워크맨은 '가전(家電)제품'이 아니고 '개전(個電)제품'이다. DMB도 워크맨과 같이 타인으로부터 공간의 침해를 받지 않는 개인적인 공간을 형성한다. 하지만 커뮤니케이션 도구인 이동전화 등과 결합된 DMB는 단순한 고립이나 고독을 의미하지 않는다. 공적 영역과 사적 공간의 통합 또는 상호 교류로 해석할 수도 있다.

> 종이신문: 휴대의 편리성과 정보의 편리의 접근
> 이동전화: "거기 어디야?"라는 통화 내용은 이동전화의 이용관행이 공간과 밀접하게 연관됨을 의미
> DMB: "어제 그 드라마, 어디서 봤어?"라는 질문이 가능한 공간성을 가짐

3) 라디오의 부활

우리에게 익숙한 라디오는 80년이 넘는 역사를 지닌 매체이다. 오랜 시간 동안 독립된 매체로서 유지되어 왔으나 TV, 영화 같은 시각적인 매체에 의해 영향력이 약화되기도 했고 이동전화, 게임기 등 가볍고 강력하며 재미있는 휴대용 단말기가 보급되면서 청취자층이 더욱 얇아졌다. 그럼에도 불구하고 여전히 그 생명력은 남아 '2004년 방송매체 수용자 조사'에 따르면 매일 라디오를 청취하는 사람은 49.2%로서 하루 평균 52분으로 나타났다. 전체 인구의 절반 정도가 하루 한 시간 가량 라디오를 듣는다는 결과이다. 라디오의 생명력을 방송인들과 학자들은 다음과 같이 요약했다.

  - 인간적인 호소력이 있다.
  - 언제 어디서나 들을 수 있다.
  - 기동성과 즉시성이 뛰어나다.

라디오의 주요 청취층은 30대 이상, 판매/서비스/기능직 및 주부 등에 집중되어 있는 것으로 나타났다. 즉, 청각만을 전달하는 매체로서 다른 일을 하면서 부수적인 전달이 가능한 매체로서 장년층의 특정 직군에 몰리게 된 것이다. 화이트칼라 직종은 '운전하면서' 듣는 비율이 69%에 이르고, 판매/서비스직 역시 운전하면서 듣거나(55%), 주부와 학생은 각각 가사노동과 공부하면서 라디오를 듣는다(42.7%와 46.6%). 특징적인 것은 10대의 라디오 청취층이 매우 얇아졌다는 점이다. 오늘날에는 10대보다 30대의 연령층이 두텁다.

[표 11-4]라디오 청취 시 하는 일

청취 시 하는 일	행정관리/ 전문직	사무직	판매/ 서비스직	기능/ 노무직	학생	주부	기타
운전하면서	69.8	65.6	55.0	54.4	6.3	14.5	31.8
대중교통 안에서	4.3	5.0	10.6	7.3	17.8	3.8	9.1
일/공부 하면서	9.4	16.9	20.0	24.1	46.6	42.7	17.0
특별한 일을 하지 않고 라디오만 청취	6.5	3.1	3.4	4.4	13.1	7.6	23.9
책, 신문, 잡지 등을 읽으면서	3.6	3.1	4.7	2.5	6.3	12.2	8.0
기타	2.9	4.4	2.8	6.0	0.5	6.1	3.4

라디오는 듣는 매체이지만 현재는 인터넷을 의지하여 보는 매체가 되기도 한다. 인터넷을 통해 DJ나 초대 가수를 볼 수 있는 '보이는 라디오'를 진행하는 프로그램이 일반화 되어가고 있다. 그러나 인터넷을 의지하지 않고 DMB를 통해서도 가능하다는 점은 라디오의 개념을

바꿀 수 있다. 2초당 1컷 정도의 이미지 전송이 가능하여 스튜디오 현장의 사진이나 이미지화된 자료를 보낼 수 있는 것이다. 뉴스에서는 보도사진 또는 관련 그래프를 전달하고 있고 교통정보나 일기예보의 구름사진, 장애인용 자막방송도 보내고 있다. 이러한 비주얼화된 DMB 라디오는 젊은 층을 주된 소비자로 한 미디어로서 10~20대를 흡수하고 아날로그 라디오의 주 청취층도 강화하는 효과가 있다.

4) 가처분 시간의 증가

텔레비전은 일종의 '시간성의 원리'를 갖고 일정한 시간의 틀을 제공했다. 방송사가 정해놓은 시간에 맞추어 구속되어야 하며, 그렇지 않으면 자신이 보고 싶은 프로그램의 시청을 포기해야 한다. 대부분의 사람들은 그러한 틀을 별다른 거부감 없이 자신의 생활리듬으로 받아들인다. 그러나 DMB는 시청자의 '가처분시간(죽은 시간 또는 잃어버린 시간)'을 늘려주어 잉여가치의 생산기회를 가능하게 해준다.

- 방송학 학자 조레기베리(Jaureguiberry)는 DMB폰을 '시간의 밀도 제고(desification of time)'와 '이중 시간의 창출'로 시간성의 특성을 요약했다. 즉, TV를 볼 수 없는 시간에 TV를 볼 수 있게 하고, 다른 일을 하는 시간에도 TV를 볼 수 있게 함으로써 결과적으로 TV를 이용할 수 있는 시간을 늘려준다는 것이다.

궁극적인 모바일 혁명 또는 모바일 비즈니스가 추구하는 목표는 '죽은 시간의 부활'이다. 이동 중에 쓸모없게 된 시간을 이윤창출의 시간으로 만들어 내려고 고안하는 것이 셀룰라폰과 PCS폰이다. 또한 무선랜과 와이브로(Wibro)도 모두 비생산적인 시간으로 인식되어 왔던 이동 환경에서 음성통신, 인터넷 접속서비스 등을 가능하게 하여 '시간'과 '비용'을 교환하면서 이윤을 창출하고 있다.

시청자 입장: 출퇴근 시간을 쪼개서 정보와 오락, 뉴스를 제공하여 알찬
　　　　　　 시간을 이용하도록 한다.
공급자 입장: 24시간 광고에 접하게 할 수 있고, 뉴스 콘텐츠 등을 통해
　　　　　　 영향력을 확대할 수 있다.

점검 및 연습

1. 지상파DMB는 아날로그 라디오 방송을 디지털로 전환하려는 와중에 고안된 미디어이다. (　)

2. 위성DMB는 6개 사업자들에 의해서 공동 관리된다. (　)

3. 다음 중 DMB서비스를 이용하기 적당하지 않은 단말기 형태는?

　　① 이동전화 또는 PDA형
　　② 휴대형 멀티미디어 플레이어(PMP)의 결합형
　　③ 노트북 PC 및 컴퓨터 수신기형
　　④ 가정용 TV와의 결합형

4. 다음 중 라디오와 DMB의 관계를 적절하게 설명한 것은?

　　① 라디오는 주요 청취층이 10~20대로서 젊은이들이 주로 청취한다.
　　② 디지털 라디오의 아날로그화를 모색하다가 DMB를 개발하게 되었다.
　　③ DMB를 통해서 기존 라디오의 청취층이 강화되고 보이는 라디오도 가능하게 된다.
　　④ DMB로 인해 기존 라디오의 존재는 없어지게 될 것이다.

점검 및 연습

　　1-O : 위성DMB는 이동통신의 확장 차원인 반면, 지상파DMB는 방송의 확장 차원의 미디어이다.

　　2-X : 위성DMB는 신규 수익모델을 고심하던 SK텔레콤이 자회사 TU미디어를 통해 운영하는 개별 서비스사업이다.

　　3-4 : 이동성이 기반이 되는 DMB단말기는 이동형기기와 결합 형태로 발전할 가능성이 높으나 고정형 TV와 결합은 무의미하다.

　　4-3 : 아날로그 라디오의 존재는 80여 년의 긴 역사를 가지고 있다. DMB를 통해서 훨씬 다채로운 방송이 가능해진다.

11-3장 DMB와 텔레메틱스

- 학습목표
  1. 11-3장에서는 주로 지상파DMB의 데이터방송 규격과 이를 통해 구현할 수 있는 실제 데이터서비스의 모델에 대해 살펴본다. 위성DMB의 경우 기술규격이 아직 없을 뿐 아니라 이동통신과의 결합에 의한 데이터서비스를 구현하려고 노력하고 있어 지상파DMB와는 경우가 다르기 때문에 제외한다.

- 학습내용
  1. DMB 데이터방송
  2. 지상파DMB의 응용서비스
  3. DMB와 교통정보
  4. DMB와 교육
  5. DMB와 양방향 서비스

'DMB'라고 하면 '손에 들고 다니는 TV'를 생각하고, 조금 알게 되면 FM라디오보다 음질이 좋은 디지털 오디오 방송도 생각해 낸다. 그러나 오디오와 비디오서비스가 전부가 아니다. 이동통신망과 연동됨으로써 양방향의 각종 데이터서비스가 가능하다. DMB 자체적으로도 데이터서비스 혹은 데이터방송이 가능하다.

1. DMB 데이터방송

'지상파DMB로 인터넷사이트를 볼 수 있으면 좋을 텐데', 'DMB를 통해 TV와 라디오만 하는 것이 아니라 뉴스, 기상정보, 증권시황 등을 텍스트 형태로 서비스할 수 없을까'라는 의문이 든다면 가능하다는 답변을 들을 수 있다.

2003년부터 표준화 작업이 진행되고 있거나 완료된 지상파DMB의 데이터 송수신 정합표준안에는 이러한 기대를 충족할 수 있는 기술규격이 있다. 특히 주목할 만한 기술은 다음의 두 기술이다.

- MOT(Multimedia Object Transfer): '멀티미디어 객체 전송'으로 번역할 수 있는 이 기술은 텍스트, 정지영상(이미지), 동영상, 오디오 콘텐츠 등을 스트리밍하지 않고 하나의 파일 형태로 전송하면, 지상파 DMB 수신기에서 이를 수신해 재생할 수 있도록 하는 프로토콜이다.

- IP터널링: 인터넷프로토콜(IP)기반의 데이터전송기술로서 웹에서 이루어지는 인터넷 프로토콜 기반의 데이터전송이 방송망(지상파 DMB망)을 통해 이뤄지도록 하기 위한 기술규격이다.

이 기술을 사용하면 지상파DMB는 라디오와 TV의 AV방송에서 벗어나 새로운 차원의 데이터방송을 제공할 수 있게 된다. 예를 들면, 인기가수의 신곡과 함께 가사를 텍스트 형태로 전송할 수 있고 음반의 재킷이나 사진을 슬라이드로 순차적으로 제공할 수 있다. 즉, 눈과 귀를 만족시키는 새로운 방송 형태가 가능하다.

지상파DMB 시스템인 유레카-147의 데이터서비스는 크게 스트림(stream) 모드와 패킷(packet) 모드로 구분된다.

- 스트림 모드: 물 흐르듯 신호를 연속해서 보내는 것
- 패킷 모드: 신호를 정보 전송단위인 패킷으로 쪼개 전송하는 것

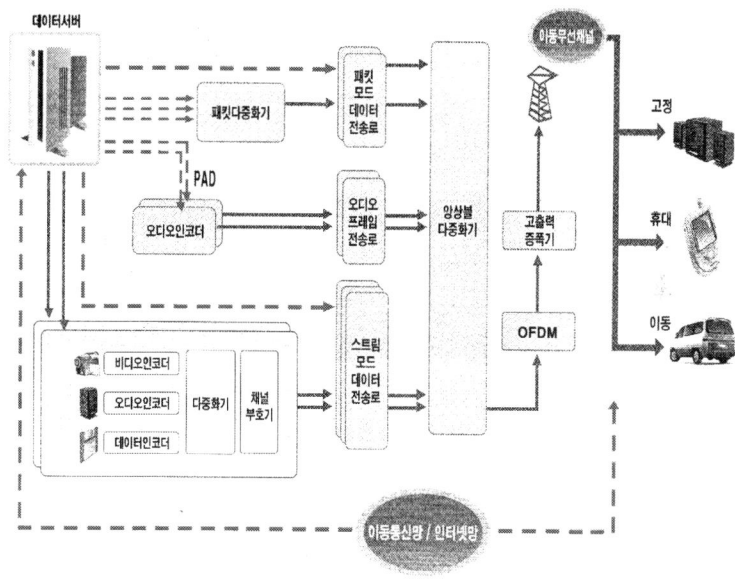

[그림 11-5] 지상파DMB 데이터방송시스템 구조

2. 지상파DMB의 응용서비스

지상파DMB의 기술표준으로 가능한 데이터서비스는 동일한 서비스
지만 구분하는 방식에 따라 중복될 수도 있으나 구분방식 자체는 큰
의미가 없고 해당 서비스의 종류를 중심으로 살펴보도록 한다.

1) 프로그램 연동형 정보서비스(PAD: Program Associated Data)

지상파DMB의 오디오 서비스에 추가하여 각종 데이터를 텍스트, 이
미지로 전달하는 것이다. 음악 프로그램의 경우 현재 방송 중인 음악
의 곡명, 작곡자, 가수, 연주자 이름, 노래 가사, 콘서트 일정 등을 텍
스트 형태로 단말기의 LCD로 볼 수 있게 제공할 수 있다.

2) 독립형 정보서비스(패킷모드): Non-PAD

NPAD는 말 그대로 비디오 및 오디오 프로그램과는 별개의 독립된
채널을 통해 제공하는 데이터서비스를 말한다. 기상정보, 상품구매정
보, 교통정보, 증권정보를 별도의 채널을 개설한 경우이다.

3) 웹사이트 방송(BWS)

BWS(Broadcast Web Site)는 특정한 웹사이트 전체를 전송, DMB
채널을 이용해 다운로드하게 함으로써 흡사 웹사이트를 서핑하는 것
처럼 이용하게 하는 것이다. 인터넷사이트 내용을 고스란히 지상파
DMB로 수신받아 볼 수 있는 만큼, 상향 채널이 없어도 사실상 웹사
이트 서핑하는 것 같은 느낌을 줄 수 있다. 이와 함께 MOT프로토콜

을 이용해 받은 인터넷사이트의 파일을 수신기가 자체 메모리에 담아
두었다가 재생함으로써 역시 인터넷 웹서비스와 유사한 효과를 낼 수
있다. 증권사이트의 실시간 주가 현황을 DMB로 중계하는 등 다양한
응용방식이 있다. 그러나 오디오와 비디오 서비스에 사용할 대역폭을
BWS에 할애하는 것이 DMB사업자 입장에서는 쉽지 않는 일이다.

4) 전자프로그램 가이드(EPG)

EPG(Electronic Program Guide)는 마치 신문에서 방송 프로그램
안내를 보는 것과 마찬가지로 프로그램 정보를 DMB 신호로 다중화
시켜 서비스함으로써 수신기를 통해 일목요연하게 프로그램 정보를
볼 수 있게 하는 데이터서비스를 말한다. 이동형 프로그램가이드
(Mobile Electronic Program Guide) 기능은 DMB의 킬러 애플리케이
션이 될 것이다.

5) 멀티미디어 오브젝트 전송(MOT 프로토콜 전송)

MOT(Multimedia Object Transfer) 프로토콜은 DMB의 채널을 이
용하여 멀티미디어 객체를 전송하고, 객체에 대한 기본적인 표현 및
조작에 관한 규칙을 포함하는 멀티미디어 전송 프로토콜이다. 텍스트,
HTML데이터를 포함하여 GIF, BMP 등의 정지영상, 동영상 파일을
PAD를 통해 보내거나 NPAD로 보낼 수 있다.

6) 슬라이드 쇼(Slide Show)

각종 정지그림을 차례대로 보내주는 '슬라이드 쇼'는 프로그램 연동
형 데이터서비스(PAD) 또는 NPAD로 활용할 수 있는 DMB의 데이
터서비스이다. 앨범이나 만화를 컷 단위로 제공한다.

7) DLS(Dynamic Label Segment)

DLS는 모든 지상파DMB에 널리 활용될 수 있는 서비스로 뉴스, 가수정보, 노래가사 등의 텍스트를 보내준다. 뉴스속보나 재해방송 등에도 활용이 가능하다.

8) IP데이터그램 터널링

DMB 서비스채널의 데이터그룹 안에 데이터 덩어리를 패킷 형태로 캡슐화해 인터넷 프로토콜(IP)로 전송하는 것을 말한다.

9) 무선호출(Paging)

IP 데이터그램 터널링을 활용하면, 웹서버를 통해 특정한 IP주소를 가진 가입자 그룹에 대해 무선호출이 가능하다.

10) TMC(Traffic Message Channel)

교통상황을 비디오 화면으로 전달하면서 그 아래의 디스플레이 창에 교통정보를 문자로 방송한다.

11) 재난경보방송(EWS)

EWS(Emergency Warning System)는 지진, 해일, 전쟁 등의 국가적 재난이 발생했을 경우 자동으로 채널을 바꿔준다.

12) 교통 및 여행정보(TTI)

TTI(Traffic and Travel Information)에서 교통정보 같은 상황, 경

로선택의 정보를 하나의 데이터 채널로 전송하고 이를 단말기에서 음성합성 또는 문자, 전자지도 형태로 변환하여 사용자에게 전달한다. 여행정보의 경우, DMB채널을 통해 호텔정보, 주차장의 위치와 주차 가능 여부를 확인하면 네비게이션 시스템이 해당 주차장으로 경로를 지도에 표시해주는 등의 응용이 가능하다.

13) DGPS 서비스

DGPS(Differential Global Positioning System)는 DMB의 데이터 채널을 통해 전송되는 교통정보와 전자지도를 GPS의 위치정보와 결합하여 차량의 네비게이션 시스템을 통해 제공하는 것이다.

3. DMB와 교통정보

DMB의 교통정보서비스는 텔레매틱스(Telematics)와 지능형 교통시스템(ITS: Intelligent Transportation Systems)과 결합하면 그 활용범위가 매우 넓을 것이다. 단순히 교통정보 서비스가 아닌 뉴스, 기온, 생활지수, 재난재해정보, 주가지수 등 다양한 분야의 정보를 DMB 방송망을 통해 DMB수신기에 보내주는 정보서비스로 확대가 가능하다.

 - 텔레매틱스: 이동통신기술과 위치추적기술을 자동차에 접목하여 차량사고나 도난감지, 운전경로 안내, 교통 및 생활정보, 게임 등을 운전자에게 실시간으로 제공하는 것

 - 지능형 교통정보시스템: 기존의 교통체계에 전자, 정보, 통신, 제어 등의 지능형 기술을 접목시킨 차세대 교통체계

LCD창이 달린 DMB수신기는 오디오와 비디오의 방송 영역을 벗어나 차세대 교통시스템의 중요한 부분이 되어 이를 바탕으로 종합정보

서비스의 유력한 터미널로 거듭날 것이기에 지상파 TV사(KBS, MBC, SBS)는 자사의 지상파DMB서비스에서 교통정보서비스를 매우 중요하게 생각한다.

1) 시장 현황

차량등록대수: 1,700만 대(2008년 초 기준)

서울 차량등록대수: 100만 대 이상

■ 아날로그 라디오와는 별도로 장착된 네비게이션 등 DMB수신기에 TPEG 교통정보를 받아서 교통상황을 보여준다.

2) 서비스 현황

■ TPEG(Transport Protocol Experts Grrup) : DMB망을 통해 교통정보 및 여행정보를 단말기에 전송하기 위한 Application Level의 데이터 전송규격을 의미

■ TPEG정보 : 실시간 교통정보, 유고정보, 심플맵, 관심위치정보, 안전운행정보, 뉴스정보 등

■ TPEG를 수신할 수 있는 네비게이션 단말기나 DMB수신기를 이용하여 현재 교통상황을 반영한 경로설정을 하거나 각종 교통정보를 수신할 수 있게 된다.

[그림11-6] 교통정보서비스를 활용한 데이터방송

4. DMB와 교육

DMB는 많은 장점에도 불구하고 일방향의 서비스라는 한계가 있다. 그러나 유무선의 다른 통신망과 연결됨으로써 양방향의 상호작용적 서비스로도 발전할 수 있다. DMB의 오디오 형태인 DAB와 이동통신을 결합시켜 하나의 비즈니스 모델을 창출한 사례가 2003년 싱가포르에서 있었다.

- 싱가포르의 DAB사업자인 '미디어콥 라디오 싱가포르(Media Corp Radio Singapore)'는 2003년 10월 31일 이동통신사업자의 이동통신망을 리턴채널(방송국으로의 상향채널)로 활용하는 교육 서비스를 발표했다. 이 서비스의 이름은 '소크라테스 프로젝트(Project of Socrates)'라고 불린다.

- 소크라테스는 '모위그(MoWIG: Mobile Wireless Gateway)'라는 휴대용 기기를 통해 멀리 떨어진 교사와 학생들이 실시간으로 대화하면서 공부할 수 있도록 한 것이다. 예컨대 이동통신과 DAB가 결합된 원격교육이다. 모위그에는 DAB수신기, 이동통신카드, 무선랜 카드가

장착되어 모위그와 노트북은 무선랜으로 연결되고, 모위그는 방송사의
서버와 이동통신망으로 연결되어 있다. 채팅과 대화를 하면서 데이터
를 주고받는 교육인 셈이다.

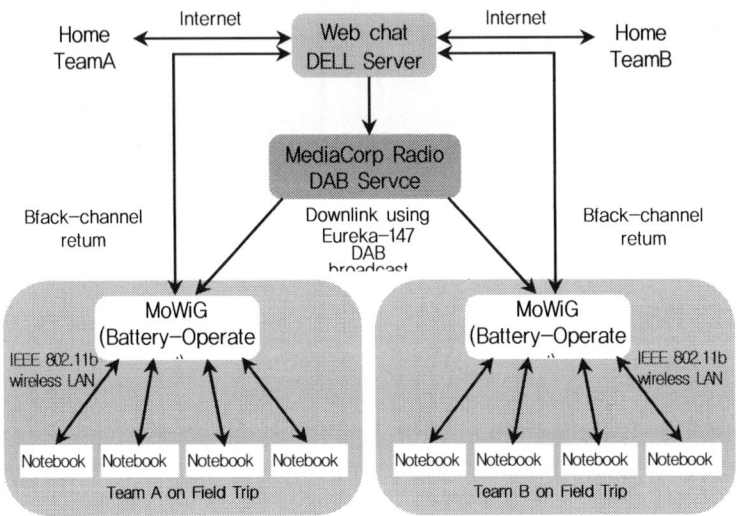

[그림 11-7] 소크라테스 시스템 구성도

5. DMB와 양방향 서비스

지금까지 DMB서비스는 방송이므로 일방향 서비스를 떠올리기 쉽
다. 그러나 무언가를 '선택'한다는 것은 단지 공급되는 것을 소비만 하
는 것과는 달리 즐거운 일이다. 지상파DMB는 양방향이 아니지만 가
입자의 선택을 통해 양방향처럼 느낄 수 있는 기술규격을 포함하도록
되어 있다. BIFS(Binary Format for Scene)가 그것이다. BIFS는 사용
자와 상호작용을 위해 고안된 규격이다. 컴퓨터 그래픽 작업을 해본
사람이라면 '객체(Object)' 또는 '레이어(layer)'의 개념을 알 것이다.

이러한 객체는 독립된 존재로 있으면서 정해 놓은 관계설정에 의해
서로 맞물려 표현된다.

 - 예를 들면. 10분 분량의 동영상 구간에 7분 16초 지점부터 7분 45
초 지점까지는 지정된 LCD의 위치(오른쪽 또는 왼쪽 하단)에 작은
동영상 광고가 나타나도록 하는 것이다. 즉 두 개의 독립된 상이한 객
체가 표현되고 작은 화면을 선택했을 경우에는 무선인터넷 페이지로
이동하여 마치 상호작용을 하는 것처럼 느끼게 하는 것이다.

[그림 11-8] BIFS 지상파DMB의 대화형 서비스 사례

점검 및 연습

1. 지상파DMB는 단독으로 양방향 서비스가 가능하다. (   )

2. Non-PAD 서비스는 프로그램 연동형 정보서비스를 의미한다. (   )

3. 다음 중 DMB의 응용서비스로 적절하지 않은 것은?

　　① PAD 서비스　　　　　　　　② Non-PAD 서비스
　　③ EPG(전자프로그램 가이드)　　④ 무선인터넷 접속 서비스

4. 다음 중 DAB와 이동통신망, 무선랜을 연계하여 싱가포르에서 개발한 원격교육 비즈니스 모델의 이름은?

　　① 아리스토텔레스 프로젝트　　② 소크라테스 프로젝트
　　③ 플라톤 프로젝트　　　　　　④ 피타고라스 프로젝트

정리하기

1. DMB는 1:1의 통신이 아니라 일방향적인 1:N의 방송 개념에서 출발했지만 여러 응용서비스들의 개발과 이동통신 또는 무선랜 등의 다른 네트워크망과 연계하여 양방향 통신으로의 진화를 꿈꾸고 있다. DMB방송에 대한 기초적인 지식과 함께 새로운 서비스를 적극적으로 받아들일 수 있는 준비를 하는 것은 오피니언 리더들의 몫이다.

점검 및 연습 정답

　　1-X : 지상파DMB는 이동통신망과 연동됨으로써 양방향 서비스가 가능하다. 하지만 데이터서비스 데이터방송은 가능하다.

　　2-X : PAD(Program Associated Data)는 프로그램 연동형 정보서비스를 의미하며 프로그램 관련 정보서비스다. 따라서 Non-PAD는 단독으로 채널을 갖는 정보서비스를 말한다.

　　3-④ : 무선인터넷 접속 서비스는 DMB 자체적으로는 해결하기 어려운 서비스이며 이동통신망과 연계하여야 한다.

　　4-② : 리턴채널(방송국으로의 상향채널)을 갖는 교육서비스의 이름은 소크라테스 프로젝트(Project of Socrates)다.

제 12 장

12-1장 DMB와 Friends

- 학습목표
  1. DMB가 방송에 이동성을 부여한 방송의 확장이라면, 와이브로와 HSDPA(High Speed Downlink Packet Access)는 각각 무선랜과 비동기식3세대 이동통신(WCDMA)의 확장으로서 이동구간에서 멀티미디어 콘텐츠 서비스가 가능하도록 하고 있다. 이러한 휴대형 서비스들과 함께 DMB는 떨어질 수 없는 관계를 맺게 될 것이다. 12장에서는 DMB와 함께 하게 될 차세대 통신과 광대역통합 네트워크(BcN)에 대해서 논의해 본다.

- 학습내용
  1. 차세대 통신과 DMB
  2. DMB와 와이브로
  3. DMB와 HSDPA
  4. 방송/통신 인프라 혁명, BcN

1. 유비쿼터스 시대의 전략

방송, 통신, 인터넷, 가전 등을 총칭하는 넓은 의미의 디지털 미디어 시장에서 확연해지고 있는 개인화 양상은 인간과 기기, 인간과 서비스, 인간과 네트워크 사이를 연결하는 접점의 중요성을 더욱 부각시키고 있다. 시청자, 사용자, 가입자, 고객 등으로 불리는 개인들에 대한 고객관리는 '퍼스널 미디어' 환경에서 대부분 중요한 테마가 된다.

방송(브로드캐스팅)은 넓게 뿌린다(Broadly cast)라는 의미를 가지며 캐스트(cast)는 '씨앗을 뿌린다'는 말에서 유래했다고 한다. 퍼스널 미디어 환경에서 '뿌린다'는 개념은 적절하지 않다. 방관자적인 태도가 브로드캐스트라는 말에 녹아 있기 때문이다.

- HSDPA는 전송속도는 와이브로가 앞서고, 이동성은 HSDPA가 우월하다.

- 와이브로는 높은 이동성을 추구하는 쪽으로, HSDPA는 높은 전송속도(대역폭)를 확보하는 방향으로 진화한다.

- 즉, 진화를 통한 새로운 통신서비스 모델이 나타나면 DMB의 시장 자체가 크게 위협받는다.

- 따라서 DMB와 통신의 결합 및 융화 모델은 존립을 위한 필수적인 분석대상이 된다.

와이브로와 HSDPA가 DMB에게 친구가 될지, 아니면 한시적인 틈새서비스로서 이용당하고 버려질 것인지 전망하는 것은 매우 중요하다.

2. DMB와 와이브로

무선랜은 기본적으로 기존의 랜(LAN: Local Area Network)에서 가입자의 접속만을 무선화한 것이다. 유선의 끝을 중계기(AP: Access Point)에 설치함으로써 가입자 단말기에서 무선으로 접속할 수 있게 한 것이다. 따라서 무선접속구간은 중계기(AP)가 설치되어 있는 핫스팟(Hot Spot) 지역에 국한되며, 핫스팟은 중계기의 출력 제한으로 100m 내외로 제한받는다. 지하철, 버스, 공원 등에서는 불가능하게 된다.

공간적 제약을 어느 정도 극복해 이동성을 부여한 기술이 바로 와이브로(Wibro: Wireless Broadband)이다. 이동성은 도심 지역에서 대중 교통수단의 주행속도 수준인 시속 60km에서도 인터넷에 접속할 수 있다는 것을 의미하며, 보장되는 전송속도는 유선의 초고속인터넷 수준인 메가급(Mbps)을 뜻한다. 따라서 와이브로가 상정하는 콘텐츠 이용의 수준은 유선인터넷의 그것과 동일한 수준이다. 이동성을 확보하게 된 소비자들에게 주목해야 할 것은 콘텐츠다.

DMB는 와이브로와 타깃시장이 다르지만 와이브로의 주요 활용 분야가 동영상서비스일 경우 DMB와 와이브로는 일정 정도 대체적 관계에 놓이게 될 것이다. 즉, 와이브로의 성장은 DMB 확산의 위협 요소로 작용할 가능성이 있다.

개인이 가지는 방송/통신 융합서비스에 대한 가처분 소득을 고려해야 한다. 개인의 서비스 상품의 구매력은 소득 정도와 밀접한 관계가 있는데 국민소득 성장률이 둔화되거나 낮은 증가세에서 DMB, 와이브로, HSDPA가 한꺼번에 나오면 보완적 관계가 되기보다는 대체적 관계가 될 가능성이 높다.

DMB는 방송서비스가 주된 서비스인데, 와이브로가 유사서비스를 제공하면 차별성을 얻기 어렵다. 또한 DMB와 HSDPA가 결합할 경우, 와이브로가 가지는 무선초고속 인터넷의 장점이 희석될 수도 있다.

와이브로는 선호단말기가 DMB와 같이 이동전화 겸용을 가장 선호한다. 따라서 다양한 결합이 예측되며 이 결합모델의 복잡한 경쟁구도에 따라 성공 여부에 성패가 좌우될 것이다.

　　와이브로＋위성DMB
　　와이브로＋지상파DMB
　　HSDPA＋위성DMB
　　HSDPA＋지상파DMB

3. DMB와 HSDPA

HSDPA는 3세대 이동통신, 즉 IMT-2000인 WCDMA(비동기식 3세대 이동통신규격)보다 최대 7배 빠르게 영상 및 데이터를 전송할 수 있는 고속 데이터전송기술이다. 이 기술이 상용화되면 이동전화로 상대편의 얼굴을 보면서 통화하는 영상통화가 매우 원활하게 이뤄질 수 있다. 2006년을 상용화 시기로 전망하고 있으며 확산기에 접어들고 있는 DMB와 더불어 시점이 중첩되게 된다. 2007년 이후에나 가능할 것으로 예상되었던 3.5세대 이동통신인 HSDPA가 2006년에 조기 상용화됨으로써 이동통신은 물론 멀티미디어 이동방송인 DMB도 영향을 받게 된다. 와이브로와 함께 HSDPA는 무선인터넷 전반에 걸쳐 커다란 변화를 가져오고 있는 것이다.

－ 이론적인 속도는 하향 다운로드 14Mbps이며, 실제 속도는 2~3 Mbps로 xDSL 유선인터넷과 대등하다.

－ 기지국에서 수용할 수 있는 접속자의 수가 WCDMA보다 2~3배 많다.

－ 전면적인 장비 교체가 아닌, 모듈 삽입이나 소프트웨어 업그레이드를 통해 구현이 가능한 기술이다.

HSDPA로 비롯되는 트리플플레이(TPS)는 무선인터넷 시장에서 가장 좋은 미래 상품이 된다. 음성, 비디오, 데이터의 3가지 신호를 한꺼 번에 처리하여 이동통신단말기로 전화, 디지털TV, 초고속인터넷 접속 서비스를 모두 서비스한다. 여기에 QPS(Quadruple Play Service)이라 는 신조어가 등장하고 있다. TPS에 광대역무선 기술을 합친 조어이 다. 즉, 무선으로 TPS를 구현한 것을 QPS라고 한다.

일방향 서비스인 DMB는 이와 같은 HSDPA에 의해 이루어질 QPS 가 위협적인 존재가 될 것으로 예측되었으나 상충되는 일은 벌어지지 않았다. HSDPA는 무료로 서비스되는 DMB에 비해서 상대적으로 효 용성을 제공하지 못하여 DMB에게 모바일 방송시장에서 충돌을 일으 키진 않은 것이다. 그러나 점차 HSDPA의 사용요금이 하락하고 정액 제 요금제 등으로 HSDPA를 통한 방송수신에 대한 제약이 없어진다 면 경쟁체제는 불가피 할 것으로 보인다.

4. 방송/통신 인프라 혁명, BcN

방송, 통신 네트워크 분야의 2004년 이후 최대 이슈는 '광대역통합 망(Broadband convergence Network)'이다. 2003년 말 정보통신부가 기존의 차세대 네트워크(NGN: Next Generation Network)를 대체하 는 용어로 제시한 것이 BcN이다.

- BcN: 통신망(유, 무선전화, 위성), 방송망(지상파, 위성, 케이블 방송), 인터넷망(FTTH, xDSL, LAN , FTTC 등)을 통합시킴으로써 현재의 정보통신 및 방송인프라를 세계최고 수준의 브로드밴드 통합 망으로 업그레이드시키겠다는 계획이다. 즉, BcN은 방송과 통신의 경 계를 완전히 허무는 '인프라 통일'의 작업이며, 이에 따른 제도 개편은 불가피하다. 방송과 통신의 융합은 기술, 제도적으로 현실화되어 가고 있다.

- 기술적 융화: 이동통신(CDMA)은 이동/휴대방송(DMB)과의 결합을 통한 하나의 단말기로서 통신과 방송서비스를 융화했다.
- 제도적 융화: 이동전화 겸용 DBM 수신기로 인한 지로용지에서 방송, 통신서비스 요금의 통합과금

이러한 변화는 전화 가입자인 3,800만 명의 사용자를 모두 방송시청자로 전환시킨다고 할 수 있다. 방송사업자와 이동통신사업자 간의 짝짓기가 이뤄지면서 사업자 간 경쟁의 새로운 틀이 형성되고 있다는 것이다.

[표 12-1] 방송과 통신의 융합형 서비스 개념 비교

	방송	통신	융합서비스
전달방식	1:다수	1:1	1:다수/1:1/다수:다수
제공방식	push	pull	push+pull
방향성	일방향	양방향	일방향+양방향
수용자	수동적	능동적	수동적+능동적
사회적 영향	크다	적다	양적으로 적지만 질적으로는 크다

[표 12-2] 방송과 통신의 법률적 비교

	방송	통신	비고
전달내용	방송 프로그램	부호·문헌·음향 또는 영상	디지털화되면서 차이가 없어짐
전달내용에 대한 기입	기획·편성 또는 제작	–	중요한 차이점
전달수단	전기통신설비	유선·무선·광선 및 기타의 전자적 방식	차이점 없음
송수신 형태	송신	송신 및 수신	새로운 기술발달로 차이점 없음
대상	공중(계약에 의한 수신자 포함)	–	시청자 영향력에 대한 새로운 개념 도입 검토 필요

무선 분야에서 DMB가 방송, 통신 융합 서비스로 부각되었다면, 유선 분야에서는 IPTV(Internet Protocol TV)가 방송, 통신 융합의 대표적인 서비스이다. IPTV는 유선방송 및 유선통신사업자들이 추구하는 TPS(Triple Play Service)인 것이다. 종합유선방송사업자에 해당하는 케이블TV 방송사들은 '광동축혼합망(HFC: Hybrid Fiber Coaxial)' 인 케이블 TV망을 단지 TV채널 전송의 수단뿐만 아니라 초고속 인터넷 접속 서비스 용도로 활용하고 있으며, 나아가 VoIP(Voice over Internet Protocol)을 시행하여 TV, 인터넷, 전화의 3가지 서비스를 제공하는 계획을 세우고 있다.

유선통신사업자도 궁극적으로 TPS를 지향하고 있다. 실시간 TV와 주문형 비디오(VOD)에 대한 제도적 규제가 사라지면 즉시 TPS사업을 추진할 수 있는 물리적, 기술적 토대를 갖추고 있다.

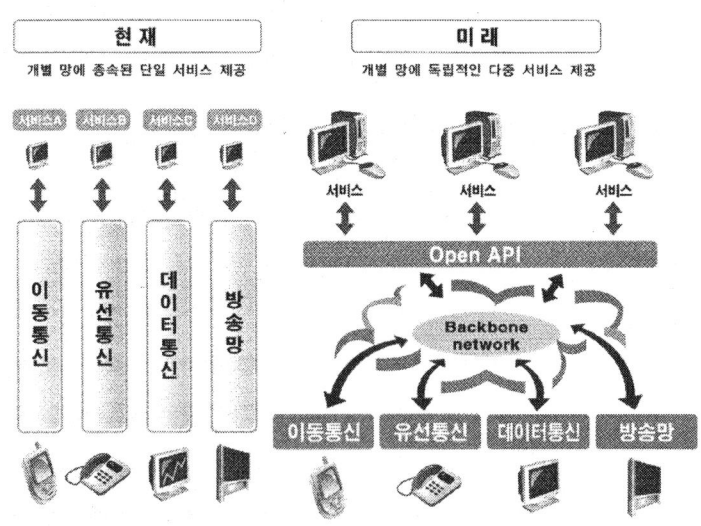

[그림12-1] BcN의 지향점

BcN은 무선과 유선의 각종 방송, 통신서비스를 개방적 통합구조로 모색하는 전체 네트워크의 구조다. 현재의 네트워크 인프라는 모두 수직적 분할구조로 제각각 나누어져 있으나 융합서비스에 대한 소비자의 수요와 기대는 커지고 있다. 또한 수직적 분할구조는 관련 산업의 성장에도 한계를 보이게 된다. 광대역통합망 또는 차세대통합망은 보다 개인화되고 자유로운 디지털 미디어 소비를 가능하게 할 것이다.

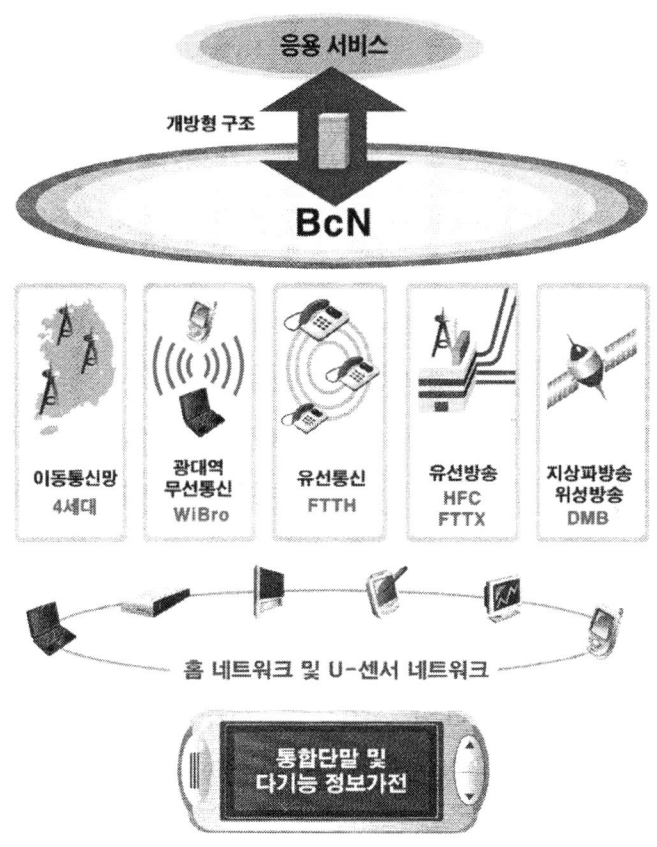

[그림12-2] BcN의 통합 네트워크

유선통신의 관점에서 BcN의 1차적 목표는 '좁고 느린 음성망'을 '넓고 빠른 멀티미디어망'으로 업그레이드하는 것이다. 이를 통해 영상통화, 멀티미디어 메시징 서비스(MMS), 멀티미디어 그룹통신, 주문형 교육, 주문형 비디오, 주문형 게임을 차세대 정보통신 환경으로 제공하겠다는 비전이다.

- 음성과 데이터별 네트워크를 패킷 기반의 단일망으로 구축
- 음성 중심에서 멀티미디어 서비스로 확장
- 고비용 저효율의 네트워크의 저비용 고효율화

무선통신도 지향하는 방향은 한가지다. '3Any(Any Device, Any Space, Any Service)'의 개념으로 '다양한 무선 접속환경에서 광대역 멀티미디어 서비스 접속이 언제나 가능한 맞춤환경'이 BcN의 목표다.

- 서비스 플랫폼의 개방형
- 서비스 플랫폼의 개인화
- 서비스 플랫폼의 지능형
- 서비스 플랫폼의 통합형

BcN이 추구하는 네트워크 컨버전스가 가져올 '디지털 미디어의 자유로운 소비환경'은 소비자가 의식하는 네트워크 구분 자체가 사라지는 것을 의미한다. 즉, 밖에서는 CDMA 이동단말기로 각종 서비스를 이용하다가 집 안으로 들어가면 무선랜을 사용하다가 유선인터넷으로 인터넷에 접속하는 어렴풋하지만 의식 속에 갖고 있는 서비스의 구분을 없애는 것이다.

 예를 들어, KT는 자사의 무선랜 서비스(네스팟)와 KTF의 이동통신, 와이브로를 결합한 유무선 통합서비스의 청사진을 갖고 있다. 가정, 사무실, 거리에서 장소에 구애받지 않고 하나의 단말기와 ID로

자유롭고 끊임없이 고속 인터넷에 접속할 수 있게 하는 것이다.

거리에서 장소에 구애받지 않고 하나의 단말기와 ID로 자유롭고 끊임없이 고속 인터넷에 접속할 수 있게 하는 것이다.

짐깸 및 연습

1. DMB서비스와 와이브로(Wibro)는 서비스 간에 서로 충돌할 가능성이 높아서 통합 단말기는 불가능할 것이다 . ( )

2. BcN은 유선과 무선의 통합을 의미하지만 방송과 통신은 별개로 분리하고 있다.( )

3. 다음 중 결합하게 될 서비스 조합으로 가장 적당한 것은? 1

　　① 와이브로＋지상파DMB　　　② IPTV＋위성DMB
　　③ VoIP＋지상파DMB　　　　④ HSDPA＋WCMDA

4. 다음 중 TPS와 관련이 적은 것은? 2

　　① 방송　　　　　　　　② 유무선 전화
　　③ 초고속인터넷 접속　　④ 대용량 저장장치

정리하기

1. DMB의 미래가 다른 차세대 통신서비스와의 결합으로 성공하게 될지, 또는 단독 으로 새로운 시장을 만들어 나가게 될지를 가늠하기 위한 기본적인 동향 분석과 기반 지식에 대해서 알아보았다. 궁극적으로 미래 유무선 정보기술 환경이 지향하 는 BcN은 여러 차세대 통신서비스들의 융화로 이루어져 있다. 따라서 각각의 서 비스를 제대로 이해하지 못하면 전체적인 그림을 바라보는 안목이 부족할 수 있 다. 와이브로, HSDPA, DMB 등 앞서 살펴보았던 미래 디지털 컨버전스 화두들을 정리하여 보자.

점검 및 연습 정답

　1-X : DMB서비스와 와이브로는 일부 서비스가 겹치는 것은 사실이지만 통합단말기를 통해 서로의 장단점을 보완하게 된다.

　2-X : BcN의 진정한 의미는 방송과 통신의 융화로서 구분을 의식하지 않는 자유로운 통합된 네트워크를 지향한다.

　3-1 : 모든 조합이 가능하지만 IPTV와 VoIP는 유선 서비스이며, DMB는 무선서비스로 거리가 멀다. HSDPA는 WCDMA의 진화 형태이기 때문에 조합으로 볼 수 없다.

　4-2 : TPS(Triple Play Service)는 방송, 유선통신 또는 무선통신, 그리고 초고속 데이 터통신(인터넷 접속) 서비스를 의미한다. 대용량 저장장치도 이를 위한 기반 기 술이기는 하지만 핵심요소는 아니다.

•약력•

경희대학교 사회과학대학 경영학과
경희대학교 일반대학원 경영학과(MIS전공) 석사, 박사 졸업
경희대학교 사회과학연구원 정보센터 선임연구원
한국언론재단 정보화 프로그램 강사
교육부 교원정보화 프로그램 강사
노동부 정보설계사과정 강사
성균관대학교 스포츠마케팅연구소 BK21 Post Dr. 위촉연구원
IGM 세계경영연구원 수습 연구위원
한국생산선본부 e-marketing 컨설틴트과정 강사
강남대학교, 한국외국어대학교, 한양여자대학 등 강사
현, 경희사이버대학교 글로벌경영학과 강사
현, 클라우드밸리미디어 대표
현, 창업뱅크(주) 경영고문

•주요논저•

『인터넷시대의 디지털상품 성공전략』, 한국학술정보(주), 2006.
『e-Learning 생활 컴퓨터』, 도서출판 기한재, 2005.
『e-Learning시대의 컴퓨터 활용』, 이한출판사, 2004.
『오피스XP와 프런트페이지』, 무역경영사, 2003.
『오피스2000과 인터넷』, 무역경영사, 2000.

알기 쉽게 풀어쓴
정보기술과 모바일비즈니스

초판인쇄 | 2009년 2월 13일
초판발행 | 2009년 2월 13일

지은이 | 채영일
펴낸이 | 채종준
펴낸곳 | 한국학술정보㈜
주 소 | 경기도 파주시 교하읍 문발리 513-5 파주출판문화정보산업단지
전 화 | 031) 908-3181(대표)
팩 스 | 031) 908-3189
홈페이지 | http://www.kstudy.com
E-mail | 출판사업부 publish@kstudy.com

등 록 | 제일산-115호(2000. 6. 19)
가 격 | 27,000원

ISBN 978-89-534-1073-2 93320 (Paper Book)
      978-89-534-1074-9 98320 (e-Book)